Das Geheimnis der Wunscherfüllung

Was Sie wirklich wollen und wie Sie es bekommen können

Finden Sie mit diesem Buch Ihren Lebensschlüssel!

Stellen Sie sich vor, es gäbe einen Schlüssel, der Ihnen die entscheidende Tür zu sich selbst öffnet. Hinter dieser Tür liegt das Wissen, das Sie brauchen, um Ihre Bestimmung und damit Ihre Lebensaufgabe zu finden, um Ihr Leben, Ihre Beziehungen und Ihre berufliche Situation in einem neuen Licht zu sehen und in Ihrem Sinne zu verändern.

Und stellen Sie sich weiter vor, dieser Schlüssel würde Ihnen die Möglichkeit eröffnen, herauszufinden, was Sie wirklich wollen und wie Sie es bekommen können.

Würden Sie diesen Schlüssel gern besitzen?

Mit diesem wunderschön illustrierten Buch können Sie herausfinden
• wer Sie wirklich sind und was das für Ihre Wünsche und Ziele bedeutet
• welche besonderen Fähigkeiten Sie schon als Kind ausgebildet haben
• und was Ihnen diese Fähigkeiten heute nützen
• wie Sie Probleme lösen und konkrete Antworten finden
• wie Sie aus Ihren Mustern aussteigen können
• was Erfolg für Sie wirklich bedeutet
• wonach Sie sich in Ihren Beziehungen wirklich sehnen
• wie Sie Ihre Beziehungen fruchtbar gestalten können
• wie Sie zu mehr Glück und Erfüllung finden
• und wie Sie Ihren inneren Ruf und Ihre Bestimmung entdecken

Brigitte Hamann ist Lebensberaterin, Astrologin und Autorin zahlreicher Artikel und Bücher wie *Die Zwölf Archetypen* und *Die Reise zum Lebensziel*. Ihr Interesse für die Frage, warum Menschen tun, was sie tun, und welches Ziel sie damit wirklich erreichen wollen, veranlasste sie zu Aus- und Fortbildungen in Transaktionsanalyse, NLP, Hypnotherapie, Systemischen Strukturaufstellungen und Gewaltfreier Kommunikation. Der Buddhismus, der Taoismus und das Zen übten einen tiefen Einfluss auf ihr Denken aus. Es entstand die Entwicklungsorientierte Astrologie EOA®, eine astrologische Landkarte, die in das Zentrum menschlicher Motivationen, Sehnsüchte und Ziele sowie ihrer Erfüllung führt, und eine eigene Beratungsform, die Beratung nach der Lebensschlüssel-Methode®.

Brigitte Hamann

Das Geheimnis der
Wunsch
Erfüllung

Was Sie wirklich wollen
und wie Sie es bekommen können

KOPP VERLAG

1. Auflage Februar 2011

Copyright © 2011 bei
Kopp Verlag, Pfeiferstraße 52, D-72108 Rottenburg

Lektorat: Thomas Mehner
Umschlaggestaltung: Anke Brunn
Satz und Layout: Anke Brunn
Druck und Bindung: Offizin Andersen Nexö Leipzig GmbH

ISBN: 978-3-942016-51-3

Gerne senden wir Ihnen unser Verlagsverzeichnis
Kopp Verlag
Pfeiferstraße 52
D-72108 Rottenburg
E-Mail: info@kopp-verlag.de
Tel.: (0 74 72) 98 06 - 0
Fax: (0 74 72) 98 06 - 11

Unser Buchprogramm finden Sie auch im Internet unter:
www.kopp-verlag.de

Inhaltsverzeichnis

Für Jochen, meine Liebe,
und Susanne,
mein schönes weites Land

Nur wenn wir das tun, wozu wir
in der Tiefe unserer Seele berufen sind,
berühren wir das wirkliche Leben.

Was die Welt im Innersten zusammenhält

»… zu wissen, was die Welt im Innersten zusammenhält.«

Johann Wolfgang von Goethe in *Faust*

Schon als kleines Mädchen beschäftigte mich die Frage, warum Menschen das tun, was sie tun und wie sie es tun sowie welches Ziel sie wirklich damit verfolgen. Ich wollte wissen, was »die Welt eines Menschen im Innersten zusammenhält«. So wie kleine Kinder ein Spielzeug auseinandernehmen, um zu sehen, wie es funktioniert, so hätte ich am liebsten Menschen »auseinander« genommen und wäre gerne eine Weile in ihre Haut geschlüpft. Heute wie damals übt die innere Dynamik, die Menschen bewegt, eine große Faszination auf mich aus. Im Laufe der Jahre konnte ich immer deutlicher erkennen, was diese Dynamik mit dem Lebensablauf zu tun hat und mit dem, was gelingt und was nicht.

Ganz gleich, ob ich mein eigenes Leben oder das anderer Menschen betrachte, immer lassen sich verborgene und verwobene Muster erkennen, nach denen dieses Leben verläuft. Auch wenn wir meist nicht bewusst darüber nachdenken, verleihen sie unserem Erleben Ordnung und Struktur. Jedes Muster enthält Sehnsüchte und Ziele, Erwartungen und Abwehrhaltungen, Hoffnungen und Ängste. Es lässt sich mit dem Drehbuch eines Theaterstücks vergleichen, bei dem wir selbst Regie führen, ohne dass uns sein voller Umfang bewusst wäre. Bei näherem Hinsehen zeigt sich, dass diese Muster nicht so schicksalsgegeben sind, wie wir sie empfinden mögen. Sie haben vielmehr mit der Art und Weise zu tun, wie wir die Welt deuten und wie wir unsere Rolle und Chancen darin einschätzen.

Stets findet sich ein innerer Zusammenhang im Lebensablauf, bei dem sich Erfahrungen aus der frühesten und frühen Zeit unseres Lebens zu wiederholen scheinen. Wir erleben dieselben Ängste, Zurückweisungen und Verlustgefühle, aber auch dieselben Gefühle des Glücks und der Bestätigung, die wir schon als Kind gekannt hatten, ausgelöst von neuen Menschen sowie Situationen und doch für unser Empfinden so identisch. Meist ist uns diese Ähnlichkeit nicht bewusst. Niemand hat uns darauf aufmerksam gemacht, nach einer möglichen Verbindung zwischen unseren Lebenserfahrungen und früheren, prägenden Erlebnissen zu suchen. Stattdessen glauben wir, das Leben sei eben so, wie wir es erleben. Weil unsere innere Ordnung dazu tendiert, neue Erfahrungen gemäß den einmal entstandenen Mustern einzuordnen, bestätigen wir uns das, was wir irgendwann begonnen haben zu glauben. In unserer Wahrnehmung überlagern sich Vergangenes und Gegenwärtiges.

Es entsteht ein inneres Drehbuch, in dem es einen Handlungsablauf und ein (unbewusst erwartetes) Ende gibt. Wenn Sie Ihrem Drehbuch lebenslang einfach folgen, sind Sie in einer Einbahnstraße unterwegs, die ohne Abzweigungen bis zu einem Endpunkt führt. Falls Sie zu den Menschen zählen, die ihr Drehbuch gut und spannend finden, die also mit ihrem Leben ganz zufrieden sind, werden Sie vielleicht auch nichts ändern wollen. Trotzdem können Sie wichtige Einsichten gewinnen, wenn Sie die Muster verstehen, die in Ihnen und damit in Ihrem Leben ablaufen.

Für alle, die ihr Leben ändern wollen, gilt: Ein Drehbuch kann umgeschrieben werden. Sie können neue Akte entwerfen, und das Spannende ist, dass Sie sogar die Vergangenheit verändern können, indem Sie sie auf neue Weise betrachten.

Wenn wir unser Leben ändern und Wünsche wahr werden lassen wollen, die wir bewusst oder unbewusst schon immer gehegt haben, brauchen wir einen neuen Zugang zu uns. Indem wir die innere Dynamik verstehen, die uns bewegt, können wir auch erkennen, worum es wirklich für uns geht und was wir eigentlich erreichen wollen. Das ist die Grundvoraussetzung für ein erfolgreiches, glückliches Leben.

Dieses Buch will dazu beitragen, dass dies gelingt. Es ist ein Lese- und ein Arbeitsbuch. Legen Sie ein Heft bereit, in das Sie Notizen eintragen. Schreiben Sie alles hinein, was Ihnen einfällt. Beantworten Sie die Fragen, die innerhalb des Buches auftauchen und schreiben Sie sie mit dem Datum der Antwort in

Ihr Heft. Eine gute Möglichkeit ist, nur eine Seite zu beschreiben und die gegenüberliegende für weitere Notizen freizulassen.

Nehmen Sie sich immer wieder Zeit, um Ihre Aufzeichnungen in Ruhe zu lesen. Mit der Zeit werden Sie typische Wiederholungen und Muster erkennen. Je länger Sie damit arbeiten und je größer Ihr Wunsch ist, zu verstehen, was Ihre Welt im Innersten zusammenhält, desto erfolgreicher werden Sie sein. Nicht nur in der Selbsterkenntnis, sondern auch in der Erfüllung Ihrer Wünsche und Ziele.

Jeder Mensch spricht auf andere Bilder an, durch die er Zusammenhänge verstehen und nutzen kann. Deshalb werden Sie in diesem Buch unterschiedliche Metaphern finden, mit denen die zentralen Inhalte beschrieben werden. Suchen Sie sich diejenigen aus, die Ihnen am nächsten liegen.

Ich wünsche Ihnen alles Gute auf diesem Weg!

Brigitte Hamann
Rottenburg, im Januar 2011

Wünsche an das Leben
Wünschen ist Magie

»Ein Traum ist unerlässlich, wenn man die Zukunft gestalten will.«
Victor Hugo

Vermutlich kennen Sie ebenfalls diese seltenen, magischen Augenblicke, in denen Sie spüren, dass ein Wunsch von etwas Größerem aufgenommen wurde. Vielleicht haben Sie sich das Gleiche schon vorher oft gewünscht, aber dieses Mal ist etwas anders. Sie wissen nicht genau, was es ist. Und tatsächlich: Der Wunsch geht in Erfüllung. Die Rahmenbedingungen mögen etwas anders sein, als Sie es sich vorgestellt hatten, aber der Wunsch wurde wahr.

Was unterscheidet einen solchen Moment von anderen, in denen Sie Wünsche hinaus sendeten?

Sicher hat die Tiefe und Reife, mit der Sie Ihren Wunsch formulierten, etwas damit zu tun. Auch war es eher eine Bitte als ein Verlangen oder gar eine Forderung. Das Universum lässt sich nicht zwingen. Wünschen hat mit Demut zu tun, und oft hilft die Formel »Dies oder etwas Besseres möge wahr werden«, da Sie hiermit den Umstand einbeziehen, dass Sie nicht immer wissen können, was das Beste ist. Was Sie sich heute wünschen, basiert auf Ihren Erwartungen und Vorstellungen vom Jetzt und Heute. Schon wenig später kann dasselbe Ziel weniger wünschenswert sein, einfach nur deshalb, weil Sie im Leben ein Stück weiter gegangen sind und über neue Einsichten verfügen.

Wünschen funktioniert manchmal einfach, weil das Leben Ihnen zeigen möchte, dass es möglich ist, etwas zu ersehnen und es wahr werden zu lassen. Es funktioniert manchmal auch, weil das Leben durch die Erfüllung eine Lektion erteilt, zum Beispiel, wenn Sie etwas heiß ersehnen und im Gegenzug dafür etwas versprechen, das Sie dann nicht einhalten oder weil Ihr Wunsch zu fixiert und egoistisch war. Voller Wünsche zu sein, die durch die Angebote der

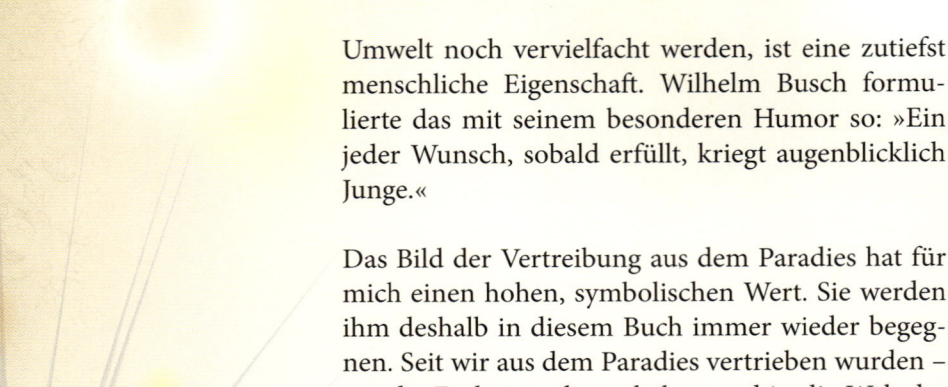

Umwelt noch vervielfacht werden, ist eine zutiefst menschliche Eigenschaft. Wilhelm Busch formulierte das mit seinem besonderen Humor so: »Ein jeder Wunsch, sobald erfüllt, kriegt augenblicklich Junge.«

Das Bild der Vertreibung aus dem Paradies hat für mich einen hohen, symbolischen Wert. Sie werden ihm deshalb in diesem Buch immer wieder begegnen. Seit wir aus dem Paradies vertrieben wurden – wir die Einheit verloren haben und in die Welt der Dualität, der Wahl und des Zweifels eingetreten sind –, sind Wünsche die natürlichen Begleiter unserer Sehnsucht, wieder vollständig zu werden. Diese Sehnsucht können wir jedoch nicht durch die zahlreichen, oberflächlichen Wünsche stillen, mit denen wir diese Hoffnung zumindest unbewusst verbinden. Gegen Wünsche, die den Lebensgenuss erhöhen, ist nichts einzuwenden, solange sie nicht überhandnehmen und für etwas gehalten werden, was sie nicht einlösen können.

Vielleicht kennen Sie Goethes Ballade vom Zauberlehrling, der sich vom Wünschen verführen ließ und einmal, als er allein zu Hause ist, den Zauberspruch seines Meisters ausprobiert. Er verwandelt einen Besen in einen Knecht, der Wasser schleppen muss. Schließlich muss er feststellen, dass ihm die Situation entglitten ist, denn der Knecht schüttet Wassereimer über Wassereimer aus, bis das Haus unter Wasser steht. Da spricht der Lehrling die berühmte Passage:

»Die ich rief, die Geister,
werd ich nun nicht los.«

Im letzten Augenblick kommt der Meister zurück und beendet das Chaos mit den Worten:

»In die Ecke, Besen, Besen!
Seid's gewesen.
Denn als Geister
ruft euch nur zu diesem Zwecke
erst hervor der alte Meister.«

Kennen Sie ihn auch, diesen Zauberlehrlingseffekt? Auch hier erleben Sie die Magie des Wünschens, jedoch so, dass Ihr Wunsch als Bumerang zurückkommt, denn die Situation, die sich dann einstellt, hatten Sie so nicht gewollt. Das Leben zeigt Ihnen auf diese Weise, dass es nicht um das geht, was Sie glaubten zu brauchen. Ihre wahren Wünsche, die, die aus Ihrer Lebensaufgabe heraus entstehen, werden niemals in dieser Form auf Sie zurückschlagen. Ihre Erfüllung mag mit Bedingungen verbunden sein, die Sie schwierig finden oder die mehr Zeit in Anspruch nehmen, als Ihnen lieb ist, aber Sie werden immer wieder spüren, dass Sie auf dem richtigen Weg sind, und dass das, was Sie ersehnen, Sinn, Ordnung und Bestimmung in Ihr Leben bringen wird.

Seien Sie sich in Bezug auf das Wünschen bewusst, dass es zwei Elemente beinhaltet: was Sie in das Gewünschte einbringen und was Sie damit erreichen wollen. Wünschen Sie sich nicht einfach eine Partnerin oder einen Partner, sondern fühlen Sie auch, was Sie diesem Menschen geben möchten. Das Gleiche gilt für Erfolg und alles andere. Was geben Sie, wenn Ihr Wunsch erfüllt wird? Und wozu wird die Erfüllung Ihres Wunsches gut sein? Für alles, was Sie bekommen, sollten Sie auch bereit sein, etwas zu geben.

Die Freiheit zu träumen

»Die Dinge, die wirklich für dich da sind,
streben wie durch Gravitation zu dir.«

Ralph Waldo Emerson

Beim Wünschen geht es um die Freiheit zu träumen und darum, unsere tiefsten Sehnsüchte zu fühlen. Wünsche regen die Fähigkeit an, Visionen zu entwickeln: Sie lassen uns kreativ werden und spornen an. Echte Wünsche kommen aus dem Herzen, nicht aus dem Denken. Wir fordern nicht, sondern hoffen, beschenkt zu werden und die Möglichkeiten des Lebens so weit wie möglich auszuschöpfen.

Wünschen entführt uns in eine magische Welt, in der Dinge wahr werden können wie in der Zauberwelt der Märchen und Mythen. Die Magie des Wünschens erinnert an die Aussage der Quantenphysik, nach der die Dinge in einem Möglichkeitsraum existieren, aus dem heraus sie durch einen Quantenkollaps, der der Realisierungskraft eines Wunsches entspricht, in die Realität eintreten können.

In jenen kostbaren Augenblicken, in denen wir eine glückliche Veränderung wie die Erfüllung eines Wunsches erleben, haben wir unsere inneren Grenzen überschritten und das Reich des Magischen betreten, das sich nicht einfach mit Worten erklären lässt. In diesen Momenten öffnen sich die Türen unseres Geistes und unserer Seele. Unsere Vorstellungskraft wird weiter. Wir sehen die Dinge neu, haben eine Idee, einen Geistesblitz oder kennen eine Lösung, die sich uns lange entzogen hat. Wenn es uns gelingt, auf die richtige Weise zu wünschen, gestalten wir den Fortgang der Dinge auf einer tiefen Ebene und so sehr wie möglich in unserem Sinne. Wir können diese richtige Weise nicht herbeizitieren. Sie stellt sich ein durch den inneren Weg, den wir gegangen sind. Wünschen gelingt, wenn es aus der Tiefe unseres Herzens kommt.

Viele Wünsche haben eigentlich etwas anderes zum Ziel. Wer sich einen großen Wagen oder Erfolg wünscht, möchte vielleicht im Grunde anerkannt und geliebt werden. Wer sich ein Schiff wünscht, sucht vielleicht mehr Freiheit. Wer sich einen bestimmten Menschen als Partnerin oder Partner wünscht, verknüpft vielleicht definierte Erwartungen mit diesem Menschen, die darauf abzielen, etwas im eigenen Inneren zu lösen. In vielen unserer Wünsche verbergen sich Sehnsüchte und Defizite, die wir füllen wollen. Weil wir diese Sehnsüchte und Defizite in uns nicht wirklich kennen, wissen wir auch nicht wirklich, was sie stillen kann. Wir knüpfen die Hoffnung auf Erfüllung an Menschen und Dinge, die uns aus verschiedenen Gründen geeignet erscheinen, zum Beispiel, weil sie den Vorstellungen entsprechen, die wir von unseren Eltern, von Lehrern oder aus den Medien übernommen haben. Viele Ziele sind eher die Ziele unserer Familie, unserer Gesellschaft oder des Zeitgeistes als unsere eigenen.

Ihre wahren Wünsche sind keine Augenblickslaunen. Sie werden nicht von Moden oder der Meinung anderer Leute bestimmt. Sie sind Sehnsüchte, die Sie schon früh gefühlt haben und die im Laufe Ihres Lebens immer wiedergekehrt sind. Ihre wahren Wünsche begleiten Sie lebenslang und Sie können immer neue Formen finden, um sie zu erfüllen. Denken Sie an einen Baum. Seine Wurzeln sind Ihre wahren Wünsche, seine Krone ist die Form, in der Ihre Wünsche realisiert werden. Der Baum bildet immer wieder neue Kronen. Die Krone kann man zurückschneiden und er wird nur umso voller austreiben, solange die Wurzeln intakt sind, denn den Antrieb und die Kraft dazu erhält er aus diesen.

Wenn Sie in Ihrem Leben zurückblicken, werden Sie vermutlich ebenso wie ich feststellen, dass viele Dinge wahr geworden sind, die Sie sich irgendwann einmal gewünscht haben. Sie hatten den Wunsch vielleicht schon vergessen. Viele Wünsche werden wahr, ohne dass Sie sich dessen überhaupt bewusst werden. Ihre Arbeit, Ihre Freunde, Ihr Haus oder Ihre Wohnung, ein Auto oder ein Fahrrad – all diese Dinge waren einmal Wünsche, die wahr wurden. Daran können Sie erkennen, dass Sie (und jeder andere Mensch) von Anfang an begabt darin sind, Wünsche in Erfüllung gehen zu lassen.

Grenzen des Wünschens

*»Wenn Sex die natürlichste Sache der Welt ist,
warum gibt es dann so viele Ratgeber darüber?«*
Bette Midler

Jedes Wünschen stößt an Grenzen, die zum Teil in uns selbst liegen. Unsere Persönlichkeit setzt uns Grenzen, an denen wir arbeiten und die wir in gewissem Umfang erweitern oder aufheben können. Auch neigen wir dazu, begrenzende Vorstellungen anderer Menschen zu unseren eigenen zu machen und so unsere Vorstellungskraft einzuengen. Vor allem als Kind dienen uns die Meinungs- und Vorstellungsgrenzen unserer Eltern als Orientierung und Vorbild. So kommt es, dass etwas nicht möglich ist, weil wir uns nicht vorstellen können, dass es möglich ist. Manchmal fehlt es nur an Wissen, um die Vorstellungskraft zu erweitern.

Beschränkende Gefühle und Grenzen des Wissens und der Vorstellungskraft sind die größten Hindernisse für Wunscherfüllung und Lebensfortschritt. Wir tragen sie alle in größerem oder kleinerem Umfang in uns. Viele Dinge, die selbstverständlich und natürlich sein könnten, wenn unsere Seele heil wäre, sind es nicht. Sie sind etwas, zu dem wir erst zurückfinden müssen, obwohl wir sie als Quelle in uns tragen. Bette Midlers Zitat lässt sich auf alle Lebensbereiche anwenden: Wenn Beziehungen, Kindererziehung, Beruf und das Leben an sich die natürlichste Dinge der Welt wären und wir hier selbstbestimmt leben und entscheiden können, warum gibt es dann so viele Ratgeber hierzu? Offensichtlich empfinden viele Menschen eine Unsicherheit und suchen Anleitung, was diese natürlichen Dinge des Lebens angeht. Sie wissen nicht und können sich nicht vorstellen, wie sie diese Bereiche mehr ihren Wünschen gemäß gestalten können. Es genügt nicht, sich die ideale Beziehung zu wünschen, wenn wir uns nicht selbst gut kennen und wenn wir nicht wissen, was wir in Beziehungen wirklich wollen und brauchen, auch, was unsere ungelösten Themen angeht.

Wir gehen mit unseren Persönlichkeitsmustern in eine Beziehung, in eine andere Stadt oder ein anderes Land und ebenso nehmen wir sie in alle anderen Bereiche des Lebens mit. Sie gehören zu uns, sie stellen einen oft sehr wichtigen Teil unserer Identität dar. Deshalb können und werden wir sie nicht einfach ablegen. Wenn wir uns etwas wünschen, tun wir dies mit allem, was wir sind. Auch unsere Muster wünschen mit – und mit ihnen alle unsere möglichen Ängste, Vermeidungsstrategien und weitere unbewusste Motive. Die ungelösten Teile in uns, die noch von uns entdeckt werden wollen und die nach Heilung suchen, sind besonders stark mit emotionaler Energie aufgeladen. Sie können deshalb auch eine besonders starke Energie aussenden, viel stärker, als die Kraft unseres Verstandes es jemals sein könnte. Wenn wir sie nicht kennen, verstehen wir unsere Wünsche und Mangelempfindungen nur zum Teil und die Gefahr, sie falsch zu deuten, ist groß. Jeder Wunsch kann dann nur etwas Unfertiges sein, selbst wenn wir ihn genau formulieren. Mit ihm zusammen senden wir weitere intensive Botschaften aus, die dem, was wir formulierten, sogar entgegenstehen können.

Entscheidend für jedes Denken und Handeln, für Erfolg und Misserfolg ist das, was wir fühlen. Es sind unsere im Gefühl wurzelnden Motive, die letztlich darüber bestimmen, wie offen unser Denken ist und welche Vorstellungen wir entwickeln oder übernehmen. Was wir auch tun, entscheiden oder verändern wollen – wir kommen immer bei der Quelle an, aus der alles hervorgeht. Die Quelle unseres Lebens sind unsere Gefühle, denn aus ihnen entsteht unsere innere Haltung zum Leben, aus der wiederum unsere Gedanken und Handlungen hervorgehen. Wir fühlen, sprechen, denken und handeln so, wie wir innerlich aufgestellt sind, und nicht anders.

Stellen Sie sich einen Menschen vor, der als Grundhaltung im Leben mit dem linken, und einen anderen, der mit dem rechten Fuß aufgestanden ist. Der eine wird vor allem rote Ampeln und übelwollende Menschen sehen, der andere sieht trotz gelegentlicher Hindernisse offene Türen und Einladungen. Solange sich keine echte innere Veränderung einstellt, werden Wünsche nur ein Mehr von dem bringen, was ohnehin schon vorhanden ist.

Freiheit beginnt immer im Innen. Die äußeren Bedingungen können noch so frei gestaltet werden, wer im seelischen Käfig einer negativen inneren Haltung sitzt, kann sie nicht nutzen. Mahatma Gandhi befreite Indien nach vielen Jahren, in denen er an seinem Konzept des gewaltlosen Widerstandes festhielt, von den Briten. An seinen folgenden Worten lässt sich erkennen, dass er die Befreiung Indiens als einen inneren, nicht als einen äußeren Prozess sah, der naturgemäß nicht von heute auf morgen bewerkstelligt werden konnte:

> *»Die äußere Freiheit wird uns erst bewilligt werden,*
> *wenn wir die innere Freiheit entwickelt haben.«*

Dort, wo Ihr Herz durch eine unbewältigte Verletzung an die Vergangenheit gebunden ist, wird es Ihren Lebensablauf beeinflussen. Je größer die Verletzung ist und je weniger Sie sich damit auseinandergesetzt haben, desto stärker wird sie sich bemerkbar machen. Manchmal wirkt sie sich in allen Lebensbereichen aus. Sie schränkt Ihre innere und in der Folge auch Ihre äußere Freiheit ein. Das kann so weit gehen, dass die Verletzung Sie in Situationen, in denen Sie aktiviert wird und Ihre Reaktionen kontrolliert, entmündigt. Das Komplexe daran ist, dass Ihre Verletzung auch die Quelle Ihrer stärksten Motivation darstellt. Sie ist deshalb auch ein Geschenk, mit dem Sie aufmerksam und sorgsam umgehen sollten.

Verletzungen haben sehr viel mehr Macht über Ihr Leben, Ihre Meinungen und Ihre Entscheidungen, als Ihnen bewusst ist. Dass eine solche unerlöste Energie in Ihrem Leben wirksam ist, können Sie an sich wiederholenden Erfahrungen, an Ängsten oder Gefühlen von Hilflosigkeit und Wut erkennen, die Sie nicht wirklich verstehen. Alle Menschen tragen kleinere und größere Verletzungen in sich. Leben ist eine Suche danach, heil zu werden, was Sie an den vielen Heilsangeboten, die es weltweit gibt, erkennen können. Vermutlich werden wir auf der irdischen Ebene nie ganz heil, erleuchtete Menschen ausgenommen. Arbeiten Sie daran, heil genug zu werden, das ist der wichtigste Schritt. Heil genug sind Sie, wenn Sie nicht nur die hellen, sondern auch die dunklen Kräfte kennen, die Ihr Leben steuern, und den Letzteren so ihre Macht nehmen.

Wenn Sie sehr verletzt sind und sich etwas wünschen, kann das Ziel Ihres Wunsches wie eine schmerzlindernde Salbe wirken, die jedoch nicht heilt. Je drängender ein Wunsch ist, desto vorsichtiger sollten Sie mit ihm umgehen und Raum für noch Besseres offen lassen, das Sie wegen Ihrer Verletzung nicht sehen können. Bevor Sie sich anderen Dingen zuwenden, wünschen Sie sich als Erstes: »Ich bitte darum, meine Verletzung zu verstehen und sie so sehr wie möglich heilen zu können.«

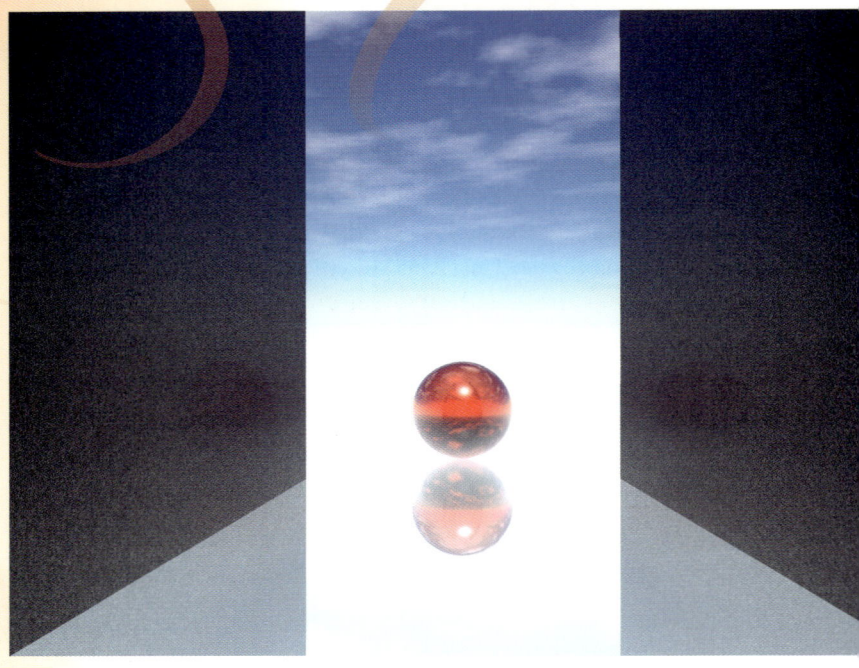

Manche Menschen glauben nicht an das Herz. Gefühle sind für sie ein Beiwerk, das man kontrollieren kann. Haben Sie schon einmal versucht, Wasser zu kontrollieren? Wasser ist das Element, das für Gefühle steht. Wenn Sie es einsperren wollen, müssen Sie einen extrem dichten Behälter verwenden, sonst bahnt es sich in der kleinsten Ritze seinen Weg. Wasser, das nicht fließen kann, verdirbt mit der Zeit. So ist es auch mit unseren Gefühlen. Wenn sie nicht fließend mit dem Leben gehen können, erstarren sie und mit ihnen unser Inneres.

Menschen, die nicht an die Gefühle glauben, sind davon überzeugt, sie würden rein rational entscheiden. Sie betrachten sich als Vernunftwesen und gehen davon aus, dass sie sich und die Dinge kontrollieren können. Doch es gibt keine rein rationalen Entscheidungen. Wenn jemand ganz nach der Vernunft statt nach seinem Gefühl entscheidet, gibt es ein Gefühl in ihm, das den größeren Vorteil darin sieht, rational zu sein: größere Sicherheit vielleicht, oder die Möglichkeit, sich vor Verletzungen zu schützen, wenn das Herz nicht beteiligt wird, oder mehr Anerkennung in einem Kreis von auf Vernunft und Rationalität pochenden Kollegen.

Haben Sie jemals versucht, eine wichtige Entscheidung, die Ihnen naheging, nur auf der Grundlage einer Pro- und Contra-Liste zu erstellen? Ich kenne Menschen, die das versuchten. Auch wenn die eine Seite klar überwog, kam es entweder zu keiner Entscheidung, oder die Entscheidung wurde gegen große innere Widerstände nach dem Ergebnis getroffen und später bereut. Weder Wünsche noch Entscheidungen gelingen aus dem Verstand heraus. Sie müssen emotional geladen sein, damit sie Kraft haben. Die Art der emotionalen Ladung entscheidet darüber, wie das Ergebnis aussieht.

Nicht alle Wünsche, und seien sie noch so tief gefühlt, können genau in der Form wahr werden, in der Sie sie gern erleben würden. Die Erde ist ein Ort der Beschränkungen an Zeit, Energie und Ressourcen. Alle anderen Menschen haben ebenfalls Wünsche und müssen sich den vorhandenen Raum, die vorhandene Zeit und die vorhandenen Ressourcen teilen.

Fixieren Sie sich nicht darauf, dass einfach alles möglich ist, aber gehen Sie davon aus, dass sehr viel mehr möglich ist, als Sie sich vorstellen können, auch wundersame Dinge, und dass Sie die Grenze zwischen beiden nur erfahren, nicht von vornherein wissen und festlegen können.

Wenn Sie Ihr Leben in die Hand nehmen und nach Ihren Wünschen gestalten wollen, brauchen Sie ein möglichst hohes Maß an innerer Freiheit. Mit der folgenden Liste können Sie herausfinden, wer und was Einfluss auf Ihr Leben nimmt. Das Ergebnis wird vermutlich zunächst einmal ernüchternd sein, vor allem, wenn Sie sich für einen freien Menschen halten. Aber da Sie nur das verändern können, was Sie kennen, ist diese Liste ein Schritt zu mehr echter innerer Freiheit.

Erstellen Sie eine Liste Ihrer Abhängigkeiten

Die Idee zu dieser Übung stammt von Theo Fischer, der in Büchern und Seminaren die Lebenskunst des Tao vermittelt.

Stellen Sie eine Liste derjenigen Menschen zusammen, die Ihr Denken und Handeln deutlich erkennbar beeinflussen. Nennen Sie auch die Personen bzw. Lebewesen, die Ihnen zwar nicht direkt nahestehen, aber Einfluss ausüben: Verwandte, Ehepartner, Kinder, Eltern, Freunde, Vorgesetzte, Kunden, Auftraggeber, Schuldner, Kreditgeber, Hausverwalter, Nachbarn, Ihr Arzt, Ihre Autowerkstatt, der TÜV, die Polizei, das Finanzamt, Ihr Steuerberater, Ihr Rechtsanwalt, der Pastor, die Müllabfuhr, der Gasmann, Ihr Schäferhund …

Listen Sie nun all die Dinge und Zustände auf, die Ihre Gedanken und Handlungen beeinflussen: Bücher zum Beispiel, fällige Reparaturen in der Wohnung oder am Haus, gesundheitliche Probleme, eine Geschäftsreise, Kurse, die Sie besuchen, Ihre Religion, das Wetter, Ihr Garten, Geldangelegenheiten, Ihre Hobbys, Suchtprobleme, Heirat, Scheidung, Ihre Suche nach dem Sinn, Ihre Wünsche und Hoffnungen, Ihre Ängste vor diesem und jenem …

Erstellen Sie nun eine Liste von Dingen, die Sie in jedem Fall brauchen, um leben zu können: Nahrung, saubere Luft, ein Klima, das bestimmte Temperaturen nicht über- oder unterschreitet, einen Lebensraum – und sei er noch so klein …

Das Ergebnis wird Sie vermutlich erstaunen. Ich war es zumindest, als ich diese Übung zum ersten

Mal in einem Seminar von Theo Fischer machte. Was Sie sich auch wünschen, es ist nie Ihr Wunsch allein. Er ist immer mitgeprägt von all dem, wozu Sie in Beziehung stehen, und den Bedingungen, die die Menschen und Umstände mit sich bringen.

Nachdem Sie sich bewusst gemacht haben, welchen Einflüssen Sie unterliegen, können Sie einiges davon verändern. Sie können eine ganze Reihe Dinge ablegen, kündigen oder einfach vergessen. Frei von Abhängigkeiten – oder sagen wir besser: Wechselwirkungen – werden Sie niemals sein, solange Sie existieren, denn die Grundlagen des Universums sind Beziehung und Wechselwirkung. Im Buddhismus sagt man, die Dinge seien »leer von selbstständiger Existenz«, was bedeutet, dass alles mit allem verbunden ist und aufeinander einwirkt.

Die Konsequenz daraus ist, dass jeder Ihrer Wünsche, wenn er sich erfüllt, die Welt beeinflussen wird. Wenn Sie durch Ihren Wunsch den Lauf der Dinge beeinflussen, wird der Lauf der Dinge auch einen prägenden Einfluss auf Sie nehmen. Die Erfüllung Ihres Wunsches wird neue Verbindungen und Abhängigkeiten erzeugen.

Ihr Wunsch wird etwas in Gang setzen, das endlos Kreise zieht. Nehmen wir an, Sie sind eine Beziehung eingegangen und bekommen Kinder. Die Existenz dieser Kinder erzeugt viele unterschiedliche Wirkungen und nicht alle konnten Sie vorhersehen. Mit den Kindern kommen neue Menschen in Ihr Leben. Vielleicht ziehen Sie um. Ein Elternteil bleibt für eine Weile zu Hause, berufliche Bedingungen ändern sich. Die Kinder selbst bringen Erfahrungen und Aufgaben mit sich. Vielleicht werden die Kinder selbst Eltern und machen Sie zu Großeltern …

Was immer Sie sich wünschen – wenn es sich erfüllt, wird es Ihr Leben prägen und verändern. Anders als in den meisten Märchen, die mit einem »Ende gut, alles gut« schließen, ist die Erfüllung eines Wunsches ein Beginn. Wünsche können niemals einfach als überschaubare Einbahnstraße betrachtet werden. Sie sind wie ein Weg, der sich in viele Nebenwege verästelt und auf dem unterschiedliche Erfahrungen und Aufgaben warten. Jede Wunscherfüllung wird Umstände und Herausforderungen mit sich bringen, an die Sie vorher nicht gedacht hatten. Wenn Sie sich etwas vom Leben wünschen, sollten Sie bereit sein, auch das anzunehmen, was nicht geplant war, denn Sie werden ohnehin freiwillig oder unfreiwillig damit konfrontiert.

Seien Sie geduldig

»Alles, was die Seelen ersehnen,
werden sie erhalten!«

Khalil Gibran

Manche unserer Wünsche sind Herzenswünsche, aber die Zeit ist noch nicht reif. Auch die Erfüllung eines Herzenswunsches kann Jahre dauern, so lange vielleicht, dass Sie Ihren Wunsch auf der bewussten Ebene vergessen haben. Die Erfüllung eines echten Wunsches ist nicht identisch mit einer Bestellung im Internet, bei der in der Regel umgehend geliefert wird. Unsere wahren Wünsche beziehen meist eine Vielzahl von Faktoren ein. Wenn Sie sich zum Beispiel eine Partnerin oder einen Partner wünschen, mit dem Sie seelisch, geistig und körperlich so sehr übereinstimmen, wie es nur möglich ist, kann es sein, dass dieser Mensch noch gebunden ist. Es ist möglich, dass Sie und dieser Mensch noch einen Weg zu gehen und bestimmte Dinge zu erledigen haben, bevor diese von Ihnen gewünschte Verbindung möglich ist. Ebenso ist es mit einer Arbeit, in der Sie sich ganz ausdrücken können. Bevor Sie die entsprechende Stelle einnehmen, gibt es vielleicht noch andere Arbeiten zu tun, bei denen Sie Eigenschaften üben können, die für das eigentliche Ziel gebraucht werden: Ausdauer und Durchhaltevermögen in Situationen, die Ihnen nicht besonders viel Freude machen zum Beispiel, oder Umgang mit einer Materie, in der Sie wenig Erfahrung besitzen.

Auch im Beziehungsleben kann es sein, dass das Warten auf die richtige Beziehung Erkenntnisse und Eigenschaften in Ihnen stärkt, die in der Beziehung, die Sie ersehnen, eine wichtige Grundlage für Beziehungserfolg ist. Denn auch die ersehnte Beziehung ist keine Wundertüte, aus der wir immer nur schöpfen können. Sie wird uns ebenso vor Aufgaben stellen und uns mit unseren Ängsten, Beschränkungen und Lebensthemen konfrontieren, wie alles andere im Leben. Wenn es eine tiefe Beziehung ist, wird diese Konfrontation sogar noch stärker sein, denn Liebe ist der beste Ort zum Erkennen, Wachsen und Heilen.

Geduld brauchen Sie auch noch dann, wenn eine ersehnte Situation eingetreten ist. Der Beginn einer Beziehung, der Aufbau einer Karriere oder eines
Unternehmens, das Säen und Pflanzen im Garten, alles braucht seine Zeit, um
sich zu entfalten. Der bekannte Persönlichkeitstrainer Anthony Robbins sagte
einmal: »Wir überschätzen, was wir in einem Jahr erreichen können, und wir
unterschätzen, was wir in zehn Jahren erreichen können.«

Geduld ist eine große Kraft. Sie fördert und trainiert unsere innere Stärke,
unseren Mut und unsere Ausdauer. Wenn die großen Geister dieser Welt
unfähig zu Geduld gewesen wären, wären viele Dinge nicht erdacht und geschaffen worden. Geduldig sein bedeutet, anzunehmen, dass etwas ist, wie es
ist und dass es vielleicht einfach noch Zeit braucht, um sich zu verändern. Sie
beobachten aufmerksam, wie sich die Dinge entwickeln, lassen sich jedoch
nicht von Ihren Wünschen fortreißen. Seien Sie auch geduldig mit sich selbst.
Denn das ist die beste Voraussetzung dafür, diese wertvolle Eigenschaft auch
anderen Menschen und Situationen gegenüber einsetzen zu können.

Grenzen überwinden:
Die Geschichte des Träumers

Der Biologe Thomas Huxley äußerte einmal: »Meine Aufgabe ist es, meine
Hoffnungen zu lehren, sich den Tatsachen anzupassen, und nicht, die Tatsachen dazu zu zwingen, mit meinen Hoffnungen übereinzustimmen.« Obwohl
dieser Satz Realitätssinn zeigt, ist er doch riskant: Sie können nicht wissen, was
möglich ist. Wenn Sie etwas als unveränderliche Tatsache anerkennen, an die
Sie Ihre Hoffnungen anpassen, setzen Sie dort eine Grenze, wo Ihr Wissen und
Ihr Beurteilungsvermögen enden. Nicht nur Wissenschaftler, viele Menschen
sind stolz auf ihren Realitätssinn und wollen sich nur nach Fakten ausrichten.
Fakten sind Annahmen, die zu einer bestimmten Zeit als realistisch und richtig eingestuft werden. Zu einer anderen Zeit kann sich diese Einschätzung ändern bis hin zum Gegenteil. Die Kunst ist, mit möglichst freiem Geist in die
Welt hinaus zu schauen, zu sehen, wie eine Situation *jetzt* ist, und Raum zu
lassen für mehr.

Achten Sie auf die Momente, in denen leere Räume entstehen: Der Augenblick zwischen zwei Atemzügen, zwischen einem Gedanken, der gegangen ist, und dem, der aufsteigt, die Pausen zwischen den Worten in einem Gespräch, der Moment der Stille, wenn der Vorhang im Theater fällt und das Publikum noch nicht begonnen hat zu klatschen. In diesen Augenblicken steckt das größte Potenzial. Für eine kurze Zeit ist alles in der Schwebe und alles noch möglich. Lassen Sie diese freien Augenblicke auf sich wirken. Spüren Sie, wie das Leben nach dieser schöpferischen Pause seinen konkreten Fortgang nimmt. Wenn Sie die Energie der leeren Augenblicke in sich aufgenommen haben, können Sie sie selbst in sich herstellen. In den Momenten, in denen Sie auf diese besondere Weise zur Ruhe kommen, kommt auch die Welt um Sie herum zur Ruhe – Ihre persönliche Welt, in der Ihre gewohnte Lebensgeschichte abläuft. Dies ist der Zeitpunkt, um Ihren Wunsch und Ihre Sehnsucht zu fühlen und sie hinausströmen zu lassen, so wie die Samen einer Pusteblume davonwehen.

Wenn Sie sich etwas wünschen, stellen Sie sich einen freien Raum vor, in dem dieser Wunsch seinen Platz finden kann. Schließen Sie Freundschaft mit der Tatsache, dass sich auch etwas Unvorhergesehenes, mit dem Sie nie gerechnet hätten, ereignen kann. Erfolgreich zu leben und zu wünschen verlangt eine hohe Flexibilität von Ihnen. Sie wandern auf dem schmalen Grat zwischen Ihren Träumen und Vorstellungen und der Notwendigkeit, zu erkennen, wo Grenzen nicht überwindbar, in jedem Fall nicht jetzt überwindbar sind. Halten Sie immer alles für möglich und erklären Sie sich außerdem damit einverstanden, Grenzen zu akzeptieren, wenn sie auftreten. Gehen Sie mit inneren und äußeren Grenzen um wie das Wasser, das ein Hindernis entweder langsam und stetig aushöhlt oder mit der Zeit so viel Druck aufbaut, dass es darüber hinwegfließen kann. Manche Hindernisse bleiben im Wasser und erschaffen einen Wasserlauf ganz eigener Art.

Machen Sie sich bewusst, dass Ihre inneren Grenzen machtvoller sind als alles andere, was Sie zurückhalten kann. Arbeiten Sie vor allem daran, indem Sie sich selbst umfassend kennenlernen. Auch indem Sie andere verstehen, finden Sie Zugang zu den tiefsten Schichten Ihrer Natur. Entdecken Sie Ihre Grenzen, indem Sie sie überschreiten. Testen Sie aus, wann Sie an innere und äußere Grenzen stoßen. Spüren Sie nach, ob äußere Grenzen eine Widerspiegelung von Grenzen sein könnten, die in Ihnen selbst liegen. Wenn Sie mit einem Menschen zusammen sind, der sich emotional nur schwer öffnen kann und Sie diese Grenze als unangenehm oder schmerzvoll empfinden, fragen Sie sich, warum Sie gerade diesen Menschen gewählt haben. Könnte es sein, dass seine Verschlossenheit Sie davor bewahrt, sich selbst mehr öffnen zu müssen? Wiederholt sich eine alte Erfahrung, bei der Sie Verschlossenheit mit Mangel an Liebe und Wertschätzung gleichsetzen? Fasziniert es Sie, eine solche Grenze bei einem anderen zu überwinden? Bleiben Sie Ihren Wünschen treu. Wenn Sie eine liebevolle, offene Beziehung wünschen oder die Lösung eines Problems suchen, geben Sie nicht auf. Bewahren Sie Ihren Traum. Etwas in Ihnen kennt die Lösung und ist bereit, sich Ihnen zum richtigen Zeitpunkt zu erschließen.

Wenn Sie etwas Bestimmtes in der Welt bewirken wollen, seien Sie wie der Träumer in der folgenden Geschichte. Schon mancher wurde für seine Visionen verlacht. Nicht alle konnten noch zu Lebzeiten die Früchte Ihrer Träume ernten. Die Grenze des menschlichen Willens widerspiegelt sich auch darin, wo die Welt als Ganzes gerade steht und was sie zu einem bestimmten Zeitpunkt braucht. Doch die meisten Ihrer Träume und Wünsche sind vermutlich nicht so weltumspannend wie die in der folgenden Geschichte.

Es war einmal ein Mann, der träumte vor sich hin. Er dachte: »Es muss doch möglich sein, 10 000 Kilometer weit zu sehen.« Und: »Es muss doch möglich sein, Suppe mit der Gabel zu essen.« Und: »Es muss doch möglich sein, auf dem eigenen Kopf zu stehen.« Und er dachte sich auch: »Es muss doch möglich sein, ohne Angst zu leben.«

Die Leute sagten zu ihm: »Das alles geht doch nicht, du träumst doch nur! Mach deine Augen auf und akzeptiere die Wirklichkeit! Es gibt Naturgesetze, die lassen sich nicht ändern!«

Aber der Mann sagte: »Es muss doch möglich sein, unter Wasser zu atmen. Es muss doch möglich sein, dass alle zu essen haben. Es muss doch möglich sein, dass alle das lernen, was sie lernen wollen. Es muss doch möglich sein, in seinen eigenen Magen zu schauen.«

Und die Leute sagten: »Nun hör aber auf, das wird es nie geben. Du kannst nicht einfach sagen: Ich will es so und dann wird es so sein. Die Welt ist, wie sie ist, daran lässt sich nichts ändern.«

Dann wurde das Fernsehen erfunden und die Röntgenstrahlen, und der Mann konnte 10 000 Kilometer weit sehen und auch in seinen eigenen Magen. Aber keiner sagte: »Na gut, du hast ja doch nicht Unrecht gehabt.« Auch nicht, als das Gerätetauchen erfunden wurde, sodass man problemlos unter Wasser atmen konnte.

Aber der Mann dachte sich: »Na also. Vielleicht wird es sogar einmal möglich sein, ohne Kriege auszukommen.«[1]

Wünschen beginnt mit Ihrer Lebensführung

»Wie man sich bettet, so liegt man.«
Sprichwort

Sich etwas Bestimmtes zu wünschen ist nur ein kleiner Teil dessen, was Wünschen eigentlich darstellt. Wünschen beginnt damit, wie Sie Ihr Leben insgesamt führen: Was Sie fühlen, wie Sie denken, handeln, wie Sie Liebe geben und empfangen, wofür Sie sich entscheiden, die Werte, die Sie vertreten, die Art, wie Sie kommunizieren und mit sich selbst sowie anderen Menschen umgehen, wofür Sie sich interessieren und einsetzen, was Sie ablehnen – durch all das senden Sie Botschaften über sich und das, was zu Ihnen kommen soll, hinaus, und das Leben wird darauf reagieren. Ihr Leben spiegelt wider, was sich in Ihrem Inneren abspielt. Sie können das, was das Leben Ihnen bringt, in hohem Maße beeinflussen, indem Sie lernen, sich in diesen Aspekten mit den dahinterliegenden, tieferen Motiven und Widersprüchlichkeiten zu verstehen. Wie auf der Abbildung können Sie sich als einen Baum sehen, in dessen Wurzeln unterschiedliche Personen, die Wünsche und Antriebe verkörpern, wohnen. Lernen Sie Ihre Wurzeln kennen. Aus ihnen formt sich Ihre Lebenskrone in all ihrer Vielfalt.

Einzelne Wünsche wie eine Beziehung, ein Haus oder eine Arbeitsstelle sind nur die Spitze des Eisbergs. Sie können nur so gut realisiert werden, wie Sie in Ihrer Gesamtpersönlichkeit aufgestellt sind. Wenn Sie noch mit einer früheren Beziehung oder mit sich selbst hadern, wenn Sie Vergangenem nachtrauern oder sich nicht öffnen können, kann die Traumpartnerin oder der Traumpartner vorbeikommen und die Beziehung wird dennoch kein Traum werden. Das ist schon allein deswegen der Fall, weil mit der Traumperson meist die Hoffnung verknüpft wird, alles würde nun gut werden. Ebenso ist es mit beruflichen und anderen Zielen. Ihr Traumjob in den USA wird Ihnen nur begrenzt helfen, seelische Aufgaben zu lösen und ein glücklicherer Mensch zu werden, es sei denn, Sie arbeiten auch an sich selbst und lassen innere Veränderungen zu.

Je mehr Sie von sich verstehen, desto mehr werden Sie auch von anderen Menschen verstehen. Je mehr Sie Ihre eigenen Kommunikationsformen erkennen, desto besser werden Sie auch die anderer deuten können. Je mehr Sie sich mit den Tatsachen des Lebens anfreunden, desto freundlicher kommen Ihnen auch die Tatsachen des Lebens entgegen. Wenn Sie Veränderung annehmen, kann Veränderung Ihr Freund sein. Wenn Sie den Winter akzeptieren, obwohl Sie die Wärme lieben, werden Sie weniger frieren. Je mehr Ihnen die tieferen Zusammenhänge Ihres Lebens bewusst werden, desto mehr können Sie das Potenzial entfalten, das in Ihnen angelegt ist. Heben Sie Ihren inneren Schatz – mehr müssen Sie nicht tun, um Ihre Bestimmung zu erfüllen.

Der wichtigste Wunsch: Die Lebensaufgabe finden

»Wenn Sie einmal erkannt haben, wofür Ihr Leben da ist,
gibt es keine Möglichkeit, dieses Wissen wieder zu löschen.
Ganz gleich, wie viel Angst Sie haben, Sie haben keine Wahl mehr.
Wenn Sie versuchen, aus Ihrem Leben etwas anderes zu machen,
werden Sie immer das Gefühl haben, dass Ihnen etwas fehlt.«
James Redfield

Von allen Wünschen ist einer der wichtigste: der Wunsch, Ihre Lebensaufgabe zu finden. Dabei geht es um weitaus mehr als um die Berufung für einen Beruf. Ihre Lebensaufgabe besteht darin, Ihre Lebensthemen und -motive zu erkennen, die darin liegenden Aufgaben zu lösen, und eine Form oder auch verschiedene Formen zu finden, in denen Sie Ihre Motive in Ihrem persönlichen und beruflichen Leben umsetzen.

Zwischen Ihren wahren Wünschen und Ihrer Bestimmung gibt es keinen Unterschied. Ihre wahren Wünsche sind Ihre Berufung. Wenn Sie erfüllt werden, fühlen Sie ein tiefes Glück, das sich von dem Glück alltäglicher Wünsche unterscheidet.

Glück und Freude sind starke Motivationskräfte. Schmerz ist jedoch der stärkste Antrieb. Der Schmerz ist es, der Sie vorwärtstreibt und Sie nach Lösungen suchen lässt. Wo Schmerz ist, herrscht Mangel. Wo Mangel herrscht, ist Leere, die sich füllen will. Wenn Sie als Kind unglücklich über den Schmerz Ihrer Mutter waren, die von der Familie ihres Mannes wegen gesellschaftlicher Unterschiede nicht anerkannt wurde, werden die Eindrücke und Gefühle, die Sie damals hatten, zu einem starken Lebensmotiv. Je nach Ihrer mitgebrachten Veranlagung werden Sie später vielleicht gegen gesellschaftliche Vorgaben rebellieren und eine Form suchen, in der Sie sich für menschenwürdige Maßstäbe einsetzen können. Vielleicht wollen Sie sich für unterdrückte und missachtete Menschen einsetzen, für Minderheiten oder Randgruppen. Oder Sie versuchen umgekehrt, diesen Maßstäben unter allen Umständen gerecht zu werden und gesellschaftliche Anerkennung durch Ihr Verhalten oder beruflichen Erfolg zu erhalten. Was Sie erlebt und gelernt

haben und was Sie am stärksten motiviert, können Sie in unterschiedlichen Formen ausleben. Die dahinterstehende Sehnsucht bleibt immer die gleiche. Sie ist der Motor Ihrer Lebensaufgabe.

Wir alle sind dazu berufen, uns selbst zu entdecken und eine Form zu finden, in der wir uns am besten ausdrücken können. Wenn wir das tun, erweisen wir uns dem Geschenk des Lebens würdig und entdecken die Liebe zu Gott, wie auch immer Sie ihn nennen mögen.

Alle Menschen sind auch dazu berufen, das Geheimnis der Liebe und zwischenmenschlicher Beziehungen zu entdecken. Für manche ist es die zentrale Lebensaufgabe und ihr tiefster Wunsch, den sie hinter all ihren anderen Wünschen finden müssen. Es kann eine Lebensaufgabe sein, die eigene Weiblichkeit oder Männlichkeit zu entdecken, die eigene Sexualität und sexuelle Ausrichtung, ein Generationenthema zu lösen, sich mit dem Tod auseinanderzusetzen, die Natur kennenzulernen, den eigenen Körper zu lieben.

Lernen Sie, zwischen Ihren Antrieben und Ihren wahren Wünschen zu unterscheiden. Beide wollen und sollen gestillt werden, aber sie unterscheiden sich in der Bedeutung für Ihr Leben. Hunger ist ein Antrieb, den Sie, wenn nötig, für eine Weile für ein größeres Ziel zurückstellen können. Ihren Hunger auf die richtige Weise zu stillen, nährt Ihren Körper sowie Ihre Seele und unterstützt Sie bei Ihrer Lebensaufgabe. Doch ohne Lebensaufgabe wäre der Mensch nur ein hungriges Tier. Wir hungern nach vielem – nach Erfolg, Liebe, Anerkennung, Sex, Geld … Suchen Sie immer nach dem, was dahintersteht. Was bedeutet der Hunger nach Erfolg für Ihre Lebensaufgabe?

Manche Menschen machen aus ihrer Berufung einen Beruf – wie Elisabeth Kübler-Ross, die ihr Leben dem Sterben gewidmet hat, der Ethnobotaniker Wolf-Dieter Storl, der sich auf besondere Weise mit der Naturheilkunde auseinandersetzt oder der Antiapartheidkämpfer Nelson Mandela, der wegen seiner Mission 27 Jahre als politischer Gefangener in Haft verbrachte. Dass eine große Mission ein ganzes Leben füllen und absolutes Engagement verlangen kann, zeigen viele Beispiele aus der Vergangenheit und Gegenwart.

Ein berührendes, kaum bekanntes Beispiel ist der Uhrmacher John Harrison, der sein Leben der Entdeckung einer Uhr widmete, mit der man auch auf Schiffen den Längengrad bestimmen konnte. Die Ungenauigkeit der Längengradbestimmung brachte vielen Seeleuten einen schrecklichen Tod auf See, weil sie vom Kurs abkamen und verdursteten, verhungerten oder an Skorbut starben.

Queen Anne hatte 1714 die unermesslich große Belohnung von 20 000 Pfund für denjenigen ausgesetzt, der es endlich schaffen würde, eine verlässliche Kursbestimmung auf See zu ermöglichen. Um dieses wichtige Ziel zu erreichen, wurde das sogenannte Längengradkomitee gegründet, das aus Gelehrten bestand, die die zum Teil lächerlichen Methoden der Bewerber prüfen sollten. Wie immer im Leben gab es auch hier Bevorzugungen. John Harrison als einfacher Handwerker und wissenschaftlicher Laie wurde abgelehnt und immer wieder abgewiesen. Er widmete 40 Jahre seines Lebens dem Ziel, erduldete Zurückweisung, Hohn und Misserfolge. Er löste das Längengradproblem und erhielt schließlich den Preis, als er 80 Jahre alt war, jedoch nicht von den missgünstigen Komiteemitgliedern, sondern durch einen Parlamentsbeschluss.

Was könnten Sie sich mehr wünschen, als zu entdecken, was Sie in Ihrem Inneren wirklich antreibt? Womit Sie schon geboren wurden? Was Ihre Lern- und Lebensaufgabe ist? Während Sie lernen, was es zu lernen gibt, sind Sie schon dabei, Ihre Lebensaufgabe zu erfüllen. Je klarer Ihr Blick darauf wird, desto ausgeprägter wird auch die Form sein, in der Sie sie erfüllen. Sie sind wie ein Diamant, der dabei ist, geschliffen zu werden. Noch nicht alle Facetten erstrahlen im vollen Glanz – und doch sind in dem Diamanten zu jedem Augenblick alle Facetten enthalten. Er ist schon immer, was er ist, so wie Sie schon immer das waren, was Sie im Herzen sind.

Die Lebensaufgabe zu leben, bedeutet, niemals aufzugeben. Lassen Sie sich von der Geschichte des Schauspielers Christopher Reeve zu Mut, Durchhaltevermögen und dem festen Willen, Ihrem Ziel treu zu bleiben, inspirieren.

Immer noch ich – die Geschichte des Christopher Reeve

»Eine großartige Seele in einem gehandicapten Körper wird ein großartiges Leben erschaffen, eine kleine Seele in einem großartigen Körper jedoch nicht.«
Brigitte Hamann

Vielleicht kennen Sie das Schicksal von Christopher Reeve. 1978 hatte er die Rolle des *Superman* erhalten, die eine Art Markenzeichen für ihn wurde. Neben vielen anderen Aktivitäten liebte er das Reiten, bis sein Pferd im Mai 1995 vor einem Hindernis scheute. Reeve stürzte kopfüber aus dem Sattel. Seine Halswirbelsäule brach am ersten und zweiten Wirbel durch. Die Ärzte waren sich einig: Der Sportfan würde ein Leben lang auf Maschinen angewiesen sein – zum Essen, Atmen, Fortbewegen. Eine Verbesserung seines Zustandes oder gar eine Heilung schlossen die Mediziner völlig aus.

Ein Leben voller künstlerischer, geistiger und sportlicher Aktivitäten sowie beruflichem Erfolg war zu Ende. Schon als Kind hatte Reeve das Theater geliebt, trat in Schulaufführungen auf, lernte Klavier spielen. Später, an der *Princeton Day School,* wurde er Präsident des *Drama Clubs,* war im Schulorchester, sang im Schulchor und spielte im Eishockeyteam. »Während ich aufwuchs«, erinnert er sich, »fragte ich mich niemals ›Wer bin ich?‹ oder ›Was tue ich da?‹. Von Anfang an war das Theater wie ein Zuhause für mich. Es schien das zu sein, was ich am besten konnte. Ich habe niemals daran gezweifelt, dass ich dort hingehöre.«

Christopher Reeve begann nach seinem Unfall eine neue Karriere, die etwas anderes von ihm zum Ausdruck brachte: den Willen, anderen, die in einer ähnlichen Lage wie er waren, zu helfen. Er setzte sich bei Versicherungen für Querschnittsgelähmte ein, hielt Vorträge und bemühte sich gegen die Haltung der Regierung Bush darum, dass die Stammzellenforschung, die Hilfe bringen konnte, weiterentwickelt wurde. *Immer noch ich* nannte er seine Autobiografie, die viele Leidensgefährten davon abhielt, aufzugeben. Einst hatte er im Film als *Superman* den Schwachen und Benachteiligten beigestanden, jetzt tat er es auf eine neue, konkrete Weise im Alltag bis zu seinem Tod. In seinem gehandicapten Körper lebte eine großartige Seele, die nach dem Unfall zu einer anderen, bewundernswerten Ausdrucksform fand.

Die Aufgabe des Vogels

»Du hast eine Aufgabe zu erfüllen. Du magst tun, was du willst,
magst Hunderte von Plänen verwirklichen,
magst ohne Unterbrechung tätig sein – wenn du aber diese eine Aufgabe
nicht erfüllst, wird alle deine Zeit vergeudet sein.«
Rumi

Im Zen-Buddhismus heißt es: »Die Aufgabe des Vogels ist es, zu fliegen.« Mit diesem berührend schlichten Satz wird mitgeteilt, dass es für jedes Wesen um nichts anderes geht, als das zu sein und das zu tun, wozu es angelegt ist, und das ist es auch, was es wirklich will. Ein Vogel ist dafür gemacht zu fliegen – das ist seine Bestimmung. Wenn es ein Singvogel ist, ist es außerdem seine Bestimmung, zu singen. Und beides auf eine Weise zu tun, die nur für ihn charakteristisch ist. Das ist alles.

Auch Sie sind mit einer Bestimmung auf die Welt gekommen. Der Unterschied ist, dass sie sich Ihnen nicht so einfach erschließt wie die des Vogels. Das liegt nicht zuletzt daran, dass jeder Mensch seine Bestimmung in vielen unterschiedlichen Formen leben kann. Menschen sind vor die Wahl gestellt, wie Sie leben wollen. Sie müssen entscheiden, wie viel Einsatz, Geduld und Begeisterung sie für die Verwirklichung ihrer Bestimmung aufbringen wollen, ob sie bereit sind, dafür auch Nachteile oder sogar Leiden in Kauf zu nehmen, ob sie ihre Zweifel überwinden und auf dem Weg bleiben können. Menschen müssen entscheiden, wie tief sie ihr Leben ausschöpfen wollen. Auf diesem Weg gibt es Freunde und Feinde, Unterstützung und Herausforderungen. Letztere werden Ihnen allerdings auch auf einem Weg, auf dem Sie sich nicht mit ganzem Herzen Ihrer Bestimmung widmen, nicht ganz erspart bleiben, denn das Leben fordert jeden Menschen immer wieder auf, den Weg seiner Berufung zu beschreiten.

Das Bild der Vertreibung aus dem Paradies kann auch so verstanden werden, dass wir Menschen den natürlichen Zugang zu unserer Quelle verloren haben und nun den Weg finden müssen, der zurück führt. Für uns alle ist es die wichtigste Lebensaufgabe, unsere Quelle zu entdecken, sie kennenzulernen und eine Ausdrucksform für sie zu finden. Der Klang der Quelle ist ein innerer Ruf – das, wozu wir berufen sind. Wenn Sie Ihre Quelle gefunden haben, wird es genauso selbstverständlich für Sie sein, sie zu Ihrem Lebensinhalt werden zu lassen, wie es für den Vogel der Lebenszweck ist, zu fliegen.

Alle Lebewesen außer dem Menschen folgen der Weisheit der in ihnen angelegten Natur. Sie sind, was sie sind und tun, wozu sie geschaffen wurden. Warum fällt es uns Menschen so schwer, das Gleiche zu tun? Vielleicht, weil das Wissen darum, worum es für uns wirklich geht, so nahe liegt, dass wir den »Wald vor lauter Bäumen nicht sehen«.

Vor langer Zeit überlegten die Götter, dass es sehr schlecht wäre, wenn die Menschen die Weisheit des Universums finden würden, bevor sie tatsächlich reif genug dafür wären. Also entschieden sie, die Weisheit des Universums an einem Ort zu verstecken, wo die Menschen sie so lange nicht finden würden, bis sie reif genug sein würden.

Einer der Götter schlug vor, die Weisheit auf dem höchsten Berg der Erde zu verstecken. Aber schnell erkannten die Götter, dass der Mensch bald alle Berge erklimmen würde und die Weisheit dort nicht sicher genug versteckt wäre. Ein anderer schlug vor, die Weisheit an der tiefsten Stelle im Meer zu verstecken. Aber auch dort sahen die Götter die Gefahr, dass die Menschen die Weisheit zu früh finden würden.

Dann äußerte der weiseste aller Götter seinen Vorschlag: »Ich weiß, was zu tun ist. Lasst uns die Weisheit des Universums im Menschen selbst verstecken. Er wird dort erst dann danach suchen, wenn er reif genug ist, denn er muss dazu den Weg in sein Inneres gehen.«

Die anderen Götter waren von diesem Vorschlag begeistert und so versteckten sie die Weisheit des Universums im Menschen selbst.[2]

Warum es schwierig sein kann, die Lebensaufgabe zu finden

»Wenn die Sonne Zweifel hätte, würde sie sofort erlöschen.«
William Blake

Der Vogel, der fliegt, die Rose, die blüht, der Obstbaum, der Früchte trägt – sie alle tun, was ihrer Natur gemäß ist. Sie denken nicht darüber nach, sie zweifeln nicht, sie orientieren sich nicht an anderen. Sie haben im besten Sinne keine Wahl. Wir Menschen haben eine Wahl. Sie ist unsere Freiheit und unser Glück, aber auch die größte Herausforderung, vor der wir stehen.

In seinem Buch *Die Kreationsspirale* erzählt Marinus Knoope die Geschichte eines Apfelbaums.

Soweit wir wissen, ist sich der Apfelbaum seiner selbst nicht bewusst. Ein Apfelbaum wird also nicht um sich herum schauen und vergleichen, was andere Obstbäume machen. Täte er das und würde er entdecken, dass er mitten zwischen Birnbäumen steht, würde er wahrscheinlich denken, er wäre nicht normal. Schlimmer noch, er würde vielleicht versuchen, Birnen hervorzubringen.

Oder stellen Sie sich vor, der Apfelbaum hätte sich bereits als kleines Bäumchen vorgenommen, bescheiden zu sein und nur ganz kleine Früchte, sagen wir Kirschen, hervorzubringen. Oder er hätte den Drang, weil er besonders fröhlich oder übermütig gestimmt ist, es einmal mit Bananen zu versuchen.

Wenn ein Apfelbaum irgendwo Meisterschaft erreicht hat, dann beim Hervorbringen von Äpfeln. Apfelbäume, die versuchen, etwas anderes als Äpfel hervorzubringen, haben es ziemlich schwer und werden binnen kürzester Zeit sehr frustriert sein.[3]

Wir Menschen sind komplexe Wesen, denen es nicht so problemlos gegeben ist, das Einfache zu erkennen. Im Grunde wissen wir alle, ob wir ein Apfelbaum, eine Rose oder ein Vogel sind. Aus Gründen, für die es unterschiedliche religiöse und philosophische Erklärungsmodelle gibt, sehen wir alles Mögliche, nur nicht unsere eigene, wahre Natur. Unsere innere Quelle sprudelt verborgen unter vielen Schichten aus Glaubenssätzen und Annahmen, aus Verletzungen und Identifikationen, aus dem, was man uns gesagt hat, wie die Dinge seien und wie es richtig und wie es falsch ist.

Wenn Sie ein Apfelbaum sind, der versucht, Birnen hervorzubringen, erkennen Sie das daran, dass Sie sich nicht wirklich wohlfühlen. Etwas fehlt, treibt sie voran, und es ist nicht die Suche nach weiteren Erkenntnissen im Rahmen von etwas, das Sie erfüllt, sondern ein Unwohlsein, eine Leere vielleicht, eine mangelnde Begeisterung für das, was Sie tun, selbst wenn Sie damit sehr erfolgreich sein sollten. Äußerer Erfolg ist kein Beweis dafür, dass Sie richtig liegen. Vielleicht geht es für Sie darum, zu erkennen, dass Sie ziemlich viel Talent dafür haben, Birnen hervorzubringen, dass es aber nicht wirklich das ist, was Sie wollen und was zu Ihnen passt.

Ihr Beitrag zählt

»Jeder Mensch ist ein besonderer Gedanke Gottes.«
Paul Anton de Lagarde

Vielleicht glauben Sie, Sie hätten nichts Bedeutungsvolles zum Leben beizutragen. Weil Sie weder ErfinderIn, SchriftstellerIn, UnternehmerIn, Star, PolitikerIn oder dergleichen sind, würde das, was Sie tun, nicht zählen. Eine Geschichte wird Sie sehr schnell vom Gegenteil überzeugen. Ihr Beitrag zählt durchaus. Jeder Beitrag zählt, unabhängig davon, wie groß der Wirkungskreis eines Menschen ist. Wer an der Spitze eines Landes steht, kann sich nicht um die Menschen im Einzelnen kümmern. Was Sie auch tun, ob Ihre Berufung Hausfrau und Mutter ist oder eine Firmenkarriere, tun Sie es mit Ihrem ganzen Herzen, und es wird ein wertvoller Beitrag zum Leben sein.

Ein Paar wanderte den Strand entlang. Es hatte mehrere Tage gestürmt und die Küste war so dicht mit Meerestieren, Tang und Geröll übersät, dass die beiden kaum Platz zum Auftreten fanden. Quallen, Seesterne, Krebse und anderes Seegetier bedeckten den Strand und kämpften mit dem Tod.

Während sie so dahin wanderten, sahen sie einen alten, wettergegerbten Mann, der immerzu in das Wasser hinein und wieder heraus watete. Sie blieben stehen, um sein merkwürdiges Verhalten zu beobachten. Er bückte sich, hob eines der Meerestiere auf, wiegte es sanft in seiner Hand, watete ins Meer und gab es sanft seiner Heimat zurück.

Das Paar begann zu lachen. Als sie näher kamen, fragten sie: »Was machst du da, alter Mann? Siehst du nicht, wie fruchtlos das ist, was du tust? Der Strand ist mit Tausenden von toten und sterbenden Tieren bedeckt. Deine Bemühungen werden daran nichts ändern.«

Der Mann hob einen Tintenfisch auf, der schon ganz leblos wirkte. Liebevoll wiegte er ihn in seiner Hand und lief zurück ins Meer, als ob er das Paar nicht bemerkt hätte. Er brachte den Tintenfisch vorsichtig ins Wasser, wusch den Sand und den Seetang von ihm ab, der sich um seine Tentakel geschlungen hatte. Dann senkte er seine Hände mit dem Tier langsam tiefer und ließ es die Liebkosung des Wassers spüren. Als der Tintenfisch sein heimatliches Element fühlte, breitete er seine Arme aus. Der alte Mann ließ ihn vorsichtig los und der Tintenfisch brachte nun die Kraft auf, sich selbst wieder fortzubewegen. Der alte Mann stand da, mit einem leichten Lächeln auf seinem Gesicht, als er beobachtete, wie ein weiteres Lebewesen sich wieder sicher auf seinen Weg begab.

Erst dann drehte er sich um und ging ans Ufer zurück. Er blickte auf, sah dem Paar in die Augen und sagte: »Für dieses Tier hat es mit Sicherheit etwas geändert.«

In Ihrem Schmerz zeigt sich Ihr Lebenssinn

»Wenn die Achtsamkeit etwas Schönes berührt, offenbart sie dessen Schönheit. Wenn sie etwas Schmerzvolles berührt, wandelt sie es um und heilt es.«
Thich Nhat Hanh

Ihr Herzenswunsch war schon immer da. Sie wurden mit ihm geboren. Es ist Teil des Menschseins, so wie wir es hier auf der Erde erleben, dass wir genau an dieser Stelle am meisten verletzt werden. Vielleicht lässt sich dieser geheimnisvolle Vorgang am besten verstehen, wenn wir an Bäume und Sträucher denken, die am kräftigsten wachsen und die schönsten Kronen hervorbringen, wenn man sie zurückschneidet.

Ihr größter Schmerz ist ein Wegweiser zu Ihren wahren Wünschen und damit zu Ihrer Bestimmung. Das ist so, weil das Leben Ihnen mit der Geburt nicht einfach die ideale Umgebung schenkt, in der Sie die Gaben, die Sie für die Verwirklichung Ihrer Bestimmung mitbekommen haben, von Anbeginn auf die bestmögliche Weise einsetzen können. Stattdessen mussten Sie sie vielleicht verbergen oder in einer Weise leben, die Ihnen Kummer bereitet hat.

Der Hypnotherapeut Stephan Gilligan benutzt in seinen Seminaren ein auf den ersten Blick amüsantes Bild, um zu veranschaulichen, dass Schmerz und Sinn zusammenhängen.

Es sei so, erzählt Stephan Gilligan, als würde jemand da oben vor Ihrer Geburt nach unten auf die Erde sehen, um die Familie zu finden, die mit Sicherheit das Geschenk – die besondere Gabe, die Sie mitbringen – nicht erkennen wird. Genau dahinein lässt er sie fallen – plumps. Nun können Sie Ihren Lebensweg antreten, und egal, ob Sie wohlmeinende oder nicht wohlmeinende Eltern haben, die Gaben und Motive, die für Ihr Lebensziel wirklich zählen, werden nicht erkannt. Sie werden im Gegenteil vielleicht dafür gescholten, man versucht sie Ihnen abzugewöhnen oder Sie werden für ganz andere Dinge hochgelobt. Nun reifen Sie heran mit einem Schatz in sich und Sie gewöhnen sich daran, überallhin zu sehen, nur nicht dorthin, wo es wichtig ist. Zudem haben sie sich daran gewöhnt, alles wichtig zu nehmen, nur nicht das, worum es für Sie geht. Viele Eltern bemühen sich sehr, die Gaben ihres Kindes zu entdecken und zu fördern – und doch ist die Wahrscheinlichkeit hoch, dass sie genau den zentralen Punkt nicht erkennen.

Stellen Sie sich einen Apfelbaum vor, der von dem Gefühl beseelt ist, Äpfel hervorbringen zu wollen. Mehr als alles andere will er das. Was wird aus ihm, wenn der Gärtner ihm erklärt, Äpfel würden nicht gebraucht, wenn er vielleicht sogar jede Blüte abreißt, sobald sie sich zeigt, oder mit allen Mitteln versucht, aus den weißen Apfelbaumblüten eine rosa Kirschblüte zu machen, weil er davon überzeugt ist, Kirschen wären besser?

Kinder werden erzogen von Eltern, die erzogen wurden. Eltern folgen ihren Vorstellungen darüber, was richtig ist, und die meisten bemühen sich sehr, ihren Kindern Gutes zu tun. Wenn aber die Vorstellung »Kirschen« statt »Äpfel« herrscht, steht das Kind auch bei den wohlmeinendsten Eltern vor der schwierigen Aufgabe, sein wahres Geschenk, in dem seine Bestimmung liegt, entgegen dem, was man ihm vermittelt hat, zu entdecken und sich damit durchzusetzen. Genau dieser Widerstand erzeugt jedoch auch die Reife und Tiefe, mit der sich das Geschenk eines Menschen offenbaren kann. Erinnern Sie sich an den Diamanten, der geschliffen werden muss, um zu strahlen.

Wir alle haben Unverständnis, Desinteresse, Verbote, Zurückweisungen, Ermahnung, Spott oder Strafe erlebt, wenn wir versuchten, zu zeigen, wer wir sind. Ein Kind mit großen kommunikativen Fähigkeiten, das in einer Familie aufgewachsen ist, in der Kommunikation ein schwieriges Thema ist, wird keine Ermunterungen, sondern Ermahnungen hören, wenn es zu erzählen beginnt. Vielleicht wird es ausgelacht. »Rede nicht so viel« oder »Halte den Mund«, »Mach dich nicht so wichtig« oder »Du gehst mir auf die Nerven« sind mögliche verletzende Botschaften. Aber auch ein gelangweilter Blick oder einfach die Abwesenheit von Menschen, denen das Kind gern zeigen möchte, was in ihm steckt, brennen sich ein und rufen Verletzungen hervor. Sie können nirgendwo so verletzt werden wie dort, wo Ihr Herz am intensivsten schlägt.

Kinder sind genial, sie finden Lösungsstrategien, wie sie auch mit schwierigen Situationen umgehen können, und sie lernen, dass diese Strategien funktionieren, und wiederholen sie. Während ein Kind aufwächst, wachsen jedoch die Strategien nicht im gleichen Maße mit. Im Gegenteil, sie bleiben meist in dem kindlichen Stadium, in dem sie entstanden sind.

An den Stellen, an denen Sie am meisten verletzt wurden, halten Sie auch am meisten an einmal gewonnenen Lösungen fest, unabhängig davon, ob sie Ihrem Alter und Ihrer Situation noch angemessen sind.

Denn später, wenn Sie älter sind und vielleicht beginnen, immer mehr von dem auszudrücken, worum es Ihnen wirklich geht, ist die Verletzung immer noch da. All die kindlichen Erfahrungen, in denen Ihr Geschenk – Ihre besondere Gabe – nicht angenommen wurde, umschließen den heilen Kern Ihrer Seele. Vielleicht haben Sie inzwischen eine Aufgabe gefunden, in der Sie das tun können, worum es Ihnen wirklich geht. Sie liegen eigentlich völlig richtig – nur die Anteile in Ihnen, die in Erfahrungen der Vergangenheit stecken geblieben sind und nach Heilung verlangen, sind Ihnen im Weg. Sie sorgen dafür, dass Sie Ihre Gabe nicht voll ausschöpfen können. Vielleicht sind Sie mit dem, was Sie tun, sogar sehr erfolgreich, aber etwas stimmt nicht, an irgendeiner Stelle wiederholen sich Erfahrungen, die Sie keinesfalls machen möchten, zumindest so lange nicht, bis Sie sie als Ihre Lernaufgabe und Ihren Wachstumsmotor begrüßen können. Schmerz ist ein Motor, der Sie veranlasst, weiter zu gehen und nach noch besseren Lösungen zu suchen. Er ist der Sand im Getriebe, durch den Ihr Leben einfach nicht rund läuft. Der englische Dichter und Naturmystiker William Blake ließ uns wissen: »Freuden befruchten, Schmerzen gebären.«

Wenn Sie Ihre Berufung gefunden haben und sie ist mit ungeheiltem Schmerz beladen, werden Sie sie in einer Form leben, die Ihnen genau die Schwierigkeiten und Gefühle einbringt, die Sie vermeiden möchten. Das Gleiche gilt für die Erfüllung von Wünschen. Der Schmerz, den Sie fühlen, weist dorthin, wo es hinzuschauen gilt, um das heilen zu können, was noch eine Wunde ist. Heilung bedeutet nicht, dass alles von nun an »gut« ist. Sie ist ein Prozess, in dem Sie sich selbst in all Ihren Anteilen sehen, sich annehmen und auch mit Ihrem Herzen erkennen, dass Sie heute zu anderen Lösungen fähig sind als damals als Kind. In einem Lebensrückblick werden Sie feststellen, dass Sie diese Lösungen bereits da und dort angewandt haben.

Wenn Sie sich mit dem verletzten Teil in Ihnen verbinden und ihn annehmen, werden Sie in der Lage sein, Ihren inneren Schatz wirklich zu heben und nicht nur ein paar Teile davon. Dann werden Sie wissen, wann und warum Sie über- oder untertreiben, warum Ihnen immer wieder Ähnliches passiert, warum manche Dinge einfach nicht gelingen, was Sie selbst dazu beitragen und wie Sie es ändern können.

Wir alle sind wie Schatzsucher, die zunächst am falschen Ort suchen. Die Reise unseres Lebens beginnt damit, herauszufinden, wo wir wirklich suchen müssen. Wie Odysseus durchleben wir viele Ereignisse und so manches Abenteuer, bis wir schließlich auf Umwegen zu unserer inneren Quelle finden. Dann sind wir im spirituellen Sinn auch schon fast zu Hause. Wenn Sie einmal wissen, dass Sie ein Obstbaum sind und keine Eiche, ist schon viel gewonnen, auch wenn Sie es zunächst mit Birnen, Kirschen oder Pflaumen versuchen.

Lebensaufgaben ziehen sich durch Generationen

»Lernen besteht in einem Erinnern von Informationen, die bereits seit Generationen in der Seele des Menschen wohnen.«
Sokrates

Nicht nur in Ihrem Leben gibt es einen roten Faden, der die charakteristischen Elemente Ihres Lebens aufrollt. Wenn Sie Ihre mütterliche und väterliche Linie zurückverfolgen, werden Sie ebenfalls einen roten Faden entdecken, der sich irgendwo in der familiären Vergangenheit im Dunkel verliert.

Sie wurden in die Familie hinein geboren, mit der Sie Lebensthemen und Lebensaufgaben teilen. Ihr persönliches Lebensthema kann mehr durch die Generationenreihe der Mutter als die des Vaters geprägt sein, oder umgekehrt, oder beide wirken zusammen. In jedem Fall sind Sie mit dem, was Sie fühlen und was Sie bearbeiten müssen, nicht allein. Es gab schon viele vor Ihnen, die vor der gleichen Aufgabe standen, und jeder von ihnen ist auf seine Weise damit umgegangen und hat sie auf seine Weise gelöst.

In der Familiengeschichte eines jungen Mannes, den ich beriet, gab es eine tragische Verknüpfung zwischen Sexualität und Tod. Sein Vater hatte sich umgebracht, weil er ein außereheliches Verhältnis hatte, das schließlich bekannt und als Schande betrachtet wurde. Sein Großvater heiratete eine Frau, die ein Kind von ihm bekam, obwohl er sie nicht liebte und nicht heiraten wollte. Er unternahm zwei Selbstmordversuche. Sein Onkel blieb lebenslang allein und hatte niemals eine Beziehung. Der junge Mann, ich nenne ihn hier Felix, war depressiv und hatte Todessehnsüchte, weil er mit Anfang 30 noch nie eine sexuelle Beziehung gehabt hatte, obwohl er sich sehr nach Körperlichkeit und Gemeinsamkeit sehnte. Als Felix während einer Sitzung zum ersten Mal diesen Zusammenhang wahrnahm, war er wie vom Donner gerührt. Er begann damit, sich mit seiner Angst davor, ein Schandfleck zu sein und ausgeschlossen zu werden, wenn er sich zu seiner Sexualität bekannte, zu konfrontieren. Es wurde ihm klar, dass er in einer Familie aufgewachsen war, deren Aufgabe darin bestand, negative und lebensfeindliche Wertvorstellungen über Bedürfnisse und Lust zu verändern und durch lebenszugewandte zu ersetzen. Dazu musste er zuerst herausfinden, was für Bedürfnisse er in Wahrheit hatte und sich zu ihnen bekennen. Von diesem Zeitpunkt an begann sich sein Leben zu verändern.

Eine andere Familie wurde ebenso wie die Generationen davor von der Vorstellung beherrscht, man müsse »unten« bleiben, denn wer zu hoch hinauffliege, werde abstürzen. »Lieber den Spatz in der Hand als die Taube auf dem Dach« und »Schuster bleib bei deinen Leisten« waren typische Ermahnungen, die dem Sohn liebevoll aufgepresst wurden. Weil er die Eltern als fürsorglich und wohlmeinend erlebte, durfte er sie nicht enttäuschen. In Wahrheit hatten beide Eltern, insbesondere der Vater, einen

starken Drang, ein ganz anderes, spannenderes und ausgefallenes Leben zu führen. Hannes, der Sohn, folgte dem Lebenskonzept seiner Eltern und blieb beruflich unter seinen Möglichkeiten. Er heiratete nicht die Frau seines Herzens – er hatte sich ihr nie erklärt –, sondern eine Schulfreundin, mit der er sich gut verstand. Als Hannes Anfang 40 war, begannen seine Probleme. Er hatte Schwindel, Herzrhythmusstörungen und verletzte sich das Sprunggelenk – allesamt Symptome für den ungelebten Wunsch, seine Ängste zu überwinden und aus der Familiennorm auszubrechen. Er begann eine Therapie und fing an, das Vorstellungsmuster zu verstehen, das ihn steuerte – und das bereits das Leben seiner Eltern und Großeltern bestimmt hatte. Dieses Verstehen war die Grundlage für erste, vorsichtige Schritte in ein neues Leben.

Ist Ihre Lebensaufgabe ein Rettungsanker?

»Mit Glauben allein kann man sehr wenig tun, aber ohne ihn gar nichts.«
Samuel Butler

Wenn Menschen in ihrem Leben nicht mehr weiterwissen, wenden sie sich oft der Frage zu, worin ihre Lebensaufgabe besteht. Häufig sind tatsächlich Krisen die Auslöser für eine Suche nach dem Sinn. Diese Suche ist verbunden mit der Hoffnung, dass in dem Sinn auch die Lösung liegt – eine berechtigte Hoffnung, denn wenn sich der Sinn erschließt, werden auch Lösungen sichtbar. Dieser Prozess ist allerdings sehr viel komplexer und anders strukturiert, als es sich die meisten Menschen vorstellen.

Wenn nichts mehr geht, scheint die Lebensaufgabe der Rettungsanker zu sein, der »alles gut macht«. So, wie das romantische Bild der idealen Liebesbeziehung mit dem Gefühl »Alles wird gut« verbunden ist, wie in den Märchen unserer Kindertage, in denen das Paar glücklich immerfort lebt, so glauben verzweifelte Menschen, alle Irrtümer, Mühen, Hindernisse sowie Traurigkeit werde sich durch die Lebensaufgabe auflösen. Lebensaufgabe und Berufung werden in ihrer Vorstellung zu der unfehlbaren Bedienungsanleitung für das Leben. Sie hoffen, der »Mechanismus Leben« werde dann ebenso gut funktionieren wie ein Gerät, das man richtig bedient. Die Lebensaufgabe ist jedoch etwas, in das wir hineinwachsen wie in Schuhe, die uns (noch) zu groß sind. Nur sehr wenige Menschen fühlen ihre Berufung schon ganz früh wirklich klar. Die Mehrzahl der Menschen übt das Laufen in ihren zu großen Schuhen, um ein Gefühl dafür zu bekommen, was für Schuhe das denn sind und für welches Gelände sie sich besonders eignen.

Wenn in Ihrem Leben große Verwirrung und Durcheinander herrschen, wird Ihnen die Erkenntnis Ihrer Lebensaufgabe zunächst wenig nutzen. Zum einen werden sie vermutlich den sprichwörtlichen Wald vor lauter Bäumen nicht sehen. Selbst wenn der liebe Gott persönlich vorbeikäme, könnten Sie mit seinen Erklärungen nicht so viel anfangen, dass Ihre Lebensaufgabe wie die erhoffte Bedienungsanleitung funktioniert. Zum anderen ist es wenig wahrscheinlich, dass Sie sich mit ihr identifizieren können. Ihr Leben ist in dieser Zeit wie ein Haus, in dem alles kreuz und quer durcheinander steht, sodass Sie Ihre Schätze nicht sehen können. Um sie zu entdecken, müssen Sie erst alle Dinge ansehen und prüfen, ob und wohin sie Sie aufräumen oder ob Sie sie entsorgen wollen. Wenn Ihr Lebenshaus so weit aufgeräumt ist, dass Sie einen Überblick haben, offenbaren sich auch die Schätze, die es enthält.

In Ihrem Lebenshaus Platz und Ordnung schaffen können Sie mithilfe Ihrer Lebensaufgabe dann, wenn Sie bei dem Teil beginnen, bei dem es um Ihr Lebensmuster und seine konstruktiven und problematischen Anteile geht. Stellen Sie sich Fragen wie: Wie kommt es, dass ich fühle, was ich fühle? Welche Menschen, Dinge und Situationen erregen meine Aufmerksamkeit? Wann bin ich angenehm, wann unangenehm berührt? Aus welchem Grund ziehen mich bestimmte Menschen und Ereignisse immer wieder an, während andere eine große Ablehnung oder sogar Angst in mir hervorrufen? Was genau ist es, das mich fasziniert oder abstößt? Was gibt mir das, was mich anzieht? Wie sollte das, was mich abstößt, stattdessen sein?

Es nützt wenig, an der Oberfläche zu kratzen. Wenn Sie wirklich wissen wollen, was in Ihrem Leben vorgeht, müssen Sie hinuntertauchen, dorthin, wo Ihre wahren Motive sind. Nur dort können Sie verstehen, was Sie antreibt und wirklich etwas lösen. Jede Lösung hat auch ihren Preis. Er kann die Aufgabe einer wichtigen Gewohnheit oder Überzeugung sein, eine Änderung in Ihrem Lebenskurs, eine Trennung oder umgekehrt das Wagnis einer echten Herzensbeziehung – und vieles mehr, was bei Ihnen vor allem deswegen Angst verursacht, weil es ein unbekanntes Land für Sie ist.

Machen Sie sich bewusst: Ihre eigentliche Arbeit beginnt dann, wenn Sie Ihre Lebensaufgabe gefunden haben. Denn von nun an geht es darum, Ihr Leben auf neue Weise in die Hand zu nehmen.

Wenn Sie den Wunsch, Ihre Lebensaufgabe zu finden, in das Zentrum Ihrer Wünsche stellen, wird sich Ihr Unbewusstes öffnen und Ihnen die Erinnerungen, Bilder und Informationen zur Verfügung stellen, die Sie brauchen, um Ihr Leben in einem neuen Licht zu sehen. Sie werden das, was Sie erleben, was Sie antreibt, hemmt, ängstigt, freut, unter einem anderen Blickwinkel betrachten und viele »Aha«-Erlebnisse haben. Die inneren Türen, die sich öffnen, weisen Ihnen den Weg in Ihre Zukunft. Ihr Unbewusstes wird Sie an die inneren und äußeren Orte sowie zu den Menschen führen, bei denen Sie all das finden können, was Sie brauchen.

Die Lebensaufgabe
und der Grundriss Ihres Lebens

»Das Universum wird in seiner gesamten Geschichte
niemanden mehr erleben, der so ist wie Sie.«
Vartan Gregorian

Alles, was Sie jemals waren, heute sind und in Zukunft sein können, entspringt einer inneren Quelle in Ihnen. Sie kommen nicht als »unbeschriebenes Blatt« auf die Welt. In Ihnen existiert eine einzigartige Matrix, die das Grundmuster Ihres individuellen Lebens bildet. Für dieses Grundmuster können verschiedene Worte verwendet werden, die Ihnen vertraut sind: Lebensaufgabe, Lebensmuster, Matrix, Bauplan und andere mehr. Das lateinische Wort *Matrix* steht übrigens für Gebärmutter, Gebärerin. Ihre innere Matrix gebiert Ihr Leben, jedoch nicht als einen unentrinnbar festgelegten Ablauf, sondern in einem Prozess aus dem, was Sie mitbringen und was Sie bewusst und unbewusst daraus machen.

Ein bildhafter Vergleich zeigt Ihnen, wie diese Mischung aus Mitgebrachtem und freier Entscheidung funktioniert. Er zeigt Ihnen auch, in welchem Umfang Sie durch Ihre Lebensaufgabe festgelegt sind und wie frei Sie wählen können.

Ihre Lebensaufgabe ist wie der Grundriss eines Hauses. Auf ein und demselben Grundriss kann man viele unterschiedliche Häuser erbauen, hohe und niedrige, mit einem Walmdach, einem Flachdach, einem Rieddach, mit vielen oder wenigen Fenstern, mit großen Fensterfronten oder mit kleinen, mit Streben verzierten Fenstern. Sie können das Haus unterschiedlich verputzen und in allen Farben streichen. Sie können es mit Blumen schmücken oder kühl und sachlich gestalten. Nur eines können Sie nicht: den Grundriss ändern, wenn er einmal feststeht. Der Grundriss Ihres Lebens steht mit Ihrer Geburt, genauer gesagt mit Ihrer Zeugung fest. Allerdings steht noch nicht fest, welches Leben Sie darauf erbauen.

Die Matrix Ihres Lebens kann viele unterschiedliche Lebenswege »gebären«. Sie können so unterschiedlich sein, dass es von außen betrachtet so wirkt, als hätten sie nichts miteinander zu tun. Betrachtet man die Lebenswege, die aus einem Grundriss hervorgehen können, genauer, haben sie immer etwas gemeinsam. Sie kreisen um bestimmte Themen und Aufgaben, die sich lediglich in verschiedenen Formen und an verschiedenen Orten manifestieren. Ihr Lebensgrundriss bietet Ihnen so viele unterschiedliche Möglichkeiten, wie Sie Ihr Leben gestalten können, dass Ihnen der Kopf schwirren würde, wenn jemand versuchte, sie in einem Buch zusammenzufassen. Er enthält vor allem auch Möglichkeiten, die Sie – und jemand anders, der darüber nachdenkt – sich zum aktuellen Zeitpunkt nicht vorstellen können. Nehmen wir noch ein weiteres Bild, um die Vielzahl der Möglichkeiten und die gleichzeitige Begrenzung zu veranschaulichen, die Ihr Leben und das aller Menschen bestimmen.

Stellen Sie sich ein Fußballfeld vor. Seine Größe, sein Umfang und seine äußere Form sind festgelegt. Auch die Funktion der einzelnen Spieler ist geregelt. Die Aufgabe des Torwartes steht fest, nicht aber, wie er sie im Detail ausfüllt. Obwohl die Grundbedingungen und -regeln des Spieles festgelegt sind, sind der Spielverlauf und sein Ausgang offen. Sicher ist, dass es darum geht, Tore zu schießen. Wann sie geschossen werden, ob es Eigentore sind, ob es ein spannendes, aktives Spiel oder ein eher ruhigeres sein wird, ob die Spieler gute Teamarbeit leisten oder sich behindern und wie das genaue Spielergebnis aussieht, all das entscheidet sich im Verlauf des Spieles und kann sich in jeder Sekunde noch ändern, solange das Spiel läuft. Die entscheidende Frage ist dabei, ob Sie das Spiel als *Ihr* Spiel betrachten oder ob Sie es so erleben, dass es mit Ihnen gespielt wird.

Sie können jedes Spiel als Bild nehmen. Vielleicht gefällt Ihnen Schach besser. Sehen Sie sich einmal ein Buch an, in dem Schachpartien beschrieben sind. Ganz gleich, wie dick dieses Buch sein mag, es wird niemals alle Spielvarianten auflisten können, denn es sind so viele, dass es uns vorkommt, als sei ihre Zahl unendlich. Tatsächlich gibt es aber nur eine bestimmte, allerdings sehr große Zahl an Spielmöglichkeiten.

Im Schach gibt es Bauernopfer, die Möglichkeit sich selbst oder den anderen schachmatt zu setzen, ein elegantes Spiel zu spielen oder eines, das sich lang hinzieht. Welches Spiel Sie als Vergleich wählen, spielt keine Rolle. Innerhalb des Spieles können Sie über den Verlauf bestimmen und darüber, wie Sie mit den Handlungen der Gegenseite, die hier für die Außenwelt ganz allgemein steht, umgehen.

In Ihrem Lebensspiel können Sie Eigentore schießen, sich schachmatt setzen lassen oder viele Bauernopfer bringen. Sie können mutige Züge wagen oder defensiv bleiben, langsam oder schnell spielen, mit dem ganzen Herzen dabei sein oder als kühler Beobachter fungieren. Manche Spieler entscheiden sich dafür, das Spielfeld vorzeitig zu verlassen.

Solange das Spiel im Gang ist, können Sie Ihre Spielstrategie jederzeit ändern. Das geht allerdings nur von dem Punkt aus, auf dem Sie gerade auf dem Spielfeld stehen. Auch wenn Sie neue Einsichten gewonnen haben, wird es nicht so sein, als hätten Ihre vorherigen Entscheidungen und die daraus entstandenen Konsequenzen niemals stattgefunden. Wenn Sie zu viel Zucker gegessen haben und Karies bekommen, müssen Sie den Zahn auch dann behandeln und mit einer Füllung versehen lassen, wenn Ihnen klar geworden ist, dass Sie weniger Zucker essen und häufiger Zähne putzen sollten. Das Leben entlässt Sie nicht aus der Verantwortung, nicht einmal dann, wenn Sie versuchen, die Verantwortung an jemand anderen abzugeben. Dann müssen Sie nämlich die Verantwortung dafür tragen, dass Sie sie abgegeben haben. Sie »baden« dann aus, was die andere Person für Sie entscheidet.

Jeder Vergleich »hinkt« ab einem bestimmten Punkt. Wenn Sie im Alltag spielen, können Sie natürlich aufhören und ein ganz anderes Spiel beginnen. In Ihrem Lebensspiel ist das anders. Hier können Sie Ihre Vorgehensweise ändern und die Art, wie Sie das Spiel spielen und bewerten – nur eines können Sie nicht: das Spiel verlassen und ein anderes spielen. Wenn Ihr Spiel in diesem Leben Schach ist, gibt es keine Möglichkeit, stattdessen Mensch-ärgere-dich-nicht zu spielen.

In Ihrem persönlichen Lebensspiel entscheiden Sie in jedem Augenblick, wer Sie sind!

Der Daimon, der Sie treibt

»Um die ›wunderschönen und wilden Kräfte‹ in uns, von denen der Heilige Franziskus spricht, zu entfesseln und die Bedingungen zu finden, unter denen der Wunsch unseres Herzens Wirklichkeit werden kann, müssen wir zunächst die Beziehung zu uns selbst erkennen und begreifen, sowie unsere Beziehung zur Welt und Gott.«
Gregg Braden

Die Griechen der Antike waren davon überzeugt, dass jedem Menschenleben ein Schicksal zugewiesen ist. Der Verlauf des menschlichen Lebens war nicht zufälliger Natur, sondern folgte einem Plan, der von einer dunklen, rätselvollen Kraft zugeteilt wurde, die sie *Daimon* nannten, den Geist, der den Menschen antreibt. Jedes Wesen hatte mit seinem Daimon zu leben. Die Bindung an den Daimon begann mit der Geburt und endete mit dem Tod.

Aus diesem Begriff entwickelte sich ein weiterer: der Dämon, der ursprünglich eine neutrale Geisteserscheinung oder ein Geistwesen bezeichnete. Später wurde der Dämon zu einem bösen Geist, der Menschen bedroht oder ihnen Schaden zufügt. Das Dämonische, das aus dem Daimon hervorging, ist ein prägendes Bild dafür, dass die geistigen Antriebskräfte bedrohlich werden können, wenn sie überhandnehmen. Unser Geist und alle Vorstellungen, die wir hegen, können kreativ und visionär sein, aber ebenso zerstörerische und eben dämonische Züge annehmen. Je fixierter ein Mensch in seinen Sichtweisen, Meinungen und Urteilen ist, desto größer ist die Gefahr, dorthin abzugleiten und »wie von einem Dämon getrieben« zu sein.

Die Römer nannten diese Kraft *Genius,* aus dem sich das »Genie« entwickelte. Dämon und Genie sind wie die beiden Seiten des Daimon, der fruchtbar motivierend und gnadenlos antreibend sein kann, je nachdem wie der einzelne Mensch mit dem ihm zugeteilten Los umgeht.

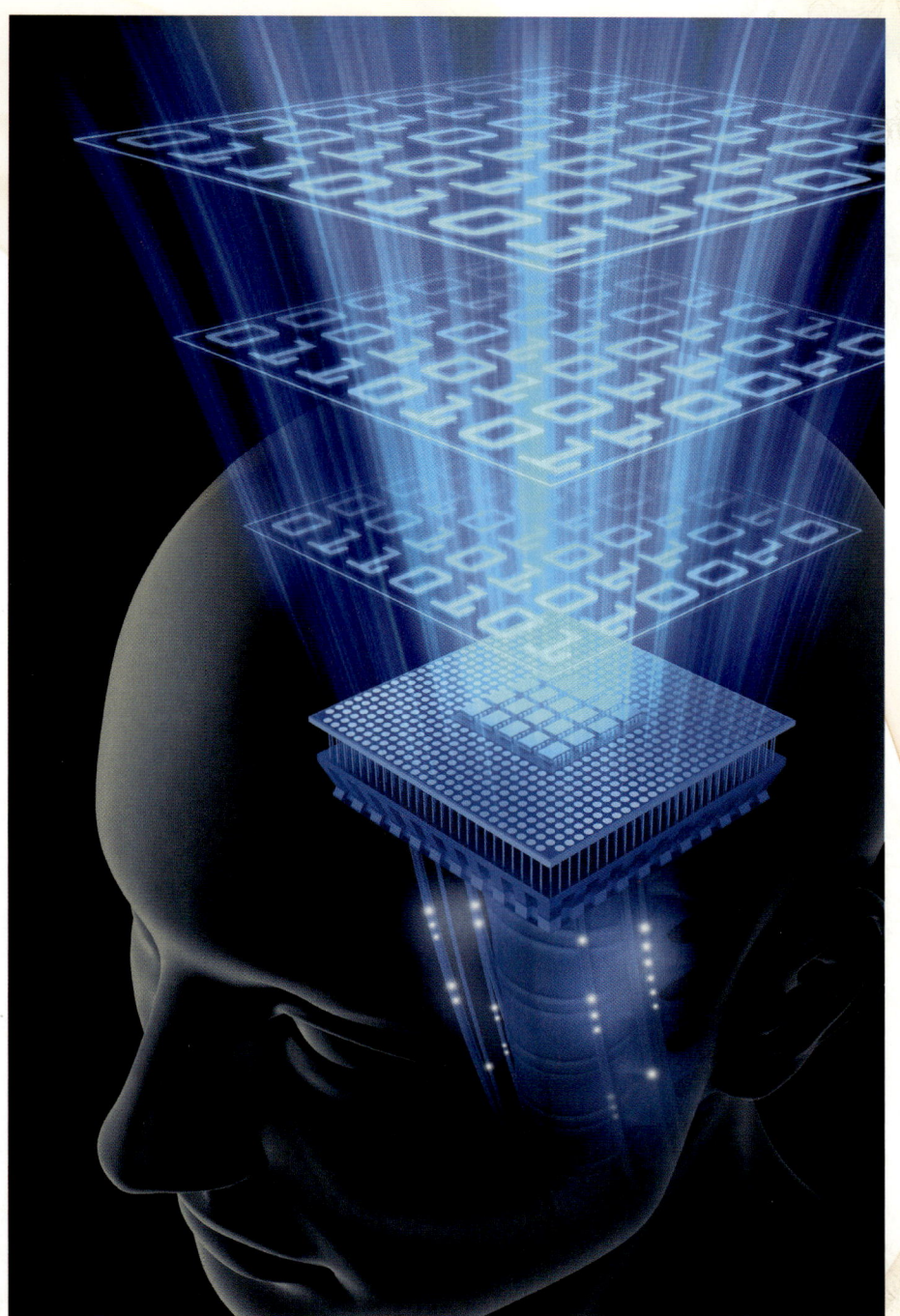

Daimon und Genius können unterschiedlich aufgefasst werden. Zum einen als Kräfte, die das menschliche Schicksal unentrinnbar festlegen wie bei Ödipus, dem geweissagt wurde, er werde seinen Vater töten und seine Mutter heiraten. Obwohl Ödipus alles tat, um diesem Schicksal zu entgehen, erfüllte es sich genauso, wie ihm vorhergesagt worden war.

In einer anderen Sichtweise galten Daimon und Genius jedoch als ein Wirkprinzip, das die Grundrichtung des Lebens vorgibt, ohne den Ablauf im Einzelnen festzulegen. In dieser Anschauung spielte die Frage der Wahlfreiheit die wesentliche Rolle. Entscheidend war, wie der Mensch mit seinem Daimon – mit dem also, was ihm mitgegeben war – umging und was er daraus machte. Jeder Mensch hatte einen Lebensweg, auf dem er vor Herausforderungen und Abenteuern stand, die er bestehen musste. In jeder Situation musste eine Wahl getroffen werden, wie er handeln würde. Jede Entscheidung war eine Wegkreuzung und führte ihn zu einem anderen Ort, als es eine andere Entscheidung getan hätte. Letztlich ging es darum, nach Hause – zu sich selbst – zu kommen wie Odysseus, der nach zahlreichen Irrfahrten und Abenteuern schließlich nach Hause zurückkehrt. Der lange Weg seiner Rückkehr wurde von dem Dichter Homer in der *Odyssee* beschrieben, die zu einem geflügelten Wort wurde. Wenn wir lange brauchen, um an einen Ort zu gelangen und vielleicht viele Umwege und Hindernisse zu bewältigen hatten, sagen wir, es sei eine Odyssee gewesen.

Welche Sichtweise ist richtig? Folgt unser Leben einem festgelegten, unabänderlichen Plan oder sind wir auf einer Reise voller Abenteuer?

Gibt es den freien Willen?

»Die Grenzen, die dem Willen durch die Welt gezogen werden,
sind kein Hindernis für die Freiheit, sondern deren Voraussetzung.«
Peter Bieri

Wer möchte nicht gern wissen, ob es den freien Willen überhaupt gibt? Falls es ihn nicht gibt, brauchen wir uns über das Leben keinerlei Gedanken zu machen, und Bücher wie dieses sind überflüssig, denn alles geht ohnehin seinen vorgezeichneten Gang. Wenn es ihn gibt, stellt sich die Frage, wo die Möglichkeiten und Grenzen sind. Falls Sie nicht als Erstes dieses Kapitel gelesen haben, wissen Sie bereits, dass der freie Wille in diesem Buch außer Diskussion steht, und auch, dass wir nicht beliebig frei sind.

Immer wieder entbrennt allerdings ein eher bizarrer Streit zwischen Biologen und Neurologen einerseits und Philosophen andererseits. Biologen und Neurologen suchten vor einiger Zeit zur Rechtfertigung ihrer Hypothese, dass es keinen freien Willen gibt, eine Studie des US-Neurophysiologen Benjamin Libet heraus, die dieser bereits 1983 publiziert hatte. Angeblich hatte diese Studie die Frage nach dem freien Willen eindeutig beantwortet. Libet fand heraus, dass sich unsere Entscheidungen bereits im Gehirn messen lassen, bevor wir angeben, wir hätten uns entschieden. Die eigentliche Entscheidung wird also vor dem Bewusstwerdungsprozess getroffen. Sind wir folglich in all unseren Handlungen doch determiniert?

Eine einfache, aber ausgesprochen eingängige Geschichte klärt diese Frage. Wolfgang Michal erzählt sie in dem Artikel »Sünde, Moral«, der im *Geo*-Heft Nr. 35 im April 2005 erschien. Die Geschichte stammt vom amerikanischen Sprachphilosophen John Searle.

Wenn Sie einem Neurologen begegnen, der allen Ernstes behauptet, es gebe keinen freien Willen, dann erzählen Sie ihm die folgende Geschichte: Ein Mann geht in ein Restaurant. Der Kellner bringt ihm die Karte, und nach einem Meinungsaustausch über das Wetter fragt der Kellner: »Wünschen Sie Kalbfleisch oder Schweinefleisch?« »Wissen Sie«, sagt der Gast, »ich bin Neurobiologe. Ich glaube nicht an den freien Willen. Ich werde einfach warten und sehen, was ich bestelle.«

Falls Sie also jemals wieder daran zweifeln, ob Sie tatsächlich selbst entscheiden können oder nicht, erinnern Sie sich an den Neurobiologen und seinen Restaurantbesuch. Ich tue das manchmal, wenn ich vor einer Speisekarte sitze …

Diese Geschichte ist nicht nur einfach witzig, sie hat eine wesentliche Konsequenz: Wenn es einen freien Willen gibt, sind wir verantwortlich für das, was wir tun, und auch für das, was wir nicht tun. Ob wir uns den »Grundriss unseres Lebenshauses« ausgesucht haben oder nicht, bleibt eine Frage der religiösen Einstellung. Welche Art von Lebenshaus wir dann erbauen, wen wir einladen und wem wir die Tür verschließen, das liegt in unserer Verantwortung.

Ein Samenkorn ist, was es ist. Es ist der Same einer Rose, eines Flieders, einer Ähre. Das wird auch aus ihm werden. Ein Rosensamen wird kein Fliederbusch. Es gibt jedoch eine Reihe Faktoren, die mitbestimmen, was genau aus dem Rosensamen wird: das Erdreich, in dem er keimt, Wind und Wetter, die Wasserversorgung, andere Gewächse in der Umgebung.

Das gilt auch für Ihr Leben. Sie werden in Bedingungen hinein geboren, die für Sie sind wie das Erdreich, der Wind und das Wetter für die Pflanze. Diese Einflüsse formen die Pflanze – und Ihre Lebensbedingungen formen Sie. Für die Pflanze ist der Wille zu wachsen von entscheidender Bedeutung, wobei sie – der inneren Programmierung folgend – sich behauptet, komme, was da wolle.

Und was bestimmt darüber, welchen Verlauf Ihr Leben unter den gegebenen Bedingungen nimmt?
Der NLP-Trainer und Bestsellerautor Anthony Robbins erzählt in seinem Buch *Das Power-Prinzip* eine wahre Begebenheit, innerhalb der er diese Frage beantwortet.

Ein Mann hat zwei Söhne. Der eine ist ebenso wie sein Vater Trinker und hat im Leben nichts zustande gebracht. Der andere ist erfolgreich und hat sich vom Trinken ferngehalten. Anthony Robbins befragte die Brüder voneinander unabhängig, wie es denn zu ihrem Lebensverlauf gekommen sei.

Beide antworteten das Gleiche: »Was kann schon aus einem werden bei so einem Vater?«

Gäbe es ein festgelegtes Schicksal, dem wir nicht entrinnen können, wäre es überflüssig, sich Gedanken um die Zukunft, um Entwicklung, Moral und Ethik, um Lebensziele, Lebenssinn und Alternativen zu machen. Wir hätten keine Wahl.

Sie stehen in jedem Augenblick an einer Wegkreuzung, an der Sie entscheiden müssen, welche Richtung Sie einschlagen wollen. Das gilt für die kleinen wie für die großen Dinge des Lebens. Ihr gesamtes Leben besteht aus Entscheidungen: ob Sie Kaffee oder Tee trinken, ob Sie einen Pullover oder eine Bluse anziehen, ob Sie eine Verabredung treffen, ob Sie ein Haus bauen, die Firma wechseln … Am Morgen entscheiden Sie sich dafür, aufzustehen. Auch wenn Sie glauben, Sie müssten zur Arbeit gehen, könnten Sie sich doch für das Gegenteil entscheiden, vorausgesetzt, Sie sind bereit, die Konsequenzen zu übernehmen. Vielleicht kommt Ihr Onkel Hans zu Besuch, den Sie schon lange einmal wiedersehen wollten, oder Sie fallen von der Leiter und ärgern sich, weil Ihnen das im Büro (vielleicht) nicht passiert wäre.

Manche Menschen entscheiden sich dafür, möglichst keine Entscheidungen zu treffen. In einer Lebenssituation, in der es mir ausgesprochen schwerfiel, mich zu entscheiden, sagte eine Freundin zu mir: »Ich habe immer wieder Situationen erlebt, in denen ich mich nicht entschieden habe. Irgendwann hat

das Leben für mich entschieden, und das war dann die schlechtere Lösung.« Falls Entscheidungen Ihr Thema sein sollten, seien Sie sich dessen bewusst, dass keine Entscheidung auch eine Entscheidung ist. Seien Sie lieber, wie der Dichter Christian Friedrich Hebbel sagte, ein eckiges Etwas als ein rundes Nichts, auch wenn Sie Angst haben, anzuecken.

Entscheiden Sie sich dafür, jeden Augenblick so bewusst wie nur möglich wahrzunehmen. Üben Sie innere Präsenz. Entscheiden Sie sich auch dafür, Ihr Bewusstsein zu öffnen und so viel aus Ihrem Unterbewusstsein emporzuholen, wie Sie nur können.

Suchen auch Sie nach dem Sinn des Lebens?

»Der Mensch ist dort zu Hause, wo sein Herz ist, nicht dort, wo sein Körper ist.«
Mahatma Gandhi

In Bezug auf die Frage, worum es im Leben geht, haben über die Jahrtausende hinweg Philosophen, Geistliche, Psychologen, Wissenschaftler und viele Menschen wie Sie und ich nachgedacht. Sie haben unterschiedliche Antworten gefunden, die sich, je nachdem, welcher man folgt, auch auf die Frage des Wünschens sowie das Thema, was und wie man wünschen soll, auswirken.

Die Antworten können lauten, dass es darum geht, Gott gefällig zu sein (was das heißt, wird von Religion zu Religion unterschiedlich definiert), sich einer

Sache ganz und gar zu verschreiben, der Gesellschaft zu dienen, sich selbst zu verwirklichen, das große Tao zu erkennen, Erfolg zu haben …

Ich möchte Ihnen hier die Antwort vorstellen, der ich mich angeschlossen habe. Sie bildet die Basis dieses Buches und aller Überlegungen, worum es beim Wünschen geht. Die Zitate zweier bekannter Persönlichkeiten fassen diese Antwort zusammen:

*»Die einzig lohnende Herausforderung im Leben ist,
einen Weg mit Herz in seiner ganzen Länge zu gehen …«*
Carlos Castaneda

»… damit wir am Ende unseres Lebens sagen können ›Ich habe gelebt‹.«
Edith Piaf

Der Weg mit Herz ist auch immer der Weg unserer Bestimmung. Das, wofür wir im Leben angetreten sind, strömt aus unserem Herzen. Wünsche, die Sie an das Leben richten, erfüllen sich dann, wenn diese auf dem Weg Ihres Herzens liegen, ihm dienen oder dazu beitragen, Sie wieder zurück auf diesen Weg zu bringen. Immer wieder geschieht es, dass ein erfüllter Wunsch nicht die erhoffte Befriedigung, Erleichterung oder Erlösung bringt, zumindest nicht auf Dauer. Auch durch einen Misserfolg lernen wir und erkennen, was wir glaubten zu wollen und dass es wohl in Wirklichkeit um etwas anderes ging. Manchmal ist es ein großes Glück, nicht zu bekommen, was man sich wünscht. Aus diesem Grund rät die *Bibel:* »Bedenke gut, was du dir wünschst, es könnte wahr werden.«

Was könnten Wünsche sein, die auf dem Weg Ihres Herzens liegen? Zwei Gedankenexperimente werden Sie dieser Frage vielleicht näherbringen.

Was ist Ihr Weg mit Herz?
Drei Gedankenexperimente

Stellen Sie sich vor, Sie stehen am Ende Ihres Lebens und blicken zurück. Was wollen Sie getan, erlebt und gefühlt haben? Worauf wollen Sie unter keinen Umständen verzichten haben? Was haben Sie von ihren Zielen verwirklichen können? Welche der Wünsche sind noch offen?

Lassen Sie alle Wünsche und Sehnsüchte zu. Fühlen Sie Ihre Sehnsucht. Geben Sie Ihr ein Bild, eine Stimme, einen Ton, ein Symbol, Farben, was immer Ihnen passend erscheint. Lassen Sie sie solange wachsen, wie es sich gut anfühlt. Wenn die Sehnsucht zu groß wird, können Sie sie ein wenig kleiner werden lassen oder die Farben etwas weniger intensiv gestalten. Tun Sie das aber nur ganz vorsichtig. Achten Sie darauf, Ihre Sehnsucht nicht zu beschneiden. Verordnen Sie der Stimme der Vernunft, die flüstert: »Aber das geht doch gar nicht …«, eine Pause. Lassen Sie sich in den Bildern dessen, was Sie gelebt haben möchten, treiben.

Schreiben Sie auf, was Ihnen in den Sinn kommt. Malen Sie ein Bild oder ein Symbol dazu. Sie können zum Beispiel Ihre Lebenslinie malen. Markieren Sie die Stelle, wo Sie heute stehen. Tragen Sie auf der Seite der Vergangenheit ein, was Sie gelebt und erlebt haben und schmücken Sie die Linie der Zukunft mit dem, was Sie noch erleben wollen.

Fragen Sie sich: Wie würde ich mein Grab gestalten? Was soll auf meinem Grabstein stehen? Würde Ihnen gefallen: »Sie gab ihr Bestes«? Oder: »Er war immer ein ordentliches Mitglied der Gesellschaft«, »Sie erledigte immer alle Pflichten«, »Sie war ein glücklicher Mensch?« bzw. »Er war ein treuer Familienvater«? Vielleicht sagen Ihnen diese und ähnliche Inschriften zu. Was soll dort außerdem stehen? Nehmen Sie sich Zeit, eine Inschrift zu entwerfen, die Ihr Leben charakterisieren soll, so, wie Sie einmal in der Rückschau gern gelebt haben wollen.

Schreiben Sie einen Nachruf für sich. Das ist keineswegs so makaber, wie es Ihnen vielleicht im ersten Moment vorkommen mag! Ein solcher Nachruf ist wie eine Bedienungsanleitung für Ihr weiteres Leben. Dort wird das stehen, was Sie tun wollen oder müssen, damit dieser Nachruf auch zu Ihnen passt. Wenn die Vorstellung des Lebensendes Sie ängstigt, machen Sie sich bewusst: Nichts kann Ihnen die Kostbarkeit jedes Augenblicks mehr vor Augen führen als die Tatsache der Endlichkeit. Unabhängig davon, ob Sie glauben, dass Sie wiedergeboren werden oder nicht, diese Lebensspanne ist, was Sie definitiv haben. Was davor war oder danach kommen wird, können Sie nur glauben, nicht wissen.

Den Ursprung wiederfinden

»Das Ziel finden, heißt den Ursprung wiederfinden.«
Paul Claudel

Wir sind es gewohnt, uns auf Ziele zu konzentrieren. Ein Problem zu lösen ist ein Ziel; Menschen, Unternehmen, Staaten, alle haben Ziele, die sie erreichen wollen. Der Blick ist darauf gerichtet, mit welchen Methoden sie erreicht werden können.

Wenn die Krone eines Baumes nicht so viele Früchte trägt, wie erwartet, oder die Blätter braun sind, kann das natürlich an Schädlingen liegen, die in den Blättern sitzen. Vielleicht ist die Ursache jedoch in den Wurzeln zu finden. Auch dort können Schädlinge sein oder es kann an Wasser oder anderem fehlen. Starke Wurzeln sind die beste Voraussetzung dafür, eine blühende Krone zu erzielen. Um ein anderes Bild zu verwenden: Wenn der Keller Ihres Hauses voll Wasser steht, wird es wenig Sinn haben, das Dach zu reparieren. Ist es das Ziel, ein Problem zu lösen, wird man es am besten von dem Punkt aus lösen können, wo es seinen Ursprung genommen hat. Geht es ganz allgemein um Ziele, können sie ebenfalls am besten verwirklicht werden, wenn wir die dahinterstehenden Zusammenhänge und Motive verstehen.

Unsere wahren Ziele und der beste Weg, sie zu erreichen, sind in unserer inneren Quelle verborgen. So wie der Fluss seinen Ursprung an der Quelle nimmt, so fließen unsere Ziele und Motive aus unserer inneren Quelle. Aus diesem Grund sagt Paul Claudel, dass das Ziel finden zu können voraussetzt, die Quelle zu finden. Diese Art des Denkens ist in der westlichen und mittlerweile auch in der östlichen Welt nicht mehr sonderlich beliebt. Wir sind eine Kultur des Machens geworden, die verlangt, Strategien zu entwickeln, wie die Dinge getan werden können – und diese dann auch gleich in die Tat umzusetzen. Die Quelle finden wir nicht, indem wir etwas tun, sondern indem wir innehalten, fühlen, was gerade ist, und uns unserer inneren Quelle öffnen. Diese Öffnung nimmt oft Zeit in Anspruch, denn wir sind nicht gewohnt, den Kontakt zu unserer Mitte aufzunehmen. Eher vermeiden wir ihn, weil auch Unliebsames offensichtlich werden kann. Unsere Gesellschaft bietet eine Fülle von Möglichkeiten, auf Ziele zu starren – Werbung, Film und Fernsehen, das Internet, Freizeitangebote, Partys. Nichts davon ist für sich genommen schlecht, solange es nicht zum Ablenkmanöver wird. Es ist sehr viel leichter, abends auf die Anschalttaste des Fernsehers zu drücken, als sich der Stille hinzugeben und sich mit dem auseinanderzusetzen, was sie in uns hervorbringt.

Ihre innere Quelle ist ein Schatz, der immer da ist. Auf einer meiner Reisen begegnete ich einem jungen Mann, der schon lange unterwegs war. Er sei auf der Suche nach sich selbst, erzählte er, und war gerade dabei, einen Flug an einen anderen Ort zu buchen. Vielleicht lächeln Sie nun, aber so zu denken, ist etwas zutiefst Menschliches. Wir alle suchen überall, nur nicht in uns, und wenn wir doch in uns suchen, haben wir oft nicht die Geduld und Ausdauer, darauf zu warten, dass sich unsere Quelle erschließt.

Vor 32 Jahren erschien eines der schönsten Bücher des bekannten Kinderbuchautors und Illustrators Horst Eckert, den wir alle unter dem Namen Janosch kennen: *Oh, wie schön ist Panama*. Es ist ein Buch über das innere Zuhause, das die beiden Helden nach langen Reisen entdecken.

Oh, wie schön ist Panama

Panama ist der Ort der Träume, an dem alles viel größer, schöner und besser als zuhause ist. Die beiden Freunde Tiger und Bär leben eigentlich ganz glücklich in ihrem Häuschen nahe beim Fluss. Der Tiger liebt es, Pilze zu sammeln. Seine kleine Holzente mit Rädern nennt er »Tigerente«, weil sie gelbschwarz gestreift ist. Der Bär ist begeisterter Angler. Eines Tages ereignet sich etwas Ungewöhnliches: Der Bär fischt eine leere Holzkiste mit der Aufschrift »Panama« aus dem Fluss. Er schnuppert an der Kiste und ein wundervoller Duft von Bananen steigt in seine Nase. Daraufhin beschließt er, dass Panama das Land seiner Träume sei.

Voller Begeisterung berichtet er dem Tiger von dem wunderbaren Ort Panama. Und schon am nächsten Tag machen sich die Freunde auf den Weg in das ferne Land, ausgestattet mit einem Kochtopf, einer Fischerrute, einem Hut und der Tigerente. Bevor sie loswandern, fertigen sie einen Wegweiser an, auf dem »Panama« steht, stellen ihn auf und marschieren in diese Richtung. Unterwegs treffen sie viele Tiere, die meist auch nicht wissen, wo Panama liegt, und sie in die falsche Richtung schicken. Tiger und Bär laufen deshalb im Kreis herum und kommen schließlich wieder zu Hause an. Ihr Häuschen und alles darum herum sieht jedoch nach der langen Zeit ganz anders aus. Das Haus

ist verwittert, die Bäume und Sträucher sind gewachsen, und so wissen die beiden Freunde nicht, dass sie zurückgekehrt sind. Auf dem Boden vor dem Haus finden Sie den Wegweiser mit der Aufschrift »Panama«. Nun glauben die beiden, sie seien im Land ihrer Träume angekommen. Glücklich reparieren sie das Haus und leben noch heute dort.

Janoschs Bücher haben immer eine Botschaft. Zu dieser sagte er: »Jeder lebte schon immer im Paradies, er hat es nur nicht gewusst.«

Was das Wort »Sünde« bedeutet

»Letzten Endes ist jede Sünde der Versuch des Geschöpfes, eine echte Sehnsucht auf falschem Weg oder mit falschen Mitteln zu befriedigen.«
Karl Geyer

Kann ein Weg mit Herz Sünde sein? Dürfen Sie ihn gehen? Darf *man* ihn gehen? Wer außer Ihnen hat darüber zu befinden, ob Ihr Weg Sünde ist? Wem gegenüber sind Sie Rechenschaft schuldig?

Für die Beantwortung dieser Fragen möchte ich Ihnen die Originalbedeutung des Wortes »Sünde« vorstellen, die Sie vermutlich weder in der Schule noch im Konfirmations- oder Kommunionsunterricht gelernt haben.

Das Wort »Sünde« geht auf das hebräische Wort *chata* zurück. Es bedeutet »verfehlen«, »das Ziel verfehlen« oder auch »sich verfehlen«. Sünde wird als das Verfehlen eines gottgegebenen Zieles verstanden. Die christliche Auslegung besagt, dass Adam, weil er das göttliche Ziel verfehlte, ein Sterblicher wurde. Aus dieser Sicht ist es also eine Anlage des Menschseins, das Ziel (zunächst) zu verfehlen. Erbsünde bedeutet also nicht, dass der Mensch an sich schlecht ist, sondern dass er das ihm von Gott gegebene Ziel nicht erkennt und deshalb zunächst auf Umwegen wandert.

Wir versuchen, das richtige Ziel oder – wie der christliche Lehrer und Autor Karl Geyer es in seinem Zitat ausdrückt – eine echte Sehnsucht *auf dem falschen Weg oder mit den falschen Mitteln zu befriedigen*. Sünde ist nicht Schuld, sondern eine Verirrung, ein Abkommen vom Weg. Das Wissen um den richtigen Weg, den jeder von uns gehen kann, liegt in uns verborgen. Es ist ein vergessenes Wissen, das auf seine Wiederentdeckung wartet. Das ist die Botschaft sowohl der Vertreibung aus dem Paradies als auch die des Wortes »Religion«, die Rückverbindung bedeutet.

Eher philosophisch als christlich formulierte Johann Wolfgang von Goethe die gleiche Einsicht: »Der Mensch mag sich wenden, wohin er will, er mag unternehmen, was es auch sei, stets wird er auf jenen Weg wieder zurückkehren, den ihm die Natur einmal vorgezeichnet hat.«

Was Sie wirklich wollen und wie Sie es bekommen können

Machen Sie ein Gedankenexperiment

Stellen Sie sich vor, es gäbe einen Schlüssel, der Ihnen die entscheidende Tür zu sich selbst öffnet.

Hinter dieser Tür liegt das Wissen, das Sie brauchen, um Ihr Leben, Ihre Beziehungen und Ihre berufliche Situation in einem neuen Licht zu sehen und in Ihrem Sinne zu verändern.

Und stellen Sie sich weiter vor, dieser Schlüssel würde Ihnen die Möglichkeit eröffnen, herauszufinden, was Sie wirklich vom Leben wollen und wie Sie es bekommen können.

Würden Sie diesen Schlüssel gern besitzen?

Und wo, glauben Sie, würden Sie ihn finden?

Begeben wir uns auf die Suche ...

Der geheime Ort des Schlüssels

Sehen Sie sich diesen Eisberg an. Was ist das Besondere daran?

Die Antwort auf diese Frage lautet: 90 Prozent seiner Masse befinden sich unter der Wasserlinie. Sie sehen also nur etwa zehn Prozent – einen kleinen Teil. Wie Sie vermutlich wissen, sind Eisberge nirgendwo verankert, sie schwimmen im Meer. Je nach Größe und Drift des Wassers tun sie das schneller oder langsamer, aber sie bewegen sich.

Wohin bewegt sich der Eisberg? Sicher nicht dorthin, wohin ihn die kleine Masse auf der Wasseroberfläche dirigieren würde, sondern dorthin, wohin die große Masse unter Wasser driftet.

Ebenso ist es mit Ihrem Bewusstsein, zu dem Sie nur zu einem relativ kleinen Teil Zugang haben. Ihr Unbewusstes nimmt den weitaus größeren Teil Ihres gesamten Bewusstseinsfeldes ein. Dazwischen gibt es einen halb bewussten Bereich, der schwach beleuchtet ist, so wie das Wasser, in das Sie einige Meter tief hineinsehen können.

Das ist kein Grund zur Beunruhigung.

Ihr Unbewusstes ist für viele Funktionen zuständig, um die Sie sich nicht bewusst zu kümmern brauchen und die Sie auch völlig überfordern würden, wenn Sie es tun müssten. Ihr Bewusstsein kann sich nämlich nur auf wenige Dinge konzentrieren. Zu diesen Funktionen gehören zum Beispiel Körperprozesse, von denen Sie den Eindruck haben, sie würden wie von selbst ablaufen: die Atmung, die Verdauung sowie die Wahrnehmung und Verar-

beitung der Fülle von Eindrücken, die ständig auf Sie einströmen, ohne dass Sie es direkt bemerken. Ihr Unbewusstes speichert Erinnerungen sowie Pläne und bearbeitet diese weiter, während Sie mit anderen Dingen beschäftigt sind, und tut darüber hinaus noch vieles mehr.

Ein anderes Wort für Unbewusstes ist Unterbewusstsein. Es drückt bildhaft aus, dass es sich um etwas handelt, das schon immer unter der Schwelle des Bewusstseins lag oder dorthin gesunken ist. Lebensfunktionen, für die das Unterbewusstsein sorgt, waren von Anfang an dort. Nur wenn Sie sich zum Beispiel darum bemühen, bewusst zu atmen, verbinden Sie sich mit diesem Bereich. Dort ist auch, was Sie vergessen oder verdrängt haben. Manche Erinnerungen werden nicht mehr direkt gebraucht und dort abgelegt. Sie sind dann ein Erfahrungsschatz, auf den Sie zurückgreifen können. Ihr Unterbewusstsein ist auch die Schatzkammer, in der alle wesentlichen prägenden Erfahrungen aufbewahrt werden. Einige davon wollten Sie hinter sich lassen, weil Sie sie nur als belastend empfanden. Zu diesem Zeitpunkt konnten Sie nicht sehen, dass sich gerade in diesen Erfahrungen ein Schatz verbirgt, oft sogar ein größerer als in den glücklichen Ereignissen. Wie Sie in den weiteren Kapiteln sehen werden, stellen alle prägenden Erinnerungen einen Schatz dar. Ihr Wert muss jedoch erst noch erkannt werden.

Gehen wir zurück zu dem Eisberg. So wie seine Bewegung von der Masse unter Wasser gesteuert wird, so wird auch ein großer Teil Ihrer Handlungen aus dem Unterbewusstsein heraus gesteuert. Ihre zentralen Motive sind sehr früh entstanden, einige in einer vorsprachlichen Zeit, in der Sie Ihre Eindrücke noch nicht formulieren konnten. Es ist leicht, als Erwachsener rationale Begründungen dafür zu finden, warum Sie dieses und jenes tun oder nicht tun. Gründe, die Sie anführen können, gibt es immer. Der eigentliche Beweggrund findet sich jedoch viel tiefer. Das Wort »Beweggrund« beschreibt wörtlich, worum es geht: um den Grund, der den Menschen in Bewegung versetzt. Das Wort »Grund« wird auch für das Tiefste verwendet: den Meeresgrund, den Grund eines Brunnens usw.

Ihre wahren und stärksten Motive kommen aus Ihrem Unbewussten. Sie sind es, die letztlich darüber bestimmen, wohin Ihre Lebensreise geht. Ihr Unbewusstes hat Ihnen also viele spannende Einsichten zu bieten. Wie in der versunkenen Stadt Vineta liegen dort so große Schätze, dass Sie diese im Laufe Ihres Lebens nur näherungsweise heben können.

Wenn Ihr Unbewusstes ein Schatz ist, der auf dem Meeresgrund liegt, gibt es nur einen Weg, um ihn zu finden: Sie müssen hinuntertauchen.

Und was gibt es in den Tiefen des Wassers zu entdecken?

Dort befindet sich eine wunderbare Unterwasserwelt …

… und auch manches Ungewöhnliche …

Es gibt dort allerdings auch Ungeheuer, die uns nicht geheuer sind …

Aus diesem Grund haben wir so viel Respekt vor dem Tauchen.

Wenn Sie den Schlüssel zu sich finden wollen, müssen Sie hinuntertauchen in diesen tiefen, geheimnisvollen Bereich, der das Fundament Ihres Lebens bildet. Dort können Sie entdecken, wer Sie wirklich sind, was Sie wirklich wollen und wie Sie es bekommen können – und auch, was Ihrem Erfolg im Wege steht.

Wäre es nicht schade, sich mit den zehn Prozent zufriedenzugeben, die über Wasser zu sehen sind, nur weil Sie nicht wissen, was unter Wasser auf Sie wartet?

Um dieser Frage aus dem Weg zu gehen, machen Sie es vielleicht wie der »Schelm vom Bosporus«, Mullah Nasruddin, der seinen Schlüssel des Nachts auf der Straße verloren hatte.

Was Mullah Nasruddin uns über den Schlüssel verrät

Eines Nachts agierte Mullah Nasruddin sehr geschäftig. Da der Mond und die Sterne hinter Wolken verborgen waren, war es besonders dunkel. Nur um eine Straßenlaterne herum konnte man etwas mehr erkennen. Eifrig ging Nasruddin um die Laterne herum, den Kopf zu Boden gesenkt, und suchte und suchte. Ein Passant kam vorbei und sah erstaunt, was Nasruddin trieb.

»Hallo Nasruddin, was machst du denn da?«

»Ich suche meinen Schlüssel.«

»Ach so«, meinte der Passant und machte sich daran, Nasruddin zu helfen. Beide krochen auf dem Boden herum und suchten. Der Schlüssel war nirgendwo zu finden. Schließlich wurde es dem Passanten zu viel.

»Hast du denn den Schlüssel genau hier unter der Laterne verloren?«, fragte er stirnrunzelnd.

»Nein«, meinte Mullah Nasruddin darauf. »Ich habe ihn dort drüben im Dunkeln verloren, aber hier sucht es sich leichter.«

Kennen Sie das? Haben Sie auch schon an Stellen gesucht, an denen nichts zu finden war? Vielleicht war es Ihnen im Grunde lieber, nichts zu finden? Nichts zu finden kann die Dinge zunächst einfacher machen, weil Sie dann nichts verändern, hergeben oder wagen müssen.

Gab es Augenblicke, in denen Ihnen klar wurde, dass Sie sich am falschen Ort bemühen? Waren Sie dann andernorts erfolgreicher? Haben Sie sich dabei in unbekanntes Territorium vorgewagt? Etwas Neues ausprobiert? Eine Entscheidung getroffen? Sich mit Ängsten konfrontiert?

Und woher wussten Sie, wo Sie suchen müssen?

Acht Schritte, die zu Ihrem Ziel führen

Gehen wir nun zur Praxis über. Die folgenden drei, in den vorangegangenen Kapiteln ausgeführten Gedanken bilden die Basis dafür:
– Wunscherfüllung beginnt damit, herauszufinden, wer Sie wirklich sind und was Sie wirklich wollen.
– Nur Ihre wahren Wünsche werden Sie zutiefst erfüllen, sodass Sie am Ende Ihres Lebens aus ganzem Herzen sagen können: »Ich habe gelebt.«
– Ihre Berufung und Ihre wahren Wünsche sind eins.

Gehen Sie die folgenden acht Schritte. Machen Sie sie zu einer lebensbegleitenden Übung, in der Sie immer größere Fortschritte erzielen können. Mit diesen acht Schritten können Sie finden, was Sie suchen.

1. Entdecken Sie, was Sie wirklich antreibt.
2. Entdecken Sie, was andere Menschen motiviert.
3. Prüfen Sie Ihre Lösungsstrategien.
4. Erkennen Sie die Prinzipien der Kommunikation.
5. Schließen Sie Freundschaft mit dem Leben.
6. Lösen Sie Blockaden auf – werden Sie frei.
7. Tun Sie, was Sie tun.
8. Hören Sie Ihren inneren Ruf.

Erster Schritt: Entdecken Sie, was Sie wirklich antreibt

Das Lebensdrehbuch

»Wie ein Theaterstück ist das Leben. Nicht wie lange, sondern wie gut es gespielt wurde, darauf kommt es an.«
Seneca

An einem bestimmten Tag, zu einer bestimmten Uhrzeit und an einem bestimmten Ort sind Sie auf die Bühne Ihres Lebens getreten. Von da an hieß es: »Leg los. Mach etwas aus deinem Leben!« Und Sie begannen, das Drehbuch für Ihr Leben zu schreiben.

Schon im Mutterleib haben Sie die Grundzüge des Handlungsverlaufs festgelegt. Damals standen Ihnen noch keine konkreten Gedanken oder Worte zur Verfügung. Nur eine noch nicht ausgeformte Anlage spannte einen weit ausladenden Rahmen auf, den Sie füllen konnten.

Ihr Lebensdrehbuch begann mit einem Grundgefühl, was es bedeutet, zu leben. Diese Stimmung ist noch heute Ihre emotionale Basis, auch wenn sie nicht mehr genau identisch mit der damaligen ist. Weitere Erfahrungen und Weichenstellungen, Lerneffekte und Einsichten haben die Stimmung beeinflusst und verfeinert. Wenn Sie Ihre Erinnerungen zurückverfolgen, werden Sie entdecken, dass es einen roten Faden gibt, der sich hindurchzieht.

Ein Bühnenstück erzählt eine bestimmte Geschichte. Die Inszenierungen und Schauspieler wechseln, die Handlung bleibt identisch. Auch Ihr Lebensdrehbuch dreht sich um bestimmte Themen, Ereignisse und Konsequenzen, die sich wiederholen. Gespielt wird im Leben jedoch mit mehr Variationen als im Theater. Auf Ihrer Lebensbühne können unterschiedlichste Menschen, Institutionen und selbst die Gesellschaft als Ganzes eine bestimmte Rolle übernehmen. Aus diesem Grund können Sie manchmal nicht so einfach erkennen, dass zum Beispiel eine förderliche Rolle, die früher Ihr Vater innehatte, nun von Ihrem Chef übernommen wurde; oder die strafende Rolle, die Sie zuerst bei Ihrer Mutter erlebten, nun Ihre Partnerin, Ihr Partner, vielleicht auch ein Freund oder Nachbar oder sogar der Staat besetzt. Wenn Ihr Drehbuch eine Dreiecksbeziehung vorsieht, erlebten Sie diese vermutlich zuerst bei Ihren Eltern und einer dritten Person, zu der eine erotische Beziehung seitens eines Elternteils bestand. Wenn Sie selbst alt genug sind, um eine Liebesbeziehung einzugehen, sind Sie vielleicht der Mensch mit zwei Beziehungen, oder Sie wählen eine Partnerschaft, die Ihnen auf irgendeine Weise Anlass bietet, Ihr Bühnenstück wieder aufzuführen. Ein milder, weiser Lehrer oder eine warmherzige, liebevolle Person können ebenso wieder auftauchen wie der Mensch, der Sie in Angst und Schrecken versetzt oder zu all Ihren Wünschen und Plänen ein »aber« anzumerken hat. Vielleicht geraten Sie häufiger an Personen, die Sie kritisieren oder übersehen, die in einen Lebenskampf verstrickt sind oder diskriminiert werden. Sie können sich beliebige Situationen und dazugehörige Rollen ausdenken. Vielleicht kommen Sie nicht in Ihrem eigenen Drehbuch vor, aber sicher in dem eines anderen Menschen, denn alle denkbaren Rollen werden besetzt. Welche Rollen in Ihrem Lebensdrehbuch möglich sind, ist von Beginn Ihres Lebens an als Grundidee vorgezeichnet. Lebendig werden sie durch die Menschen, die sie in Ihrer Wahrnehmung übernehmen, und sie alle stellen Ihnen die gleichen Aufgaben, die Ihre Lebensaufgabe vorsieht – nur in unterschiedlichen Gewändern und Dekorationen.

Die Frage, wie Sie Ihre Eltern wahrnehmen bzw. welche Rollen diese für Sie übernehmen können, hängt, was die Antwort anbetrifft, mindestens so sehr von Ihnen selbst ab wie von diesen Menschen. Sicher bieten Letztere einen Anlass, sie so zu sehen, wie Sie es tun. Schon allein deshalb, weil sich Charaktereigenschaften und Aufgaben durch die Generationen ziehen, werden Sie einen geeigneten »Aufhänger« für Ihre Wahrnehmungen finden. Sie selbst, das  wird in späteren Kapiteln noch deutlicher, können jedoch immer nur das wahrnehmen, was auch in Ihrer Persönlichkeit verankert ist. Nur darauf können Sie reagieren, so wie ein Radio, das die Ultrakurzwelle und die Mittelwelle empfängt und auf entsprechende Sendungen reagieren wird, nicht jedoch auf Kurzwellensendungen, die wegen der fehlenden Empfangsmöglichkeit einfach nicht registriert werden. So stellt sich die Frage, wer das Huhn und wer das Ei ist. Nehmen Sie Ihre Eltern und andere Menschen so wahr, wie Sie es tun, weil sie so sind oder weil Sie ihre Verhaltensweisen, Mimik, Gestik, Worte usw. so deuten? Letztlich ist die Frage müßig, denn das, worauf es für Sie ankommt, ist *Ihre* Wahrnehmung, denn sie ist für Ihr Lebensdrehbuch verantwortlich.

Ihre erste Aufgabe besteht darin, sich Ihre persönliche Form, die Wirklichkeit zu deuten, bewusst zu machen. Sie kann sich von der anderer Menschen durchaus unterscheiden, ohne »falsch« zu sein. Erkennen Sie im nächsten Schritt, dass Sie anderen aufgrund Ihrer Wirklichkeitskonstruktion bestimmte Rollen zuweisen, ob diese sie nun haben wollen oder nicht, und auch oft dann, wenn sie sich nur begrenzt dafür eignen. Die dritte Aufgabe verlangt, sich auf die Sichtweise anderer Menschen einzulassen und herauszufinden, was in ihnen vorgeht, und ob es mit dem übereinstimmt, was Sie an ihnen wahrgenommen haben. Dies gilt umso mehr, je größer die Rolle ist, die ein Mensch in Ihrem Leben spielt. Bleiben Sie immer bei Ihren Gefühlen, so wie sie in jedem Augenblick sind. Verleugnen Sie niemals, was Sie fühlen. Wenn Sie sich um diesen weitgefassteren Blick bemühen, können Sie achtsam mit Ihren eigenen Empfindungen umgehen, ohne von ihnen in eine unkonstruktive, einseitige Sichtweise gebracht zu werden.

Wenn Sie sich selbst und den Verlauf Ihres Lebens verstehen wollen, geht es nicht um Fragen wie: »Wie war meine Mutter, mein Vater, mein Bruder, mein Onkel Hans, meine Gouvernante, meine Heimleiterin?«, sondern darum: »Wie habe ich sie wahrgenommen? Und was ist in der Folge in mir vorgegangen? Was habe ich aufgrund dieser Eindrücke in mein Lebensdrehbuch notiert?«

In Beratungsgesprächen zeigt sich häufig, dass die Beweggründe und Charaktere der Eltern auf eine Weise wahrgenommen wurden, die durch neue Einsichten erweitert und korrigiert werden konnte. Die Elternbilder wurden umfassender und den Menschen in ihrer Ganzheit mehr gerecht. Die meisten Menschen fühlen eine große Erleichterung, wenn sie solche neuen Erkenntnisse gewinnen. Die gleiche, tief gehende Freude entsteht, wenn die Handlungen eines Menschen, der heute eine wichtige Rolle spielt, in einem neuen Licht gesehen werden können. Sie selbst und andere Menschen sind viel mehr und oft auch ganz anders, als Sie sie wahrnehmen.

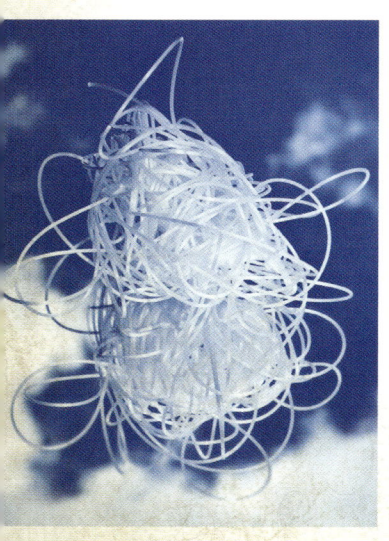

Ihr Lebensdrehbuch spielt sich in Ihrem Geist ab, deshalb können Sie es nahezu identisch ablaufen lassen. Sie können immer wieder die gleichen Akte aufführen – Ihr Leben lang. Ihre Vorstellung kann dafür sorgen, dass Sie die gegenwärtigen und künftigen Ereignisse Ihres Lebens genauso erleben wie zu der Zeit, als Sie Ihr Lebensdrehbuch zu schreiben begannen. Je mehr sich Ihre Erlebnisse und die damit verbundenen Gefühle und Gedanken gleichen, desto stärker leben Sie in Ihrer Vorstellungswelt und nicht in der lebendigen Realität im Hier und Jetzt. Es ist, als würden Sie eine Anzeige aufgeben: »Suche passende Welt für meine Weltanschauung« – und Sie können sicher sein, das Leben wird sie Ihnen liefern. Das ist so, weil Sie alles, was

Sie erleben, unter dem Blickwinkel Ihrer Vorstellungen und Glaubenssätze einordnen und bewerten, und schon kommt die Welt heraus, die Sie erwarten. Erstaunlich, nicht? »Aufhänger« für bestimmte Deutungen gibt es immer, nicht zuletzt, weil jeder Mensch zielsicher die Personen, Umstände und Situationen findet, die seinen Erwartungen entsprechen. Wenn Sie von Herzen positiv gestimmt sind, haben Sie gute Karten. Das ist persönliche Magie. Dass ein anderer Mensch das gleiche Erlebnis vielleicht ganz anders sehen würde, zählt in diesem Augenblick nicht, denn seine Realität ist nicht Ihre Realität. Andere Menschen haben einen anderen Erfahrungshintergrund und werden eine Person oder ein Ereignis nur dann ähnlich sehen, wenn sie ihre Wahrnehmungen ähnlich aufbauen, wie Sie das tun.

Ihr Lebensdrehbuch gibt Ihnen eine innere Ordnung. Es ist ein Strickmuster für den Umgang mit dem Leben. In dieser Gebrauchsanleitung gibt es allerdings auch Ergebnisse, die Sie unbewusst erwarten und die Sie eigentlich vermeiden möchten, zum Beispiel wenn Sie ein Lebensdrehbuch wie Don Quichotte besitzen, der sich mit aller Kraft darum bemühte, gegen Windmühlen zu kämpfen, und scheitern musste.

Ihr Lebensdrehbuch besitzt eine große Macht. Wenn Sie es nicht kennen, wird es Ihr Leben inszenieren, so wie ein Ihnen unbekannter Regisseur ein Theaterstück inszeniert – mit dem Unterschied, dass Sie selbst der Regisseur sind und es nicht wissen. Es braucht nur jemand auf Ihre wunden Punkte zu drücken und Sie heben Arme und Beine wie eine Marionette: Je wunder der Punkt, desto mehr zappeln sie. Andere tun das selten bewusst, sie wissen ja gar nicht, wo Ihre sensiblen Stellen sind. Bei Ihnen rastet dann etwas ein, ein Film beginnt abzulaufen, bestimmte Gedanken und Gefühle tauchen auf. Sie sind weniger offen, weniger frei. Zur Marionette zu werden ist sicher ein Extremfall, aber seien Sie gewiss, auch Sie haben irgendwelche »Knöpfe«. Werden Sie gedrückt, heben Sie Ihre Arme und Beine zumindest ein wenig, obwohl Sie das gar nicht vorhatten.

Als Buddha unter dem Bodhibaum saß, musste er mehrere Prüfungen bestehen. Als Prinz hatte er die Frauen geliebt. Nun tanzten schöne, verführerische Frauen um ihn herum, um ihn zurück auf den alten Pfad zu bringen. Buddha hielt stand und erlangte die Erleuchtung … Ihre Muster verabschieden sich nicht so einfach. Ihr Drehbuch hat im Guten wie im Schlechten so etwas wie eine natürliche Schwerkraft, die Sie festhalten möchte. Unterbrechen Sie Ihr Muster, indem Sie etwas anders machen. Buddha sagte:

> *»Wenn du wissen willst, wer du warst, dann schau, wer du bist.*
> *Wenn du wissen willst, wer du sein wirst, dann schau, was du tust.«*

Es ist Ihre Aufgabe und Verantwortung, zu entscheiden, ob Sie wie in dem Film *Und täglich grüßt das Murmeltier* doch immer wieder »in den gleichen Fluss« steigen wollen, und das, obwohl der Fluss selbst schon längst ein anderer ist. Er ist ganz einfach weitergeflossen. Im Falle des Films ist es eine Regenpfütze, in die der Held so lange gerät, bis er begriffen hat, worum es für ihn wirklich geht. Und vermutlich haben auch Sie Ihre persönliche Regenpfütze, in die Sie nicht mehr tappen wollen.

Und täglich grüßt das Murmeltier

In dem Film Und täglich grüßt das Murmeltier *beginnt jeder Tag für den TV-Wetterfrosch Phil gleich. Am Murmeltiertag, einem besonderen Tag in einem kleinen amerikanischen Ort, an den er als Berichterstatter gesandt wird, bleibt seine Welt stehen. Jeden Morgen steht er wieder auf »Los«: Es ist sechs Uhr morgens und das Radio spielt »I got you Babe«. Jeden Tag muss er dieselbe Wegstrecke zurücklegen und jeden Tag tappt er wütend wieder in das gleiche mit Eiswasser gefüllte Loch auf der Straße, begeht die gleichen Handlungen, bis er eines Tages, ja, eines Tages, nach vielen Tagen der Verzweiflung bis hin zu zahlreichen, fruchtlosen Versuchen, sich umzubringen, nach denen er am nächsten Morgen wieder mit »I got you Babe« erwacht, seine Lektion gelernt hat: Er akzeptiert seine Lage und beginnt sie zu lieben. In diesem Augenblick wird er eins mit ihr und den Menschen, die ihm begegnen. Nun ist er liebenswürdig und hilfsbereit und denkt*

rechtzeitig an das Loch auf der Straße. Am Morgen nach diesem Tag, an dem es ihm auch gelungen ist, die Frau seiner Sehnsucht für sich zu gewinnen, wacht er auf und alles ist anders: kein Murmeltiertag zum x-ten Male, sondern ein gänzlich neuer Tag, eine neue Zukunft.

Und was ist Ihre Pfütze?

In dir lebt das Kind, das du warst

»Ein Kind ist kein Gefäß, das gefüllt, sondern ein Feuer, das entzündet werden will.«
François Rabelais

Vor 44 Jahren schrieb Hugh Missildine ein Buch mit dem bemerkenswerten Titel *In dir lebt das Kind, das du warst.* Was der Autor damit ausdrücken wollte, ist spontan nachvollziehbar: In uns lebt noch heute der kleine Mensch, der wir einmal waren: das Kind, das mit staunenden Augen die Welt betrachtete, das sie erforschen, erfahren und seinen Platz darin finden wollte, das die Fortbewegung, Sprache und die Beziehung zu anderen Menschen für sich entdeckte und neu erfand, das sich an den Vorbildern der »großen Leute«, wie Antoine de Saint-Exupérys *Kleiner Prinz* die Erwachsenen nennt, orientierte, das lieben und geliebt werden wollte und sich nach Berührung und Bestätigung sehnte – und das seine ganz persönlichen Erfahrungen mit all dem machte.

Vieles davon ist unter die Oberfläche unseres Bewusstseins gesunken. Wir haben vergessen, was uns damals tief bewegte, und vor allem ist uns meist nicht mehr bewusst, welche lebensbestimmenden Schlussfolgerungen wir daraus zogen. Ist die Welt ein freundlicher Ort? Ist sie voller Hürden? Kann ich ihren Anforderungen genügen? Bringt sie mir Liebe, Aufmerksamkeit und Respekt entgegen? Was muss ich tun, um diese lebenswichtigen Dinge zu bekommen? Die Antworten, die Sie sich auf diese Fragen gaben, haben den Verlauf Ihres Lebens entscheidend beeinflusst.

Das innere Kind ist ein Bild für etwas Tiefes, Zentrales in jedem Menschen. Es beschreibt den Beginn Ihres Lebens und all die Erfahrungen, die Sie auf Ihrem Weg gemacht haben, vor allem in jener Zeit, in der Sie am weichsten und formbarsten waren. Schon damals gab es Sie in Ihrer Grundstruktur. Von der Zeugung an brachten Sie etwas mit, ein Urmuster, das sich im Laufe Ihres Lebens entfaltete. Ihre Entwicklung begann mit dem ersten Augenblick Ihrer körperlichen Existenz als befruchtete Eizelle. Durch den Filter des Mutterleibes waren Sie in Kontakt mit der Welt und begannen, erste Erfahrungen zu sammeln. In dieser Zeit bildete sich die Basis dafür aus, wie Sie die Welt und sich selbst später wahrnehmen und deuten würden. Was Sie als Anlage mitgebracht hatten, nahm erste Formen an. Die Grundzüge Ihrer Persönlichkeit waren gelegt, die ersten Einträge in das Buch Ihres Lebens geschrieben.

Fällt es Ihnen schwer, das zu glauben? Natürlich ist sich weder der Fötus noch das Neugeborene seiner Erfahrungen bewusst. Es kann sie nicht beschreiben und nicht benennen. Was damals entstand, ist ein Lebensgrundgefühl, eine innere Verfassung, sind emotionale Zustände, aus denen sich das persönliche Lebensdrehbuch in einem lebendigen Prozess entwickeln würde.

Im Mutterleib

*»Was du bist, hängt von drei Faktoren ab: Was du geerbt hast,
was deine Umgebung aus dir machte und was du in freier Wahl
aus deiner Umgebung und deinem Erbe gemacht hast.«*
Aldous Huxley

Wir alle kennen Schlüsselerlebnisse, die unser Leben entscheidend beeinflussten. Sie sind wie Wegkreuzungen, an denen wir – oft ohne es zu bemerken – Weichen stellten. Die ersten Erlebnisse dieser Art hatten wir, wie weiter oben beschrieben, bereits im Mutterleib bei der Geburt.

Stellen Sie sich Ihre eigene Entwicklung im Mutterleib vor. Was geschah, während Sie im Uterus heranwuchsen? Wie wohl niemals mehr zu einem späteren Zeitpunkt waren Sie mit einem anderen Menschen verbunden. Die intensivste Form der Vereinigung erlebten Sie in dieser Zeit und etwas in Ihnen sehnt sich ein ganzes Leben nach diesem Ungetrenntsein. Die Eindrücke und Gefühle, die mit Ihrer Mutter verknüpft sind, legten den Grundstein zu Ihrem Leben. In diesen Monaten *war die Mutter die ganze Welt für Sie* – Sie erlebten die Welt mit ihr und durch sie. Diese allumfassende Verbindung mit ihr bestand in gewissem Umfang auch noch einige Zeit nach der Geburt.

Falls die Zeit im Mutterleib belastend oder sogar traumatisch war, hat das einen tiefen Einfluss auf Ihr Leben. Ich erinnere mich an eine Frau, ich nenne sie Rita, deren Mutter zutiefst unglücklich über die Schwangerschaft war. Der Vater des Kindes wollte kein Kind und drohte, sie deswegen zu verlassen. Ritas Mutter aß kaum etwas während der Schwangerschaft in der Hoffnung, sie werde bei der Geburt sterben. Sie überlebte jedoch – und Rita wurde geboren.

Sie war von Anfang an ein ängstliches, ausgesprochen braves Kind, das sich bemühte, keine Last zu sein und den Vater so zum Bleiben zu bewegen. Ritas Überlebensängste wurden noch geschürt, als der Vater ihre Mutter verließ, als sie vier Jahre alt war. Sie hatte zweimal versagt: bei dem Auftrag, der Anlass für den Tod ihrer Mutter zu sein, und dabei, den Vater festzuhalten, um so nicht noch mehr Unglück im Leben ihrer

Mutter zu verursachen. Rita war sich dieser Zusammenhänge nicht bewusst. Ihre Ängste aber waren so stark, dass Sie Ihren Mann mit sich machen ließ, was er wollte, nur um ihn zu halten. Bei einer Lebensziel-Aufstellung, in der andere Menschen wie in einem Theaterstück ihre innere Welt darstellten, zeigte sich ihr inneres Drehbuch. Rita erlebte eine bewusste Konfrontation mit der Zeit im Mutterleib und danach, die ihr eine große Erleichterung brachte. Der »Feind«, der sie bedrohte, hatte nun ein Gesicht, einen Namen und eine Geschichte, und sie konnte beginnen, mit ihm auf neue Weise umzugehen.

Was immer Sie in dieser vorgeburtlichen Zeit und beim Geburtsvorgang erlebt haben, diese ersten Eindrücke wirken nicht auf ein »leeres Blatt« ein, das es erst zu beschreiben galt, sondern auf eine Grundstruktur, die bereits in Ihnen angelegt war. Sie kamen mit einer Matrix auf die Welt, die den Grundriss Ihres Lebens vorzeichnete. Im Lateinischen bedeutet das Wort Matrix *Gebärmutter, Gebärerin.* Aus der Matrix Ihrer Anlage geht hervor, was aus Ihnen werden kann. Erinnern Sie sich an das Bild des Rosensamens, der eine Rose hervorbringen wird, aber niemals einen Fliederbusch. Jedes Samenkorn und jede Rose sind einzigartig, obwohl beide zu einer Gattung gehören: der der Rosen.

Auch Sie und ich, wir alle gehören zu einer Gattung: der Gattung Mensch. Obwohl Sie und ich wie auch alle anderen Menschen für sich genommen einzigartig sind, gibt es eine Anzahl von Grundstrukturen, die charakteristisch für die menschliche Entwicklung sind. Typologien sind der Versuch, diese Grundstrukturen in Form von Typen abzubilden.

Vielleicht fragen Sie sich nun, weshalb sich Typologien in der Anzahl von Typen, die sie enthalten, so stark unterscheiden. Die Antwort ist einfach: Stellen Sie sich einen Kuchen vor. Sie können diesen Kuchen in vier, sechs, zwölf oder jede beliebige andere Zahl von Stücken unterteilen. Wenn Sie zu viele Stücke schneiden, beginnt das einzelne Stück irgendwann, seine Form zu verlieren. Wenn Sie nur wenige Stücke schneiden, haben Sie große Stücke und ein grobes Einteilungsraster. Wie bei einem zu grobmaschigen Sieb fallen viele Informationen einfach durch. Die Kunst besteht also darin, den Kuchen in eine nicht zu kleine und nicht zu große Anzahl von Stücken zu zerschneiden, um möglichst viele und möglichst genaue Informationen zu bekommen.

Der Kuchen stellt in diesem Bild die Gesamtheit aller Grundstrukturen dar, mit denen Menschen geboren werden können. Die Kuchenstücke sind die einzelnen Grundstrukturen, aus denen typische Charaktereigenschaften und Lebenswege hervorgehen. Das, was Sie erleben, denken, fühlen, tun ist einerseits völlig individuell und kein anderer Mensch wird es auf die gleiche Weise tun. Trotzdem kann Ihre individuelle Art in ein größeres Muster eingebettet werden, das Ihnen hilft, sich besser zu verstehen. Typologien wie das *Enneagramm* und die *Reise zum Lebensziel* beschreiben die menschlichen Grundstrukturen und ihr Entwicklungsziel auf tief greifende Weise. Sie bieten eine Möglichkeit, sich der Matrix Ihres Lebens, die auch aus einer Mischung von Typen bestehen kann, zu nähern.

Kehren wir zurück zu den Schlüsselerlebnissen. Es sind die Augenblicke, in denen Ihr Erleben besonders stark ist. Alles, was geschieht, prägt sich Ihnen zutiefst ein. Weil Ihr Erleben so intensiv erfolgt, ist es von besonderer Bedeutung für Ihre weitere Entwicklung, wie Sie das, was geschieht, deuten und bewerten. Häufig wird das, was Sie als schwierig, traurig oder bedrohlich erleben, zu einem Schlüsselerlebnis, aber auch in Augenblicken, in denen Sie sagen: »Aha, so ist das!«, stellen Sie Weichen für die Zukunft. Immer wenn Ihnen »ein Licht aufgeht« oder es Ihnen »wie Schuppen von den Augen fällt«, öffnet sich Ihr Bewusstsein und etwas Wesentliches geschieht.

Trotz des starken Eindrucks haben Sie wichtige Schlüsselerlebnisse vergessen, vor allem dann, wenn Sie schmerzhaft waren. Sie sind jedoch immer noch wirksam und ziehen Kreise, die jenen ähneln, wenn ein Stein ins Wasser fällt.

Ringe im Wasser

»Ich lebe das Leben in wachsenden Ringen,
die sich über die Dinge ziehen.
Den letzten werde ich vielleicht nicht vollbringen,
aber versuchen will ich ihn.

Ich kreise um Gott, um den uralten Turm,
und ich kreise jahrhundertelang;
und ich weiß noch nicht: bin ich ein Falke,
ein Sturm oder ein großer Gesang.«
Rainer Maria Rilke

Stellen Sie sich einen Stein vor, der ins Wasser fällt. Ausgehend vom Zentrum bilden sich Ringe, die größer und größer werden, bis sie schließlich verebben. Prägende Erlebnisse sind »Steine der Erfahrung«, die in das Wasser Ihres Lebens gefallen sind. Jedes dieser Schlüsselerlebnisse bringt solche immer größer werdenden Kreise hervor, die sich durch Ihr Leben ziehen. Den Ausgangspunkt haben Sie mit hoher Wahrscheinlichkeit vergessen, und vielleicht sind Ihnen noch nicht einmal die Kreise bewusst, die die Ursprungserfahrung wiederholen, die sie hervorgebracht hat. Kaum jemand hat gelernt, auf diese Weise Selbstbewusstsein zu entwickeln – ein Bewusstsein seiner selbst. Diese andere Art, sich und andere Menschen zu betrachten, eröffnet jedoch völlig neue Möglichkeiten im Umgang und für das Verstehen und Lösen von Problemen. Sie hat nichts mit psychoanalytischem Sezieren zu tun, da es nicht darum geht, eine von uns unabhängige Wahrheit herauszufinden. Sie ist ein Eintauchen in das Wirklichkeitserleben eines Menschen, die verstehen lässt, was »seine Welt im Innersten zusammenhält«.

Um zu verstehen, wie sich der Stein und seine Ringe im Leben konkret auswirken, rufen Sie sich bitte noch einmal ins Gedächtnis, dass wir nicht als leeres Blatt auf die Welt kommen. Jeder Mensch bringt die Grundzüge seiner Persönlichkeit mit, in denen seine Bestimmung angelegt ist. Durch die Eindrücke und Erfahrungen im Mutterleib und während des Geburtsvorgangs entwickelt das Kind bereits ein grundsätzliches, noch nicht ausgeformtes Bild davon, was Leben für es bedeutet. Dieses Bild hat nichts mit konkreten Vorstellungen und Denken zu tun, denn dazu ist das Kind noch gar nicht in der Lage. Es erlebt vielmehr bestimmte Gefühlszustände, eine Art, mit der Welt in Verbindung zu sein, die sich wie ein Muster durch sein Leben ziehen wird.

Die »Welt« des Kindes war zunächst der Uterus. Mit der Geburt begann sich seine Welt nach und nach zu vergrößern: um den Vater, Geschwister, Pflegepersonen, Nachbarn, und über die Jahre um Mitschüler, Lehrer, um Menschen und Erfahrungen aller Art. Alles, was es erlebt, wirkt sich mehr oder weniger stark prägend aus. Je kleiner das Kind ist, desto kleinere Ereignisse genügen, um zu einem lebensbestimmenden Schlüsselerlebnis zu werden, das durch das Leben des Kindes hindurch Ringe zieht. Die sich vergrößernden Ringe entsprechen dem sich vergrößernden Lebensradius des Kindes, Jugendlichen und Erwachsenen. Der gegenwärtig größte Kreis ist der, an dem Sie heute stehen. Er umfasst die maximale Ausdehnung Ihres Lebens und Ihres Bewusstseins sowie die Wirkungen, die Ihre prägende Ursprungserfahrung jetzt hervorbringen.

Vielleicht wollen Sie die Begegnung mit diesen Ursprungserfahrungen auf der bewussten Ebene lieber meiden. Vor allem wenn die Kindheit als schwierig erlebt wurde, wollen Menschen nicht gern dorthin zurück. Sie halten sich daran fest, dass die Kindheit vorbei ist, was ja vom Lebensablauf her stimmt, nur ist sie es nicht in den Seelen. Dort lebt sie nach wie vor, und manchmal wollen auch Menschen, die sagen, sie hätten eine schöne Kindheit gehabt, nicht dorthin zurück, um sicherzugehen, dass das Bild keinen Makel erhält. Ihre Seele hat diese wesentlichen Erfahrungen jedoch gespeichert und sie sind auch in Ihrem Körper verankert.

Wenn Sie die »Steine der Erfahrung« entdecken wollen, die Ihr Lebensdrehbuch schreiben, gehen Sie nicht wirklich in die Vergangenheit zurück. Das wäre gar nicht möglich, da diese Phase Ihres Lebens nun einmal vorbei ist. Sie gehen dorthin, wo eine bestimmte zentrale Wahrnehmung der Welt und Ihrer selbst entstanden ist, erleben, fühlen und denken, was Sie damals gedacht haben, und welche Rückschlüsse Sie über das Leben daraus gezogen haben. Ihre »Steine der Erfahrung« zeigen Ihnen, wie Ihre Glaubenssätze entstanden sind und wie sie lauten, denn die meisten liegen im Unterbewusstsein. Anschließend können Sie von diesem Punkt aus die Wiederholungen und Wirkungen entlang Ihres Lebens verfolgen, so als würden Sie einem roten Faden folgen oder sich ausdehnende Kreise im Wasser beobachten. Dass Fotografien, auf denen zu sehen ist, wie ein Tropfen Wasser auf die Oberfläche eines Sees fällt und dort konzentrische Ringe erzeugt, für viele Menschen so faszinierend wirken, hat vielleicht seinen Grund darin, dass sie etwas Tiefes in uns ansprechen, ein Wissen, das wir alle haben.

Die Brille auf der Nase

»Ich sehe was, was du nicht siehst« gilt als geflügeltes Wort. Als Kinder spielten wir dieses Spiel, innerhalb dessen ein Spielgefährte nach dem suchen musste, was wir uns vorher ausgeguckt hatten. Ist die Zeit dieses Kinderspiels vorbei? Wenn wir mit anderen aus der Perspektive unserer Erinnerungen, Gefühle, Meinungen sprechen, ist das noch heute so. Wir sehen etwas, das der andere nicht sieht oder zumindest nicht exakt genauso wahrnimmt. Das kann er auch gar nicht, weil er andere Erfahrungen gemacht hat, sie anders gedeutet und andere Rückschlüsse daraus gezogen hat. Jeder Mensch hat seine individuellen »Steine« und »Ringe«, die sein Leben und seine Wahrnehmungen kennzeichnen. Die Trennung einer Liebesbeziehung ist eine Erfahrung, die die meisten Menschen irgendwann machen, und doch bedeutet sie für jeden etwas anderes, da jeder eigene Themen und Erlebensweisen mit in dieses Leben bringt. Auch wenn wir sagen: »Ich weiß genau, was du meinst«, sprechen wir doch in Wirklichkeit nur von etwas Ähnlichem. Das ist der Unterschied zu dem Kinderspiel, bei dem es um einen konkreten, definierten Gegenstand geht, der gefunden werden kann, und nicht um die Frage, wie ein Mensch etwas wahrnimmt. Im Grunde müssen wir uns also immer wieder fragen, ob wir denn über dasselbe reden, auch wenn es der gleiche Gesprächsgegenstand zu sein scheint.

Jeder Mensch blickt sein Leben lang durch seine persönliche Brille. Auch Sie können anders verfahren, denn Ihre Brille ist nichts anderes als Ihre ureigenste, individuelle Weise, die Welt zu sehen und zu erleben. Sie ist das, was Sie unverwechselbar macht und wodurch Ihr Beitrag zum Leben entsteht. Auch wenn die Brille zu Ihnen gehört wie Ihre Arme und Ihre Beine, so ist es doch Ihre Aufgabe, sie zu putzen, damit Sie einen klaren Durchblick behalten. Vielleicht müssen Sie ein Glas reparieren, das einen Sprung hatte, oder den Sitz auf Ihrer Nase nachjustieren. Es ist Ihre Brille, tun Sie das Bestmögliche damit. Und seien Sie sich dessen bewusst, dass Sie mit Ihrer Brille nur einen Teil der Wahrheit sehen können, während andere Menschen andere Teile zu erkennen vermögen. Sie können möglicherweise Ihr Blickfeld erweitern, werden aber niemals in der Lage sein, alles zu sehen. Ebenso wenig wird es Ihnen gelingen, einen 360-Grad-Rundumblick zu entwickeln. Im günstigsten Fall könnte man vielleicht sagen, dass alle Menschen zusammen die ganze Wahrheit sehen, weil jeder mit seiner Sichtweise einen Teil dazu beiträgt.

Die Geschichte *Die Blinden und der Elefant* zeigt Ihnen, was das bedeutet.

Die Blinden und der Elefant

Es waren einmal fünf weise Gelehrte. Sie alle waren blind. Diese Gelehrten wurden von ihrem König auf eine Reise geschickt und sollten herausfinden, was ein Elefant ist. Und so machten sich die Blinden auf die Reise nach Indien. Dort wurden sie von Helfern zu einem Elefanten geführt. Die fünf Gelehrten standen nun um das Tier herum und versuchten, sich durch Ertasten ein Bild von dem Elefanten zu machen.

Als sie zurück zu ihrem König kamen, sollten sie ihm nun über den Elefanten berichten. Der erste Weise hatte am Kopf des Tieres gestanden und den Rüssel des Elefanten betastet. Er sprach: »Ein Elefant ist wie ein langer Arm.«

Der zweite Gelehrte hatte das Ohr des Elefanten ertastet und sprach: »Nein, ein Elefant ist vielmehr wie ein großer Fächer.«

Der dritte Gelehrte sprach: »Aber nein, ein Elefant ist wie eine dicke Säule.« Er hatte ein Bein des Elefanten berührt.

Der vierte Weise sagte: »Also ich finde, ein Elefant ist wie eine kleine Strippe mit ein paar Haaren am Ende«, denn er hatte nur den Schwanz des Elefanten ertastet.

Und der fünfte Weise berichtete seinem König: »Also ich sage, ein Elefant ist wie eine riesige Masse, mit Rundungen und ein paar Borsten darauf.« Dieser Gelehrte hatte den Rumpf des Tieres berührt.

Nach diesen widersprüchlichen Äußerungen fürchteten die Gelehrten den Zorn des Königs, konnten sie sich doch nicht darauf einigen, was ein Elefant wirklich ist. Doch der König lächelte weise: »Ich danke Euch, denn ich weiß nun, was ein Elefant ist: Ein Elefant ist ein Tier mit einem Rüssel, der wie ein langer Arm ist, mit Ohren, die wie Fächer sind, mit Beinen, die wie starke Säulen sind, mit einem Schwanz, der einer kleinen Strippe mit ein paar Haaren daran gleicht, und mit einem Rumpf, der wie eine große Masse mit Rundungen und ein paar Borsten ist.«

Die Gelehrten senkten beschämt ihren Kopf, nachdem sie erkannten, dass jeder von ihnen nur einen Teil des Elefanten ertastet hatte und sie sich zu schnell damit zufriedengegeben hatten.

(Gefunden im Internet, Verfasser unbekannt)

Jeder von uns sieht nur einen Ausschnitt der Wirklichkeit. Es ist jener Bereich, in dem wir stark sind, in dem wir Wissen und Erkenntnisse gewinnen. Von anderen Menschen können wir uns über weitere Ausschnitte und von weiteren Perspektiven berichten lassen. Alle Perspektiven zusammen weben den großen Teppich des Lebens. Manche Perspektiven haben wundervolle, glückliche Wirkungen, andere bringen Trauriges oder Schreckliches hervor. Wäre es nicht vermessen, wenn jeder der Gelehrten darauf beharren würde, der Elefant sei nur und ausschließlich das, was er selbst wahrnimmt? Die Lösung einer jeglichen Problem- oder Fragestellung kann also nicht darin liegen, andere Perspektiven zu verdammen, auch wenn es oft notwendig sein kann, sich gegen sie zu verteidigen. Vielmehr müssen wir daran arbeiten, unser eigenes Verständnis und das anderer Menschen für die Konsequenzen von Sichtweisen zu erhöhen – und das ist ein Prozess, der Einfühlung, Geduld und Liebe erfordert, auch dann, wenn wir uns abgrenzen.

Menschen, die Erleuchtung erfahren haben, sehen im Augenblick der Erleuchtung das Ganze. Sie gewinnen einen anderen Zugang zur Wirklichkeit. Es gelingt ihnen, ihre Brille abzusetzen. Die Ringe im Wasser verebben. Erleuchtung bedeutet, den Zustand zu überwinden, in dem wir die Dinge und uns selbst als getrennt erleben. Durch Meditation und Momente der Einsicht können wir uns diesem Zustand annähern, ihn erkennen und schließlich überwinden – und so erleuchtete Augenblicke erfahren. Sie werden uns zuteil, wenn wir uns damit befassen, wie die menschliche Wahrnehmung funktioniert und wenn wir dem in die Augen schauen, was wir vielleicht als wenig schmeichelhaft empfinden: der Relativität aller Standpunkte, den eigenen eingeschlossen.

Wie das Spiegelbild des Mondes im Wasser

In seiner *Yogasutra* verwendet der indische Gelehrte Patanjali ein Bild, um zu verdeutlichen, wie der menschliche Geist funktioniert.

Stellen Sie sich ein vom Wind aufgewühltes Wasser vor, in dem sich der Mond spiegelt. Was Sie darin sehen, ist keine klar umrissene Scheibe, sondern sind verzerrte, aufeinanderprallende Formen, da die Wellen das vom Mond ausgesandte Licht brechen. Wenn sich der Wind legt und sich somit auch das Wasser beruhigt, kann es das Bild des Mondes viel exakter widerspiegeln, im besten Fall genau so, wie es am Himmel zu sehen ist. Unser Geist ist wie das aufgewühlte Wasser. Wir sehen die Dinge nicht, wie sie sind, sondern vielmehr verformt durch unsere persönliche

Wahrnehmung und all die Unruhe, die darin herrscht. Solange wir unseren Geist nicht beruhigt haben, ist das, was wir sehen, immer ein subjektiver Standpunkt, der durch unsere Gefühlserfahrungen entstanden ist.

Betrachten wir die Menschheit als Ganzes, so geht es ohne Zweifel darum, den erleuchteten Zustand zu erreichen, der jenseits der subjektiven Wahrnehmung liegt. In dieser Geistesruhe finden wir das Paradies, aus dem wir am Anfang aller Zeiten vertrieben wurden. Das ist das große, das letztendliche Ziel. Bevor wir es erreichen, steht für jeden von uns die Bewältigung einer persönlichen Lebensaufgabe an, die wir bearbeiten müssen und durch die wir uns im Leben nützlich machen können.

Die bekannte Popsängerin Madonna hat zwei prägende Erfahrungen aus dem »aufgewühlten Wasser ihres Geistes« in Form einer konkreten Berufung umgesetzt: Sie war fünf Jahre alt, als ihre Mutter, eine streng gläubige Katholikin, starb. Die Mutter hatte ursprünglich vor, ihre Tochter in ein Kloster zu schicken. Die Frau, die der Vater nach dem Tod der Mutter heiratete, hielt besonders große Stücke auf Disziplin. Madonna, die Älteste, musste von nun an Windeln wechseln und die Verantwortung für die Geschwister tragen. Die neue Frau schickte sie auf eine strenge, katholische Highschool sowie auf eine Klosterschule. Dass Madonna diese Zeit nicht besonders gemocht haben kann, lässt sich leicht anhand des Namens »Madonna« ablesen, den sie sich später gab und den sie mit obszöner Kleidung und ebensolchen Auftritten verband.

Von klein auf fühlte Madonna eine tiefe Heimatlosigkeit in sich. Das Empfinden, nicht zu wissen, wer sie war und wohin sie gehörte, veranlasste sie zu fantasievollen und völlig konträren Selbstinszenierungen. »Von der lustvollen Sünderin zur matronenhaften Ikone«, schrieb *Spiegel Online*. Sie debütierte als Kinderbuchautorin, wurde eine glühende Anhängerin der altjüdischen Mystiklehre *Kabbala* und legte sich im Jahre 2003 den Namen »Esther« zu – um nur einige ihrer Rollen zu nennen. Der Name »Madonna« und das damit verbundene Rollenspiel wurde zu ihrem weltberühmten Markenzeichen. Im Kern hat Madonna nichts anderes getan, als sich selbst zu leben. Indem sie versuchte, mit ihren prägenden Erfahrungen umzugehen und Lösungen zu finden, entdeckte sie eine Form, genau diese Themen zu ihrer Berufung zu machen.

Lieben Sie das »aufgewühlte Wasser« Ihres Lebens! Das sind Sie mit all Ihren Erfahrungen, Ihren Gedanken und Einsichten, Ihren Wünschen, Plänen und Hoffnungen. Es treibt Sie an, vorwärtszugehen, zu leben und Ihren persönlichen Beitrag zum Leben zu leisten. Seien Sie manchmal auch nur Beobachter – beobachten Sie sich, als säßen Sie in einem Kinosessel und sähen Ihr Leben als Film. Das wird Ihnen helfen, Distanz zu gewinnen und das aufgewühlte Wasser nicht für die ganze Wahrheit zu halten.

Der Splitter im Auge

»Wenn die Fenster der Wahrnehmung rein wären,
würden wir alles sehen, wie es ist: unendlich.«
William Blake

Hans Christian Andersen hat ein wunderschönes Märchen geschaffen, das Märchen von der Schneekönigin. Es erzählt kleinen und großen Leuten, wie es kam, dass die menschliche Wahrnehmung so ist, wie sie ist.

Vor langer Zeit erschuf der Teufel einen Spiegel, in dem die Welt verzerrt erschien. Alles Gute und Schöne wirkte hässlich. »Die schönste Landschaft sah wie gekochter Spinat aus«, heißt es. Das Böse trat hingegen besonders hervor. Eines Tages fiel der Spiegel dem Teufel aus den Händen und zersprang in »Hundert Millionen, Billionen Stücke«, große und kleine, die sich über die ganze Welt verteilten. Die Stücke brachten viel Kummer und Unheil über die

Menschen. Sie flogen in die Augen der Menschen, und von da an sahen diese nun alles verkehrt. Einige Bruchstücke gelangten aber auch in menschliche Herzen, woraufhin diese zu Eisklumpen erstarrten.

Das Märchen von der Schneekönigin ist schnell erzählt: Zwei Kinder spielen zu Beginn der Handlung draußen im Schnee, noch ist nichts geschehen. Plötzlich fliegt Kay, dem Jungen, etwas in Auge – woraufhin er seine Spielgefährtin, die liebe Gerda, als hässlich empfindet. Wo vorher Einheit und Eintracht herrschten, beginnt nun die Zwietracht. Schließlich kommt die Schneekönigin mit ihrem Schlitten, getragen vom eisigen Nordwind, angefahren. Sie küsst Kay, und ihr kalter, eisiger Kuss dringt in sein Herz und lässt es teilweise gefrieren. Plötzlich fühlt Kay sich wohl, denn es gibt für ihn keinen Schmerz mehr, keinen Verlust, keine Angst. Es ist die Wohligkeit der gefrorenen Kälte. Die Schneekönigin lässt Kay in ihren Schlitten steigen und nimmt ihn mit in ihr Schloss aus Eis.

Gerda sucht in der Folge verzweifelt nach ihrem Kay. Sie fragt den Fluss, ob er Kay gesehen habe und schenkt ihm sogar ihre roten Schuhe. Der Fluss antwortet nicht und trägt einfach ihr Boot davon, das nicht festgebunden war. So gelangt sie zu einer freundlichen Zauberin, die Gerda gern bei sich behalten möchte und einen Zauber verhängt, um sie Kay und ihre Absichten vergessen zu lassen. Sie ist sehr lieb zu Gerda, aber schließlich befreit der Anblick einer Rose das Mädchen aus ihrem Bann. Gerda begibt sich wieder auf den Weg, bis sie schließlich das Schloss der Schneekönigin erreicht. Kays Herz ist zwischenzeitlich immer kälter und kälter geworden und schon beinahe komplett zu Eis erstarrt. Es sind Gerdas Tränen, die in das Herz von Kay fallen, es zum Auftauen bringen und Kay damit vom Zauber der Schneekönigin erlösen.

Viele andere Geschichten und Märchen wie auch die *Bibel* erzählen, dass wir die Welt nicht so sehen, wie sie ist, und daher verkennen, was wahr und was falsch ist. Wir sind aus dem Paradies, in dem es keine solche Spaltung gibt, vertrieben worden. Wir leben in einer Spiegelwelt, in der wir weder uns selbst noch andere Menschen noch die Dinge als das erkennen können, was sie sind: die vielfältigen Facetten, in denen sich das Ganze ausdrückt.

Die Quantenphysik hat entdeckt, dass Materie in Wirklichkeit gar nicht aus Substanz besteht. Die Atome, aus denen alles einschließlich uns selbst aufgebaut ist, bestehen nicht aus festen Teilchen, die um einen Kern rotieren, sondern aus Wellen. Geht man der Materie und ihren Eigenschaften auf den Grund, hört sie auf zu existieren. Für uns, die wir die Materie als fest erleben, sind ihre Eigenschaften kaum vorstellbar. Alle unsere täglichen Beobachtungen und Erfahrungen legen uns nahe, dass wir aus fester Materie bestehen. Mit diesem Paradoxon müssen wir leben, bis wir vielleicht einmal an jenen Punkt gelangen, an dem die Fenster unserer Wahrnehmung rein sind und wir alles so wahrnehmen, wie es ist: unendlich.

Erkennen Sie Ihre Konstruktion

Wie kann etwas, das nur eine Vorstellung ist, so große Auswirkungen haben? Der menschliche Geist ist gewaltig. Er kann Vorstellungen entwickeln, die ihm als Modell und Leitlinie für seine Pläne dienen, und

er kann Gespenster erschaffen, die ihn verfolgen wie ein Dämon, von dem er erst entdecken muss, dass er in seiner ursprünglichen Form ein Daimon ist. Wir sprechen nicht umsonst von den »Geistern der Vergangenheit«. Sie lassen sich nicht einfach wegdrängen, denn sie haben eine Botschaft. Wenn wir sie hören, verwandeln sie sich.

Wir nehmen heute Weichenstellungen für unser Leben vor, die auf der Basis dessen gründen, was wir an Vorstellungen hinsichtlich der Frage haben, was die Zukunft bringen wird. Junge Menschen tun das zum Beispiel, wenn sie sich für einen Berufsweg entscheiden, weil sie hoffen, in dem gewählten Bereich gute Anstellungs-, Aufstiegs- oder Einkommenschancen zu haben. Verliebte tun das, wenn sie eine Beziehung beginnen. Viele Menschen setzen sich für oder gegen etwas ein, weil sie eine Vorstellung davon haben, was geschieht, wenn sie es nicht tun – und auch wenn sie es tun. Unsere Vorstellungen bewirken eine innere Magie. Sie sind Zugpferde oder Mauern, lassen uns einen Weg einschlagen oder ihn ignorieren.

Die Steine, die ins Wasser Ihres Lebens gefallen sind, und die Ringe, die sie bilden, sind eine Konstruktion. Ich sage bewusst nicht »nur« eine Konstruktion, denn unsere Konstruktionen beinhalten ein Geschenk: das Geschenk einer starker Motivation und Berufung. Es wird Ihnen am schönsten zuteil, wenn Sie sowohl erkennen, dass es sich um eine Konstruktion handelt als auch, dass diese einen Wert hat.

Vieles, was Sie plagt, ist ein Gespenst, dem Sie Einlass gewährt haben, ohne es zu bemerken – irgendwann, als Sie etwas erlebten, das Sie nicht bewältigen konnten. Damals haben Sie begonnen, das Leben auf eine bestimmte Weise wahrzunehmen und daraus eine innere Ordnung zu entwickeln, die Ihnen sagt: »So ist das Leben, das kommt auf mich zu, das sind meine Möglichkeiten.« Sie haben einen Zusammenhang konstruiert, der für Sie völlig real ist, den andere Menschen jedoch vielleicht ganz anders erlebt und geordnet haben oder den sie ganz anders ordnen würden, wenn sie das Gleiche erlebten.

Ihre innere Ordnung legt sich wie ein Filter über das, was Sie erleben. Sie ist die »Brille auf der Nase«, von der weiter oben die Rede war. Sie ist eine Idee vom Leben, nicht das Leben selbst. Was bei Ihnen ankommt, ist ein Destillat, in dem be-

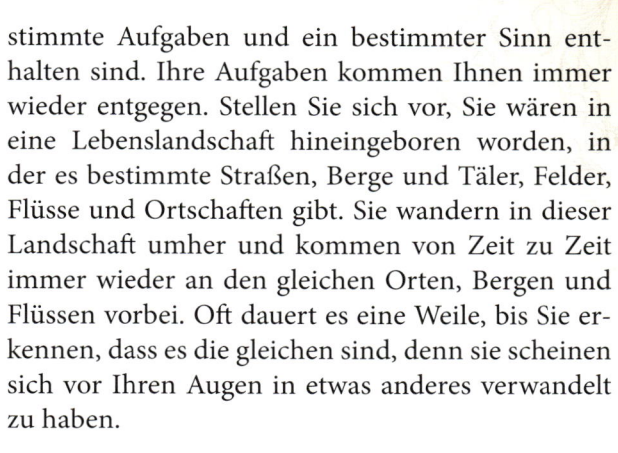

stimmte Aufgaben und ein bestimmter Sinn enthalten sind. Ihre Aufgaben kommen Ihnen immer wieder entgegen. Stellen Sie sich vor, Sie wären in eine Lebenslandschaft hineingeboren worden, in der es bestimmte Straßen, Berge und Täler, Felder, Flüsse und Ortschaften gibt. Sie wandern in dieser Landschaft umher und kommen von Zeit zu Zeit immer wieder an den gleichen Orten, Bergen und Flüssen vorbei. Oft dauert es eine Weile, bis Sie erkennen, dass es die gleichen sind, denn sie scheinen sich vor Ihren Augen in etwas anderes verwandelt zu haben.

»Diesmal ist es etwas anderes!«, sagen Sie vielleicht, wenn Sie frisch verliebt sind oder vor einer neuen Aufgabe stehen. Irgendwann stellen Sie dann fest, dass Sie in der alten Landschaft angekommen sind. Was Sie lernen und lösen müssen, begegnet Ihnen immer wieder, nur maskiert in Form von neuen Menschen und Situationen. Bei jeder »Umdrehung« bringen Sie vermutlich schon neue Lösungen mit, und die Dinge entwickeln sich ein wenig anders. Ihre Grundaufgabe bleibt jedoch dieselbe. Wenn Ihnen als Kind ein Mensch weggenommen wurde, der Ihnen sehr am Herzen lag, wandern Sie vielleicht ein Leben lang in der Landschaft der Eifersucht. Wenn andere etwas hatten, was Ihnen fehlte, kann Habgier oder Geiz Ihr Thema werden. Wenn Sie sich verloren fühlen, bietet Ihre Landschaft Ihnen vielleicht immer wieder trügerische Halterungen an, bis Sie Halt in sich selbst und weniger in äußeren Dingen suchen.

Genau in den Bereichen, die Ihre Lebenslandschaft enthält, können Sie auch anderswo Gutes bewirken. Wer könnte hier kompetenter sein als Sie? Alles, was Sie beim Wandern gelernt haben, können Sie anderen Menschen, die in ähnlichen Landschaften unterwegs sind, zur Verfügung stellen. Und denjenigen, die in ganz anderen Landschaften wandern, können Sie nahebringen, dass es eine Landschaft wie die Ihre gibt, worum es dort geht, was die Vor- und Nachteile sind und wie Sie selbst damit umgehen. Ist das nicht eine spannende Aufgabe?

Sie müssen keinen Beruf daraus machen. Vielleicht gehen Sie einem Beruf nach, der Sie ernährt und widmen sich Ihrer Berufung in Ihrer Freizeit. Achten Sie darauf, nicht in die Falle fester Vorstellungen von dem zu tappen, was Berufung ist und was nicht, und ebenso was Erfolg ist und was nicht.

Miriams Geschichte wird Ihnen vielleicht noch etwas deutlicher aufzeigen, wie eine Lebenslandschaft aussehen kann.

Als Miriam acht Jahre alt war, verließ ihre Mutter ihren Vater und begann ein eigenes Leben. Zuvor war ihre Mutter Hausfrau gewesen, nun begann sie zusammen mit ihrem neuen Partner eine Karriere als NLP-Trainerin. Es war ein großer Sprung, und Miriams Mutter litt unter großen Existenzängsten. Ihr Partner John, der bisher als freischaffender Künstler eine Art Hippiedasein geführt hatte, war guten Willens, mit ihr zusammen etwas auf die Beine zu stellen, war aber bald von dem Arbeitsaufkommen und der Regelmäßigkeit, die der Aufbau eines Instituts verlangte, überfordert und zog sich immer mehr zurück. Zwischen beiden entstanden immer stärkere Spannungen, und Miriam erlebte ihre Mutter oft weinend und ratlos. John, der für Miriam eine wichtige Bezugsperson war, fiel immer mehr in eine Depression und nahm Beruhigungsmittel. Ihr Vater, der die Trennung nicht verkraften konnte, saß Abend für Abend da, sah sich Fotos aus der gemeinsamen Zeit an und dachte an seine Frau, auch wenn Miriam bei ihm war. Als sich ihre Mutter nach schwierigen Jahren von John trennte und ein neues Leben begann, erlebte Miriam sie erneut als einen Menschen, der nicht aus seinen Problemen herauskam. Bestimmte Probleme blieben. Miriam, die ihre Mutter sehr liebte, war darüber sehr verzweifelt.

Als Miriam ihr Studium beendet hatte und ihren beruflichen Weg beginnen sollte, trat etwas Merkwürdiges ein: Es geschahen immer andere Dinge, die sie daran hinderten, eine Entscheidung zu treffen und ihr Leben in die Hand zu nehmen. Schon immer hatte sie viele unterschiedliche Interessen gehabt und es schwierig gefunden, sich zu entscheiden. Ihr innerer Konflikt nahm in dem Maße zu, in dem auch die Notwendigkeit, sich zu entscheiden und aktiv zu werden, zunahm. Schließlich steckte sie in einer massiven Krise, aß und trank nicht mehr und war nur noch voller Angst.

Miriam arbeitete viel an sich, ohne Erfolg. Eines Tages entdeckte sie in einer Sitzung ihr Muster. Diese Entdeckung war nicht rational – sie ging ihr »durch Mark und Bein«. Sie fühlte es in jeder Faser Ihres Seins: In ihrer Wirklichkeit waren die Menschen, die sie liebte, gescheitert. Sie hatten alle den falschen Weg eingeschlagen. Marina begann sich davor zu fürchten, sie könne ebenfalls den falschen Weg wählen, auf dem Kummer, Sorge und die Erkenntnis warteten, sich falsch entschieden zu haben. Dieses Modell vom Leben und die damit verbundenen Ängste nahmen immer größeren Raum in ihrer Vorstellungswelt ein, bis zu dem Punkt, an dem sie vollständig blockiert war. Miriam wanderte in einer Lebenslandschaft, in der sie immer vor Wegkreuzungen stand und wählen musste, und immer empfand sie die tief sitzende, lähmende Angst, den falschen Weg zu wählen.

Nach dieser Sitzung begann Miriam darüber nachzudenken, was Lebenserfolg wirklich war. Sie hinterfragte ihre Vorstellung von dem einen, unfehlbaren Weg, auf dem alles gut würde und begann zu verstehen, dass Erfolg mit vielen Höhen und Tiefen, mit Zweifeln und Ängsten verknüpft sein kann, und dass wir nicht wissen können, was herauskommt, wenn wir einen Weg einschlagen. Der taoistische Weise Chuang-Tsu sagte: »Ein Weg bildet sich dadurch, dass er begangen wird.« Heute ist Miriam eine erfolgreiche Trainerin, die mit dem arbeitet, was ihr eigenes Thema ist: der Unterschied zwischen Vorstellung und Realität sowie der Wert, den Vorstellungen, Bilder und Modelle haben, wenn sie nicht als absolut betrachtet werden, sondern stattdessen die Freiheit, auch andere zu wählen, erhalten bleibt. Sie zeigt Menschen, wie sie aus ihrer Vorstellungswelt aussteigen und eine neue erschaffen können, die sie in ihrem Leben weiterbringt und dorthin gehen lässt, wo sie sein möchten.

Prägende Erlebnisse

»Leben muss man das Leben vorwärts,
verstehen kann man es nur rückwärts.«
Sören Kierkegaard

Immer dann, wenn wir etwas als traumatisch erleben, verschließt unsere Psyche dieses Erleben in einer Kapsel, so wie Sie es auf der folgenden Abbildung als Kreis sehen können. Im späteren Leben hat dieses Erlebnis Auswirkungen.

Nur selten können wir einen Zusammenhang zwischen dem Ursprungserlebnis und seinen Wirkungen, die in der Abbildung als Rechtecke dargestellt sind, herstellen.

Ein einfaches Beispiel ist ein kleiner Junge, der auf seinem Dreirad über eine Straße fahren will, während ein Auto um die Ecke biegt und ihn streift. Er fällt vom Rad, stößt sich den Kopf an und bekommt schlimme Kopfschmerzen. Später kann es passieren, dass er, auch noch als Erwachsener, jedes Mal Kopfschmerzen bekommt, wenn er eine bestimmte Art von Autolärm hört und eine Straße überqueren will.

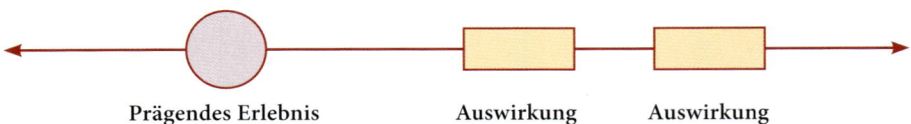

Prägendes Erlebnis   Auswirkung   Auswirkung

Gemessen an den Erfahrungen, die wir machen können, ist das ein relativ einfaches Erlebnis, das sich vielleicht schon durch Erinnern erklären lässt. Menschen machen alle Arten von traumatisierenden Erfahrungen, die im Unterbewusstsein und im Körper gespeichert werden. Andere, die an diesem Ereignis beteiligt waren, schätzen die gleiche Situation oft ganz anders ein. Was jedoch zählt, ist das, was der betreffende Mensch erlebt hat und nicht, was andere dazu sagen. Diese Meinungen können hilfreich sein, aber zunächst geht es immer nur um das *persönliche* Erlebnis, dessen Bewertung und um die Rückschlüsse, die aus dem Erlebnis gezogen werden.

Ist einmal ein »Stein der Erfahrung« ins Wasser gefallen, oder, anders ausgedrückt, hat sich ein schwieriges Erlebnis abgekapselt wie in dem Kreis, wirken ähnlich erlebte Erfahrungen als Verstärker.

Spätere Erlebnisse werden unter dem gleichen Blickwinkel betrachtet – und ohne dass wir es wissen, denn der Blickwinkel entstand ja zu einem frühen Zeitpunkt und ist eingeschlossen in der Tiefe unseres Bewusstseins. »Eingeschlossen« ist jedoch nicht mit »wirkungslos« gleichzusetzen. Im Gegenteil, dieser Teil in uns rumort heftig und sucht jede Gelegenheit, um aus dem Gefängnis auszubrechen und sichtbar zu werden. Das Kind von damals lebt noch in uns und will gesehen, gehört, beruhigt, verstanden, genährt werden in seinem Schmerz. Es will die Erfahrung mithilfe der erwachsenen Person, die wir heute sind, verarbeiten. Und es wird sich so lange durch Symptome, Ängste, Verhinderungen und ähnliche Erscheinungen melden, bis es seinen Platz einnehmen darf. In der Psychologie nennt man traumatische oder zumindest sehr prägende Erfahrungen Engramme.[4] Das Wort kommt aus dem Griechischen und setzt sich zusammen aus *en,* »hinein« und *gramma,* »Inschrift«. Es wird etwas eingraviert. Unser Gehirn besteht aus einer Vielzahl von Engrammen: Erlebniseindrücke, die eine Spur im Gedächtnis zurücklassen. Alles, was sich in uns einprägt, ist im Kern ein Engramm. Doch nur einige oder nur eines ist so stark und mit Verletzung und Angst verbunden, dass wir es abkapseln. Engramme sind manchmal nur die Lösung für ein einfaches Problem wie im Falle des Mannes, der bei einer bestimmten Form von Autolärm Kopfschmerzen bekam. Oft ist in ihnen jedoch eine wichtige Botschaft enthalten, die uns unsere tiefsten Motive verstehen lässt.

Wenn wir als bewusste Personen etwas wollen und etwas in uns will nicht gehen, hat das gute Gründe. Stets meldet sich hier eine alte, unverarbeitete Erfahrung und will so gelöst werden, dass sie zu dem erwachsenen Menschen passt, der wir heute sind. Wenn ein Kind von seinem Vater daran gehindert wird, Wünsche auszusprechen, wie es in der Geschichte des Hypnotherapeuten im Kapitel »Ich will – aber es geht nicht« noch aufgezeigt wird, war es mit großer Wahrscheinlichkeit eine gute Reaktion, »einzuknicken«. Als Kind haben wir nicht die gleichen Möglichkeiten wie als Erwachsene. Doch der Teil in uns, der in der alten Erfahrung geblieben ist, weiß das nicht und reagiert noch immer so, als wären wir drei, fünf oder zehn Jahre. Damit es geht, brauchen wir Kontakt zu diesen Persönlichkeitsanteilen, die es eigentlich gut meinen. Sie wollen überzeugt werden, dass es heute bessere Strategien gibt, um sich zu schützen, durchzusetzen, geliebt zu werden oder erfolgreich zu sein.

Verenas Beziehung zu ihrer Mutter war sehr ambivalent und angespannt. Sie wusste nie, was auf sie zukommen würde: Ärger oder Freundlichkeit, eine Ohrfeige oder das Angebot, ihr Lieblingsessen zu kochen. Ihr Vater war ihr Fels in der Brandung. Sie war seine kleine Prinzessin. Jeden Sonntagmorgen ging er mit ihr ins Kino statt in die Kirche, kaufte ihr Bücher und Spielsachen und ging mit ihr Eis essen.

Eines Tages brach ein großes Drama in der Familie aus. Verenas Vater hatte sich in eine Freundin ihrer Mutter verliebt. Von einem Tag auf den anderen war er nur noch mit dieser Frau beschäftigt und alles andere außer seiner Arbeit, der er ja nun einmal nachgehen musste, war wie aus seinem Bewusstsein verschwunden. Keine Sonntagmorgen mehr, kein Eis.

Eines Tages lief Verena von der Schule nach Hause und kam wie jeden Tag an der Wohnung der Geliebten ihres Vaters vorbei. Er stand davor und seine Freundin und ihre beiden Kinder waren gerade dabei, in sein Auto einzusteigen. Verena lief hin – sie hatte bisher immer mit den beiden Jungen gespielt und kannte die Familie gut – und wollte auch einsteigen. Ihr Vater weigerte sich, und erst nach einiger Zeit, als sie einfach nicht nachgab, ließ er sie mit einem wenig begeisterten Gesicht einsteigen.

Er fuhr los und Verena fühlte sich ziemlich ungemütlich. In einer Straße, ein Stück weit von ihrer Wohnung entfernt, ließ er sie aussteigen. Verena war wie vom Blitz getroffen, als er mit seiner Geliebten und den beiden Kindern weiterfuhr. Ohne eine Erklärung. Noch nicht einmal besonders verabschiedet hatte er sich von ihr.

Dieses Ereignis war ein Stein, der in das Wasser des Lebens von Verena fiel. Er zog durch ihr Leben hindurch Kreise. Sie litt unter großer Eifersucht, die sie mit allen Mitteln ablegen wollte, aber es ging nicht. Immer schien es eine Frau oder eine Person zu geben, die das Interesse desjenigen, den sie am meisten liebte, stärker fesselte als sie. Sie befand sich im Zentrum der Aufmerksamkeit ihres Vaters, sie war sein Lieblingskind – und dann plötzlich nicht mehr. Anlässe, die Welt wieder so zu erleben, gab es immer genug. Das Gefühl, letztlich nicht zu genügen, weitete sich auch auf andere Menschen aus, nicht nur auf ihre Partner. Verena kämpfte mit ihrem Selbstwertgefühl, obwohl sie bei ihrem Vater und auch bei anderen die Erfahrung machte, dass sie sein Herz nie verloren hatte, im Gegenteil, dass er sie zärtlich liebte. Diese prägende Erfahrung beherrschte Verenas Leben erst dann weniger, als sie sich an dieses Erlebnis erinnerte und den davon ausgehenden roten Faden durch ihr Leben verfolgen konnte. Sie erkannte, dass es für ihren Vater nicht möglich war, mit seiner Geliebten vor der eigenen Haustüre vorzufahren. Sie hatte ihn in ein großes Dilemma gebracht. Weil er ihr aber keinerlei Erklärung gab und ihr in diesem Augenblick auch nicht seine Liebe zeigte, stürzte Verena in tiefe Verzweiflung. Später wurde ihr klar, wie schwer sich ihr Vater damit tat, Gefühle zu äußern. Sie erkannte, dass sich auch in ihren Beziehungen dieses Muster wiederholt hatte: Das Empfinden, gegen eine Konkurrentin zu verlieren und die zweite Wahl zu sein oder fallen gelassen zu werden, und die Realität, die die starke Bindung an sie zeigte.

Sie sah das Muster – das änderte bereits viel. Für Verena war es zu einem wichtigen Motiv geworden, ihren Wert als Mensch und Frau zu beweisen. Der Hunger danach brachte ihr viele schwierige, von außen betrachtet unnötige Erfahrungen ein. Er war aber gleichzeitig der Motor, etwas Eigenständiges auch außerhalb einer Beziehung für sich aufzubauen, was sie sonst vermutlich nie getan hätte.

Der erfolgreicher Schauspieler und Liebling von Millionen Frauen, Marlon Brando, war ein Leben lang von einer unersättlichen Sehnsucht getrieben. Es war, als wolle er eine innere Leere füllen, die sich nicht füllen ließ. Er war unter sehr schwierigen Bedingungen aufgewachsen: Beide Eltern waren alkoholkrank, vertrugen sich nicht und hatten zahlreiche außereheliche Affären. Sie vernachlässigten die Kinder und vor allem Brandos Mutter war sehr unzuverlässig. Sie war ganz von dem Drama ihres Lebens angefüllt und unternahm mehrere Selbstmordversuche. In seiner Autobiografie schrieb er: »Als ich drei Jahre alt war, hat sich meine Mutter für den Alkohol und gegen mich entschieden.« Marlon Brando suchte nach Heilung, aber soviel wir wissen, gelang es ihm bis zu seinem Tod nicht, sich von dieser Erfahrung zu lösen.

Der berühmte Schriftsteller Golo Mann litt an Albträumen. Mit über 70 vertraute er einer kleinen Runde an, was ihn so verunsichert hatte. Als kleiner Junge war er an einem Weihnachtsabend voller Vorfreude auf ein Geschenk, das er sich sehr gewünscht hatte. Er öffnete es und ließ es fallen, sodass es zerbrach. Da hörte er seinen Vater sagen: »Was hat dieser Junge in unserer Familie verloren!«

Die Tür aufschließen

Und wie lautet Ihre Geschichte? Sie müssen nicht wie Marlon Brando in Drama und Chaos aufgewachsen sein. Wie bei Golo Mann kann ein von außen betrachtet geringeres Ereignis genügen, das für Sie Bedeutung gewonnen hat, und der Ringe auslösende Stein fällt ins Wasser. Von da an beginnt die Konstruktion. Sie ist Ihre Idee über Sie selbst und das Leben, aber sie ist eine machtvolle Idee, und viele Menschen finden ein Leben lang keinen Ausgang. Sie und ich und alle anderen Menschen haben Bereiche, in denen wir agieren, als wären wir in einem Raum eingeschlossen, dessen Türen und Fenster fest verriegelt sind. Wir sind uns sicher, dass wir nicht hinauskönnen, nur – diese Türen und Fenster gehen nach innen auf. Es ist die Magie eines Engramms, die uns daran hindert, die Türklinke zu sehen und auch, dass ein Schlüssel im Schloss steckt. An dieser Stelle stehen wir wie unter einem Zauberbann. Wenn sich die gleichen Dinge wiederholen oder es nicht vorwärtsgeht, sagen wir: »Es ist wie verhext!« Und tatsächlich ist es so. Wir sind verhext und müssen den Bann durchbrechen, der uns einschließt. Die Frage ist, ob Sie sich sehen wie Dornröschen, das schlafen musste, bis der Prinz kam, oder wie die kleine Gerda in dem Märchen *Die Schneekönigin,* der es gelang, aus dem Zaubergarten der Hexe zu entfliehen. Eine moderne Variante von *Dornröschen* besagt übrigens, dass Dornröschen nach einigen Jahren des Schlafens aufstand und sagte: »Jetzt reicht's!«

Sie brauchen Ihre Vergangenheit nicht analytisch zu untersuchen, um den roten Faden Ihrer Wirklichkeitskonstruktion zu sehen. Nehmen Sie ein beliebiges Ereignis der Gegenwart oder Vergangenheit und folgen Sie der Spur bis zu einem Schlüsselerlebnis, das die Quelle dafür ist. Dann gehen Sie wieder zurück. Welche Erlebnisse waren ähnlich wie dieses Ereignis? Hätten Sie es auch anders deuten können? Ist Ihnen heute vielleicht klar, dass die beteiligten Menschen ganz andere Gründe hatten, so und nicht anders zu handeln, als Sie annahmen? Ihr Problem und ihr gesamtes Leben werden Ihnen anders erscheinen. Ihre Vor-Annahmen waren wie selbsterfüllende Prophezeiungen. Sie haben diesen roten Faden gesponnen und ein Drehbuch daraus gemacht. Wenn Sie wirklich wollen, können Sie es nun umschreiben.

Gefühle steuern Ihr Verhalten

Pflaumenkuchen mit Schlagsahne, das ist das Größte. Sonntags gibt es ein großes Blech voll davon bei der Großmutter. Kasperl und Seppel in Otfried Preußlers *Räuber Hotzenplotz* freuen sich sehr darauf. »Kasperl und Seppel aßen Pflaumenkuchen mit Schlagsahne, bis sie Bauchweh bekamen, und waren so glücklich, dass sie mit keinem Menschen getauscht hätten, selbst mit dem Kaiser von Konstantinopel nicht«, heißt es am Ende des Buches. Da geht es nicht nur um den Kuchen und auch nicht um die Schlagsahne. Otfried Preußler beschreibt, was wir alle kennen: Etwas Vertrautes, das uns schon als Kind glücklich gemacht hat, ruft immer wieder dieses Gefühl hervor und beeinflusst unsere Meinungen und Verhaltensweisen.

In dem autobiografischen Roman von Marcel Proust *Auf der Suche nach der verlorenen Zeit* ruft der Duft der Madeleines, die seine Mutter gebacken hatte, auch noch in dem erwachsenen Mann wehmütige Erinnerungen wach.

Der Hirnforscher Gerald Hüther verwendet ein Beispiel, das wir alle kennen, um die Macht der Gefühle zu demonstrieren: »Wenn Sie an einem Elternabend die Schule betreten, und der Geruch von Bohnerwachs steigt Ihnen in die Nase, und Ihre Knie werden weich, dann erinnern Sie sich an etwas ganz Altes: daran, dass Sie Angst vor der Schule hatten. Das ist ein ›somatischer Marker‹, den Sie erhalten haben.«

Wir alle kennen das: ein Duft, eine Geste, ein Wort oder Satz … und plötzlich geschieht etwas. Der Körper reagiert: mit weichen Knien, freudigem oder ängstlichem Herzklopfen, dem Wunsch, etwas zu sprechen, mit Bewegungsdrang oder dem Eindruck, wie gelähmt zu sein. Irgendwann hat sich etwas in Ihnen eingeprägt bis hinein in den Körper. Wird es reaktiviert, fühlen und reagieren Sie so, als wäre es heute geschehen. Ein »somatischer Marker« ist nichts anderes als eine im Körper verankerte Erfahrung, die durch vergleichbare Schlüsselreize wieder ausgelöst wird. Das Wort »Soma« steht für Körper.

Was in alten Lehren schon bekannt war, entdeckt heute die Neurobiologie: Wir sind fühlende Wesen. Nicht unser Verstand lenkt uns, sondern unser Gefühl. Als Albert Einstein in einem Brief an seinen Kollegen Max Born äußerte »Gott würfelt nicht«, war es sein Gefühl, dass die Theorie der Quantenmechanik über den Zufall ablehnte. Es war ihm ein tiefinnerliches Bedürfnis, dass die Physik keinen Zufall kennt und die Welt berechenbar und damit überschaubar sein sollte. Wie alles andere Lebende werden auch große Denker von ihrem Gefühl gelenkt. Die Art und Weise, wie Sie fühlen, stellt Ihre Beziehung zu sich selbst und der gesamten Welt her. So wie Sie fühlen, so nehmen Sie wahr, wie Sie wahrnehmen, so entscheiden und handeln Sie. In seinem Buch *Alles fühlt* beschreibt der Biologe Andreas Weber, dass die neue Biologie die Subjektivität aller Lebewesen, also ihr Fühlen, als Grundmotor allen Lebens wiederentdeckt. Er nennt das Fühlen den Lebenswunsch, aus dem heraus sich die gesamte Natur entfaltet. Selbst eine Zelle ist nicht einfach eine Überlebensmaschine, sondern ein Wesen, dem sein Leben etwas bedeutet und das diese Bedeutung als Gefühl erlebt. Zu leben und zu überleben hat einen Wert, für eine Zelle wie für

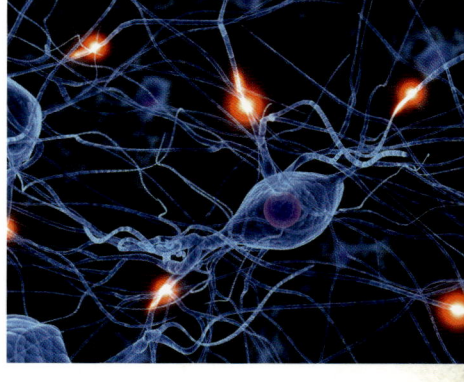

uns. Unser Kern ist keine rationale Schaltzentrale, sondern der subjektive Standpunkt aus Gefühlen und Werten, den Sie und ich und alle Lebewesen einnehmen.

Beginnen Sie immer bei Ihren Gefühlen, wenn Sie Ihr Leben verstehen und in die von Ihnen gewünschte Richtung lenken wollen. Sie entdecken diese Gefühle, indem Sie der Spur folgen, die Sie von dem, was Sie heute erleben, an jenen Punkt zurückführt, wo sie entstanden sind. Achten Sie darauf, was Sie im Verlauf eines Tages sehen und erleben – und was es in Ihnen auslöst. Entwickeln Sie die Fähigkeit, Ihre somatischen Marker zu erkennen. Die weichen Knie beim Betreten des Schulgebäudes weisen vielleicht auf eine Angst vor Autoritäten hin, die Sie noch heute auf andere Weise haben. Der Duft des Pflaumenkuchens macht Ihnen Ihre Sehnsucht nach einem Zuhause und allem, was damit verbunden ist, deutlich, usw.

Viele Menschen fragen: »Was kann ich tun?« Zweifellos ist es wichtig und hilfreich, sich zu überlegen, was man in einer bestimmten Situation tun kann. Durch etwas, das Sie tun und vielleicht sogar anders erledigen, als Sie es vorher gemacht haben, lernen Sie, und Ihr Lernen wirkt auf Ihre Gefühle zurück.

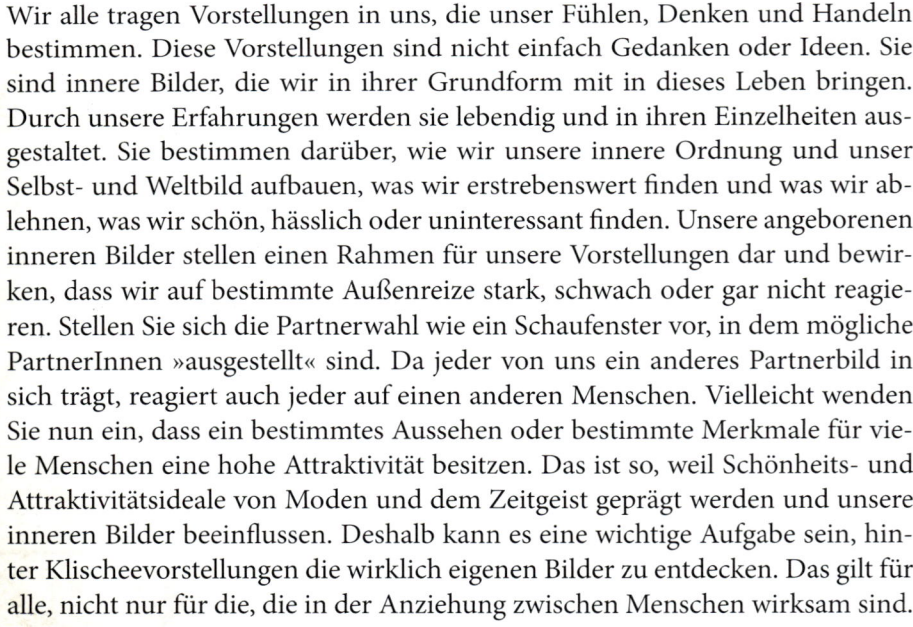

Irgendwann werden Sie jedoch einen Punkt erreichen, an dem Sie nur weiterkommen, wenn Sie dorthin gehen, wo die Zusammenhänge Ihres Wirklichkeitserlebens entstanden sind: zu der Wurzel, dem Stein, der ins Wasser gefallen ist, zu dem Bedürfnis und der Sehnsucht, die erfüllt oder nicht erfüllt wurde. Dann wissen Sie, worum es heute für Sie geht. Bedeutsame Veränderungen finden immer erst dann statt, wenn sich in Ihrem Inneren etwas bewegt hat.

Die Macht der inneren Bilder

»*Leben ist ein Muster bildender Prozess.*«
Gerald Hüther

Wir alle tragen Vorstellungen in uns, die unser Fühlen, Denken und Handeln bestimmen. Diese Vorstellungen sind nicht einfach Gedanken oder Ideen. Sie sind innere Bilder, die wir in ihrer Grundform mit in dieses Leben bringen. Durch unsere Erfahrungen werden sie lebendig und in ihren Einzelheiten ausgestaltet. Sie bestimmen darüber, wie wir unsere innere Ordnung und unser Selbst- und Weltbild aufbauen, was wir erstrebenswert finden und was wir ablehnen, was wir schön, hässlich oder uninteressant finden. Unsere angeborenen inneren Bilder stellen einen Rahmen für unsere Vorstellungen dar und bewirken, dass wir auf bestimmte Außenreize stark, schwach oder gar nicht reagieren. Stellen Sie sich die Partnerwahl wie ein Schaufenster vor, in dem mögliche PartnerInnen »ausgestellt« sind. Da jeder von uns ein anderes Partnerbild in sich trägt, reagiert auch jeder auf einen anderen Menschen. Vielleicht wenden Sie nun ein, dass ein bestimmtes Aussehen oder bestimmte Merkmale für viele Menschen eine hohe Attraktivität besitzen. Das ist so, weil Schönheits- und Attraktivitätsideale von Moden und dem Zeitgeist geprägt werden und unsere inneren Bilder beeinflussen. Deshalb kann es eine wichtige Aufgabe sein, hinter Klischeevorstellungen die wirklich eigenen Bilder zu entdecken. Das gilt für alle, nicht nur für die, die in der Anziehung zwischen Menschen wirksam sind.

Der Neurobiologe und Hirnforscher Gerald Hüther widmet sich in seinem Buch *Die Macht der inneren Bilder,* zu dem es eine gleichnamige Vortrags-DVD gibt, der wissenschaftlichen Erforschung dieser Bilder, die in allem Lebendigen wirksam sind. Hüther fand heraus, dass es in allen lebenden Systemen innere Bilder gibt. Sie bewirken, dass bestimmte Merkmale, Eigenschaften und Strukturen entstehen. Sie sorgen dafür, dass diese Systeme, wie zum Beispiel Zellen, aufgebaut sowie erhalten werden und sich an Bedingungen anpassen können. In Menschen, Tieren und allen lebenden Organismen sorgen sie für Halt und Orientierung. Sie bilden die Vorlage, mit deren Hilfe körperliche und psychische Schäden repariert werden können.

Gerald Hüther definiert die inneren Bilder als Reaktionen steuernde, Handlungen leitende, Aufmerksamkeit lenkende, Orientierung bietende Muster, auf deren Basis sich das Leben entfaltet. Auch in jeder Gesellschaft gibt es Bilder, die festlegen, wie ihre Ordnung, Struktur, Werte und Ziele aussehen. Wir alle sind nicht nur von unseren persönlichen und familiären inneren Bildern geprägt, sondern auch von den kollektiven, durch die unsere Kultur, der Zeitgeist und die herrschenden Verhältnisse gelenkt werden.

Die Veränderung innerer Bilder stellt immer eine Herausforderung dar, da die vertraute Struktur zugunsten einer noch unbekannten, sich vielleicht nur vage abzeichnenden, verlassen werden muss. Unsere inneren Bilder sind die Halterungen, die dafür sorgen, dass wir unser Gehirn oft lebenslang auf die gleiche Weise benutzen, die wir meist schon sehr früh festgelegt haben. Wir stecken so einen engen Lebensrahmen ab, obwohl unsere angeborenen inneren Bilder ein weitaus größeres Spektrum an Möglichkeiten zur Verfügung stellen. Das bekannte Zitat von Albert Einstein fasst diese Erkenntnis mit den Worten zusammen: »Probleme kann man niemals mit derselben Denkweise lösen, durch die sie entstanden sind.« Lösungen und neue Perspektiven finden sich durch ein Umdenken, das seinen Ursprung in einer inneren Öffnung nimmt, die eine neue Sichtweise ermöglicht: Wenn wir die Welt mit neuen Augen sehen, erschaffen wir sie neu. Solange wir jedoch unser Gehirn in einem festgelegten Rahmen einsetzen, können keine neuen Bilder und in der Folge auch keine neuen Sichtweisen entstehen.

Unsere Lebensentscheidungen, Beziehungen, Hoffnungen, Sehnsüchte und Ängste werden durch innere Bilder gelenkt. Obwohl sie, wie bereits weiter oben beschrieben, in einer prinzipiellen Form bereits in uns angelegt sind, erhalten sie die Form, die sich konkret in unserem Leben auswirkt, erst durch das Leben selbst. Der Tiefenpsychologie C. G. Jung nannte die im kollektiven Unbewussten angesiedelten menschlichen Vorstellungsmuster »Archetypen«. Viele dieser Urbilder gehen auf Urerfahrungen der Menschheit zurück, wie sie bei einer Schwangerschaft, Geburt, in der Kindheit und Pubertät, im Beziehungsleben und generell auf dem Lebensweg gemacht werden. Archetypische Bilder, die in der gesamten Menschheit wirksam sind, sind zum Beispiel die Große Mutter, das Kind, der alte Weise, die Amazone, der Krieger, der Wanderer, der Beschützer, der Retter. Aber auch die Erfahrungen von Armut, Reichtum, dem Bau eines Hauses, Wasser, Feuer, Naturgewalten und vielem mehr sind als Urbilder verankert. Sie ähneln sich in vielen Kulturen sehr stark, was sich auch an der Ähnlichkeit von Märchenmotiven erkennen lässt.

Ihr persönliches inneres Muster – Ihre inneren Bilder – setzt sich zusammen aus Ihrem Anteil an diesen Urbildern und aus Bildern, die Sie im Laufe Ihres Lebens durch Ihre Eindrücke und Erlebnisse entwickelt haben. Hinzu kommen wie bereits beschrieben Klischeevorstellungen, die durch den Zeitgeist hervorgerufen werden. Sie treffen jedoch immer auf ein tiefer liegendes Bild. Nur so können sie wirksam werden. Wenn das Innenbild eines Mannes zum Beispiel das des Kriegers und Eroberers ist, wird er auf gesellschaftliche Angebote reagieren, die ihm diese Rolle in Aussicht stellen und ein entsprechendes Auto, dazu passende Kleidung, einen bestimmten Gang und gewisse Gebärden sowie eine besondere Art zu sprechen benutzen, um sich nach außen hin darzustellen.

Gehen Sie auf die Suche nach Ihren inneren Bildern. Sie sind leicht zu finden: Jede Ihrer Erinnerungen ist ein solches Bild, die Märchen Ihrer Kindertage, Bücher, Filme, Gespräche – alle Eindrücke und Erlebnisse erzeugen Bilder in Ihnen oder verstärken bereits bestehende. Betrachten Sie eine Situation, die Sie jetzt oder schon seit langer Zeit beschäftigt, und suchen Sie Ihr inneres Bild dazu. Vielleicht braucht es ein wenig Geduld, bis Sie es finden. Irgendwann taucht es spontan in Ihrem Geist auf, vielleicht als Erinnerung, vielleicht wenn Sie eine Zeitschrift aufschlagen, fernsehen, lesen, sich unterhalten oder spazieren gehen. Auch das Märchen, das Sie als Kind besonders geliebt haben, kann Ihnen bei der Suche behilflich sein. Verfolgen Sie die Spur dieses Bildes durch Ihr Leben hindurch. Sie werden eine Geschichte entdecken, in der dieses Bild immer wieder Hauptakteur ist, auch wenn die konkreten Personen vielleicht wechseln. Seien Sie sich der Macht Ihrer inneren Bilder bewusst. Sie sind die Auslöser dafür, dass Sie ein Lebensdrehbuch schreiben und bestimmen, in welcher Form Sie das tun. Wie die Steine, die ins Wasser gefallen sind und Ringe bilden, so rufen Ihre Bilder wirkungsvolle Kreise hervor, die sich im Guten wie im Schlechten durch Ihr Leben ziehen.

Wenn Sie Bilder entdecken, die Sie behindert oder unglücklich gemacht haben, versuchen Sie nicht, sie loszuwerden. Sie sind Schätze, von denen Sie noch herausfinden können, welchen Wert sie für Sie haben, auch wenn Sie sich das vielleicht zum gegenwärtigen Zeitpunkt kaum vorstellen können. Installieren Sie neben diesen Bildern sanft und mit liebevoller Geduld neue Bilder, die das ausdrücken, was Sie heute ersehnen. Sie können ein Album anlegen, in das Sie Fotos einkleben, die für Sie alte und neue, erwünschte Situationen repräsentieren. Lassen Sie Ihre persönliche Bildergeschichte entstehen. Denn Bilder sind Magie. Ein kluger Mann sagte einmal: »Ein Bild sagt mehr als tausend Worte. Und eine Geschichte sagt mehr als tausend Bilder.« In Ihrem Album verbinden Sie Ihre Bilder zu einer Geschichte, die Sie dort umschreiben können, wo Sie sich Veränderungen wünschen.

Und was ist Ihr Wurzelmotiv?

*»Auch das kleinste Ding hat seine Wurzel in der Unendlichkeit,
ist also nicht völlig zu ergründen.«*
Wilhelm Busch

Etwas treibt uns alle an. Auf die Frage, was dieses Etwas ist, wurden im Laufe
der Menschheitsgeschichte religiöse, spirituelle, biologische und psychologi-
sche Antworten gegeben. Ein spannendes Konzept, durch das Sie viel über
sich und andere Menschen lernen können, ist das »Reiss-Profil«. Es wurde
von dem Motivationsforscher Steven Reiss auf der Grundlage statistischer Un-
tersuchungen entwickelt und enthält 16 Lebensmotive, die das Verhalten von
Menschen erklären. Jedes dieser Motive kann neutral, stärker oder schwächer
ausgeprägt sein, wodurch sich für jeden Menschen ein individuelles Motiv-
profil ergibt. Die Lebensmotive nach Reiss sind:
– Macht
– Unabhängigkeit
– Neugier
– Anerkennung
– Ordnung
– Sammeln/Sparen

- Ehre
- Idealismus
- Beziehungen
- Familie
- Status
- Rache/Wettkampf
- Eros
- Essen
- körperliche Attraktivität
- Ruhe/innerer Friede

Die genannten Punkte motivieren Sie und mich und alle Menschen in unterschiedlicher Weise und Stärke. Wenn Sie diese wichtigen Antriebe in sich verstehen, haben Sie schon viel gewonnen. In diesem Kapitel geht es jedoch um eine andere Art der Motivation. Es geht um Ihr Wurzelmotiv, das mit Ihrer Lebensgeschichte verwoben ist. Sie haben es als Anlage mit in dieses Leben gebracht, wo es zu einem in Ihrem Herzen gefühlten Leben wurde.

Wenn Sie Ihr Wurzelmotiv kennen, wissen Sie, was Sie wirklich wollen. Der wichtigste Teil ist geschafft, denn nur, wenn Sie wissen, woher Sie kommen, können Sie auch wissen, wohin Sie gehen wollen.

Wurzelmotive sind mit Schmerz verbunden. Schmerz erzeugt die größte Motivation, den stärksten Wunsch, etwas zu verändern. Er tritt immer dort auf, wo etwas Wesentliches fehlte. Vielleicht sagen Sie nun, im Gegenteil, ich habe Dinge erlebt, von denen ich wünschen würde, Sie wären nie geschehen. Doch auch hier fehlte etwas: Unterstützung, Liebe, Verständnis, Anleitung. Wenn Sie ohne Hilfe in einer schwierigen Situation waren, vor allem als Kind, kann der Schmerz des Alleingelassenseins Sie antreiben, dafür zu sorgen, dass Sie selbst und andere Hilfe erhalten.

Schöne und bestätigende Erlebnisse nähren Ihr Wurzelmotiv ebenfalls. Dort, wo Sie einen Mangel empfanden, suchen Sie jedoch nach Vervollständigung. Sie wollen die Lücke füllen, den Mangel beheben, sodass der Schmerz aufhören kann. Das ist die Hoffnung, die Sie vorantreibt. Ein häufiger, sehr menschlicher Versuch ist es, mangelnde Liebe und Zuwendung in der Kindheit heute durch die Partnerin oder den Partner auszugleichen. So kann die Suche nach Liebe und Beziehung zu einem Wurzelmotiv werden, unabhängig davon, ob es gelingen kann, den Schmerz von damals mit einem Menschen von heute zu lösen.

Wurzelmotive sind einfach. Sie lassen sich in einem Satz zusammenfassen. Sie sind ein tiefinnerlicher Drang in eine bestimmte Richtung, eine Vision, wie die Dinge sein könnten. Wurzelmotive zeigen uns, dass wir alle im Kern nach dem Gleichen suchen, nach wenigen Dingen, die die Essenz der menschlichen Seele im konkreten Leben bilden: Liebe, Zuwendung, genährt werden, Anerkennung, Bestätigung. Menschen versuchen auf unterschiedliche Weise und schon als Kleinkind, diese wichtigen Dinge zu bekommen und zu geben.

Ein häufiges Wurzelmotiv ist, »die Welt zu retten«. Dieser Wunsch wird besonders dann zu einem Grundantrieb, wenn die Situation zwischen den Eltern schwierig und/oder die Mutter unglücklich, verletzt, hilflos, ablehnend oder voller Angst war. Unsere Mutter ist für die lange Zeit im Mutterleib und auch noch eine Weile danach die gesamte Welt für uns gewesen. Auch später noch nehmen wir die Welt so wahr, wie es uns unsere ersten prägenden Eindrücke von der »Welt«, die unsere Mutter war, vermittelt haben. Brauchte sie Hilfe, wird die Welt für uns zu einem Ort, an dem Hilfe gebraucht wird und dem wir Hilfe geben möchten.

Die Beziehung zur Mutter oder einer Mutterfigur ist für das Ungeborene und das kleine Kind überlebensnotwendig. Ohne einen Menschen, der es nährt, der seine Bedürfnisse sorgend aufnimmt, entwickelt es Überlebensängste, die gewaltig sein können. Der starke Drang, alles zu tun, um Aufmerksamkeit und Zuwendung zu bekommen, wird geboren.

Vielleicht ist dies Ihr Wurzelmotiv, Sie würden es aber anders nennen. In der Vorstellung »die Welt zu retten« liegt noch die kindliche Allmachtsfantasie, die zwangsläufig enttäuscht wird. Doch viele Kinder wollen sein wie der Titan Atlas, der das Himmelsgewölbe auf seinen Schultern trägt. Im Kern geht es um den Wunsch, etwas dafür zu tun, dass die Verhältnisse in der Welt besser werden. Bereits als Kind haben Sie verschiedene Strategien ausprobiert, um bessere und glücklichere Verhältnisse zu schaffen.

Stefan, ein Junge, der mit der Wachsamkeit des sensiblen Kindes spürte, dass es in der Ehe seiner Eltern kriselte, wählte zunächst eine Beschäftigungsstrategie als Lösung. Er war ein schwieriges Kind, war viel krank, litt unter Ängsten und hielt seine Eltern so in Atem, dass sie keine Zeit hatten, sich mit sich und ihrer Beziehung zu beschäftigen. Mit dieser Strategie war er eine Reihe von Jahren erfolgreich, bis sich die Beziehung der Eltern besserte. Die Grundproblematik, die darin bestand, dass beide in wichtigen Punkten sehr unterschiedliche Bedürfnisse und Vorstellungen hatten, blieb jedoch bestehen.

Als er zehn oder elf Jahre alt war, entdeckte er sein Talent des Vermittelns. Zu Hause, in der Schule und bei seinen Freunden war er immer dort, wo sich gerade Streit oder eine Schwachstelle auftaten, nahm die Rolle des unparteiischen Beobachters ein und brachte anderen die Standpunkte des Gegenübers nahe. Er wurde, ohne es zu bemerken, zu einem Aufpasser, der sich nie so weit von seiner Familie entfernte, dass er aus den Augen verlor, ob wieder Trennungsgefahr im Anzug war. Diese Haltung hatte Auswirkungen auf sein eigenes Leben. Es war schwer für ihn, sich herauszuwagen und für die eigenen Bedürfnisse einzustehen. Er war jedermanns bester Freund, immer mit Rat und Tat zur Stelle, ein aufmerksamer Zuhörer. Das war er auch bei den Mädchen. Alle schätzten ihn, aber die, für die er sich interessierte, waren immer schon vergeben oder konnten sich nicht für ihn entscheiden. Seine Lernaufgabe bestand darin, sich selbst und nicht andere in den Mittelpunkt zu stellen sowie zupacken und sich durchzusetzen zu können. Nur so konnte er anderen Menschen so ins Bewusstsein dringen, dass sie für ihn und nicht nur für seine angenehme Art Interesse aufbringen würden.

Stefans Geschichte dreht sich um eine individuelle Ausprägung des Wurzelmotivs, die Welt zu retten. Talent und Schmerz kommen hier zusammen: Die lang trainierte Gabe zuzuhören, zu vermitteln und ein guter Ratgeber zu sein, die Stefan spannende berufliche Möglichkeiten eröffnete, und die Angst, den eigenen Weg zu gehen und dann am Unglück der Mutter Schuld zu sein, die fürchtete, von seinem Vater verlassen zu werden. Der rote Faden dieses inneren Drehbuchs war das Bedürfnis, alles richtig zu machen und nichts zu tun, was einen Menschen in der Welt unglücklich machen könnte, auch wenn das auf Kosten des eigenen Lebensglücks ging.

Eine andere Variation des Rettermotivs lebte Armin, dessen Vater ständig andere Frauen hatte. Seine Mutter verteufelte die Sexualität. Sie sah sich als Opfer der männlichen Gier. Später geriet Armin fast ausnahmslos an Frauen, die entweder sexuell belästigt worden waren oder unter großen sexuellen Problemen litten. Immer wieder sah er es als seine Aufgabe, diese Frauen zu »retten«. In seinem (unbewussten) Lebensdrehbuch wurde dies ein wichtiger Teil des Ablaufs, den er durch verschiedene Akte hindurch aufführte. Erstaunlich war, dass die zu rettenden Frauen sich letztlich als sehr viel stärker erwiesen als gedacht, was Armin eine Reihe Beziehungsdramen bescherte.

Ein weiterer Handlungsstrang, der sich in seinem beruflichen Leben auswirkte, war die Beziehung zu seinem Vater, den er als macht- und gewaltvoll erlebt hatte. Da er selbst ein hochintelligentes Kind war, wurde Intelligenz für ihn zu einer Lösung. Sein Vater war ihm physisch überlegen und konnte ihn schlagen, aber Armin war intelligenter und lernte, ihn auszutricksen. Wie David kämpfte er gegen Goliath und war erfolgreich damit. Mehr zu wissen, klüger zu sein, wendiger und es mit dem Goliath aufnehmen zu können, wurde zu einem weiteren Wurzelmotiv.

Armin wurde erfolgreicher Trainer für Führungskräfte und war als Mediator tätig. Er vermittelte zwischen großen Firmen. Beide Wurzelmotive – die Rettung misshandelter Frauen und der Kampf gegen Goliath – waren jedoch mit so viel Schmerz beladen, dass Günther das Maß verlor. Seine Ehe und weitere Bezie-

hungen endeten unglücklich, und als Goliath suchte er sich immer stärkere Geg-
ner, bis er sich schließlich mit einer Organisation anlegte, der er weder durch die
Rechtsgrundlage, auf der er das tat, noch kräftemäßig gewachsen war. Armin
stürzte ab und verlor alles. Obwohl er das Richtige getan hatte, also das, was seinem Herzen, seinen Wurzelmotiven entsprach, hatte er es auf eine Weise getan,
die ihm Misserfolg einbrachte.

Weitere Wurzelmotive können sein, die Welt dazu zu bewegen, eine bessere
Richtung einzuschlagen, sich durch Leistung der Welt zu beweisen, eine Da-
seinsberechtigung zu erlangen, gesellschaftliche Anerkennung zu bekommen,
einen Traum von Liebe und Zusammengehörigkeit zu realisieren, nützlich zu
sein, sich für eine größere Sache opfern zu wollen, den Tod zu verstehen und
andere mehr.

Die zarte, weiche Stelle

In uns Menschen lebt eine große Liebe. Vielleicht ist es richtiger zu sagen, wir sind Liebe. Auch diejenigen, die ein wütendes, bru-
tales oder hasserfülltes Leben führen, tragen
in ihrem Kern Liebe. Wir wollen Harmonie,
Gutes und Liebevolles in die Welt bringen,
jeder von uns. Doch etwas entwickelt sich in
jedem Leben so, dass der heile, liebende Kern
von Schichten der Verletzung und Identi-
täten umgeben ist, die nicht unsere eigenen
sind. Fremde Stimmen haben sich in uns breitgemacht, die uns sagen, was wir
zu tun und zu lassen und wie wir zu sein haben. Wir alle haben solche Stimmen in uns, die uns nicht sein lassen wollen, wie wir sind, und die uns nicht
herausfinden lassen wollen, wer wir sind. Stimmen, die uns dazu bringen, uns
selbst zu bestrafen. Diese Schichten sind es, die uns antreiben, uns nicht in
Ruhe lassen – und uns motivieren, das zu tun, was unsere Berufung ist.

*Wie die Spreu vom Weizen getrennt werden muss, so müssen Sie Ihre Berufung
von dem Schmerz befreien, der sie verzerrt. Nur so können Ihre Handlungen die
Schönheit und Klarheit ausdrücken, die in Ihrem Kern angelegt sind.*

Einer der großen Irrtümer besteht darin, zu glauben, wir bräuchten uns nur auf den heilen Kern zu beziehen und alles würde gut. Schauen Sie sich in der Welt um. Die Schichten der Verletzung können sehr schlimme, grausame Dinge hervorbringen. Wir alle haben Dinge getan, von denen wir wünschten, sie wären nie geschehen. Wenn diese Schichten nicht so machtvoll wären, ließen sich die Probleme der Welt leicht lösen. Der heile Kern offenbart sich nicht so einfach. Es genügt nicht, an die Liebe im Menschen zu glauben. Wir alle müssen uns ihr langsam, liebevoll, geduldig nähern, bei uns selbst und anderen. Wenn Ihre Haut verletzt ist, heilt sie Schicht um Schicht. Damit sie heilen kann, müssen Sie wissen, wo sich die Wunde befindet und wie sie beschaffen ist, um gut mit ihr umgehen zu können. Falsche Berührungen und ungünstige Bewegungen können sie wieder aufreißen und zum Bluten bringen. Die Heilung braucht Zeit. Aber irgendwann ist es so weit – und sie ist vollendet. Wenn Sie Ihre Wunde kennen, kennen Sie auch Ihr Wurzelmotiv. Das ist der Beginn eines neuen Lebens.

Der buddhistische Meister Chögyam Trungpa sprach von der »zarten, weichen Stelle«, die in jedem Menschen ist. Lassen Sie diesen Gedanken auf sich wirken. Achten Sie auf die Gegenwart der zarten weichen Stelle in Ihnen und in anderen Menschen. Beziehen Sie sich immer wieder auf sie und denken Sie auch daran, dass eine Rose nicht nur eine Blüte, sondern auch Dornen hat. In der Welt, so wie sie beschaffen ist, brauchen Sie beides: das Wissen um die zarte, weiche Stelle und die Fähigkeit, mit den Schichten von Verletzung, die darum herumliegen, richtig umzugehen und sich gegebenenfalls verteidigen zu können.

Entdecken Sie Ihr Lebensdrehbuch

»Wir hören von einer besondern Einrichtung bei der englischen Marine. Sämtliche Tauwerke der königlichen Flotte, vom stärksten bis zum schwächsten, sind dergestalt gesponnen, dass ein roter Faden durch das Ganze durchgeht, den man nicht herauswinden kann, ohne alles aufzulösen, und woran auch die kleinsten Stücke kenntlich sind, dass sie der Krone gehören. Ebenso zieht sich durch Ottiliens Tagebuch ein Faden der Neigung und Anhänglichkeit, der alles verbindet und das Ganze bezeichnet.«
Johann Wolfgang von Goethe

Der rote Faden gilt heute als ein geflügeltes Wort. Er beschreibt das Leitmotiv, das in einer Geschichte wie ein Faden immer weiter fortgesponnen wird. Der große Dichter und Denker Johann Wolfgang von Goethe führte dieses Bild in seinem Roman *Wahlverwandtschaften* ein. In der griechischen Mythologie schenkte Ariadne, die Tochter des kretischen Königs Minos, dem Helden Theseus einen Faden, mit dessen Hilfe er sich im Labyrinth des Minotaurus zurechtfand. Nachdem Theseus das Ungeheuer in seiner unter der Erde liegenden Wohnstätte getötet hatte, fand er anhand des Fadens seinen Weg hinaus.

Sowohl Goethes Vergleich als auch der Ariadnefaden sind Bilder, die uns etwas Wichtiges über die menschliche Seele sagen. Es gibt ein zentrales Motiv, einen roten Faden, der »durch das Ganze durchgeht, den man nicht herauswinden kann, ohne alles aufzulösen«. Wenn der Faden aufgelöst ist, verschwindet die Geschichte. Innere Freiheit beginnt damit, zu erkennen, dass es einen roten Faden gibt, und ihn anzunehmen. Auch wenn wir im spirituellen Sinne danach streben sollen, unsere Geschichte aufzulösen, um wirklich im Hier und Jetzt zu leben, hat unsere Geschichte, aus der wir die konkrete Form unserer Lebensaufgabe herausdestillieren, ihren Wert. Zuerst erkennen und leben wir unsere Geschichte. Wenn wir das wahrhaft gut tun, leben wir die uns in diesem Leben gestellten Aufgaben und können somit die Geschichte schließlich langsam auflösen. Wenn wir den roten Faden soweit zurückverfolgen, wie es uns möglich ist, bis an einen Punkt, an dem er sich im Dunkel der Generationen vor uns verliert, kann es gelingen, ihn neu zu verweben. Ein neues, erfüllenderes Drehbuch kann so entstehen.

Suchen Sie den roten Faden, der sich durch Ihr Leben zieht. Sie können überall damit beginnen: bei dem, was Sie jetzt gerade erleben, bei früheren Erlebnissen, in Ihrer Kindheit, bei Ihren Gedanken und Erwartungen in Bezug auf die Zukunft, bei der Art und Weise, wie Sie zwischenmenschliche Beziehungen erleben, bei einem Buch oder Film, der Sie besonders berührt hat, bei etwas, das man zu Ihnen gesagt hat, bei einem Gefühl, das Sie immer wieder haben. Ebenso können Sie bei Ihrem Körper beginnen: bei Ihren Vorstellungen über den Körper und sinnlichen Genuss, bei Symptomen und Krankheiten, bei körperlichen Bedürfnissen und wie gut diese bisher erfüllt wurden.

Wenn Sie sich einen Bereich ausgesucht haben, in dem Sie einen roten Faden entdecken, machen Sie sich damit vertraut. Was ist es, das Sie an diesem Bereich anzieht? Was für eine Wirkung hat er auf Sie? Macht er Sie unruhig? Neugierig? Bekommen Sie Herzklopfen? Würden Sie am liebsten weglaufen? Kommen Erinnerungen hoch? Denken Sie dabei an einen bestimmten Menschen oder eine Situation, die Sie erlebt haben? Was hat man zu Ihnen gesagt? Was haben Sie gesagt, gedacht und gefühlt? Was war der Anfang, die Mitte und das Ende der Situation?

Notieren Sie sich die Wirkungen, die Sie bei sich festgestellt haben, auf ein Blatt Papier. Wenn es ein Film oder ein Buch war, beschreiben Sie die Handlung, was Sie daran besonders beschäftigt hat, sowie die Wirkungen, die Sie erlebt haben. Lesen Sie Ihre Aufzeichnungen in Ruhe durch. Vielleicht möchten Sie ein oder zwei Nächte lang darüber schlafen und sich dann wieder Ihren Notizen zuwenden. Was fällt Ihnen nun auf? Wann haben Sie die Gefühle, Gedanken und Reaktionen schon einmal erlebt? Notieren Sie ein Ereignis, bei dem Sie ähnlich gefühlt, gedacht und reagiert haben.

Wenn Sie das, was Sie gefunden haben, in einer Geschichte oder in einem Drehbuch verarbeiten würden, wie sähe die Geschichte dann aus? Schreiben Sie die Geschichte auf. Nennen Sie sich beim Namen, anstatt »ich« zu sagen, so, als würden Sie die Geschichte einer anderen Person erzählen.

Gehen Sie so von Ereignis zu Ereignis. Früher oder später werden Sie ein Muster erkennen, bei dem sich Erlebnisse wie bei einer Kette aneinanderreihen. Fragen Sie sich nun: Hätte die Geschichte auch anders verlaufen können? Welche anderen Möglichkeiten hätte es gegeben? Was hätte die Person in Ihrer Geschichte dazu tun können?

Und was können Sie heute tun?

Lebensmythen

»Jeder Mensch
ist eine einzigartige Erzählung,
die sich unaufhörlich, unbewusst …
durch seine Wahrnehmungen,
seine Gefühle, seine Gedanken und
seine Handlungen weiterentwickelt …

Der Mensch braucht eine solche Erzählung,
um seine Identität, sein Selbst zu bewahren.
Wenn wir einen Menschen also
wirklich kennenlernen wollen,
dann fragen wir nach seiner Geschichte.«

Oliver Sacks

Haben Sie ein Lieblingsmärchen? Gibt es einen Film, ein Buch, ein Theaterstück, das Sie sehr berührt hat? Eine Geschichte aus der *Bibel* oder einem Mythologiebuch? Alle Geschichten, die sich Ihnen eingeprägt haben, sprechen Ihre Lebensthemen an. Sie können Sie darin entdecken, wenn Sie nicht in einem Deutungsbuch nachlesen, sondern Ihre eigenen Bedeutungen finden. Wenn Sie an Ihr Märchen zurückdenken, ist es nicht wichtig, wie die Geschichte wirklich ablief. Selbst wenn Sie ihren größten Teil vergessen haben sollten, brauchen Sie nicht nachzulesen. Das, woran Sie sich erinnern, zählt. Vergleichen Sie den Ablauf Ihres Lebens mit dem, was für Sie an der Geschichte wichtig war, und Sie werden Übereinstimmungen feststellen, die Ihnen, wie man so schön sagt, ein Licht aufgehen lassen. Wie das funktioniert, möchte ich Ihnen anhand von einigen Beispielen zeigen.

Sandra arbeitete erfolgreich im Personalmanagement. Sie gönnte sich keine Ruhe und machte viele Überstunden, fühlte sich jedoch oft überfordert und erschöpft. Trieb sie Ehrgeiz? Als Kind wollte sie immer wieder das Märchen Dornröschen hören. Verbarg sich der Wunsch, einfach einmal auszuruhen, dahinter?

Was Sandra bewegte, war der Aspekt des Märchens, dass alle schlafen mussten, weil Dornröschen schlief. Nur wenn Dornröschen wach war, konnten auch alle anderen aufwachen und ihr Leben wieder aufnehmen. Das war der Grund, weshalb sie sich keine Ruhe gönnen konnte. Als sie klein war, schien es ihr, als würden alle einschlafen und bewegungslos verharren, wenn sie nichts tat. Das machte ihr große Angst.

Das Gute daran war, dass Sandra zu einer aktiven, leistungsfähigen und kompetenten Trainerin wurde. Ihre Verletzung führte jedoch dazu, dass sie vorangetrieben wurde, so als würde sie immer ein- und nie ausatmen, bis sie erkannte, was sich hinter ihrem Antrieb verbarg.

Margits Lieblingsmärchen war das Rumpelstilzchen. Die Szene, in der dieses Männlein um das Feuer tanzt und vergnügt vor sich hin singt: »Ach wie gut, dass niemand weiß, dass ich Rumpelstilzchen heiß'!«, beschäftigte sie außerordentlich stark. Das war aber nicht deshalb der Fall, weil das Rumpelstilzchen ein Rebell ist, der anderen ein Schnippchen schlägt (was viele Menschen an dem Märchen fasziniert), sondern weil die Diener der Königin diesen Gesang hören und nun den exakten Namen des Männchens wissen, den die Königin erfahren muss, um ihm nicht ihr Kind geben zu müssen. Margit war in der ehemaligen DDR groß geworden. Alles, was man sagte, konnte gegen einen ausgelegt werden. Am besten sollte niemand wissen, was wirklich in einem vorging. Aber trotz aller Verschwiegenheit machte sie immer wieder die Erfahrung, dass »es ja doch herauskommt«. Als ihr klar wurde, dass das Rumpelstilzchen ja auch ziemlich viel Lärm und ein Riesenfeuer gemacht hatte – wenn auch an einer abgelegenen Stelle –, sodass es sich nicht wundern musste, dass es weithin gesehen und gehört wurde, wurde Margit klar, dass diese Überzeugung in ihrem Leben zu einer sich selbst erfüllenden Prophezeiung geworden war.

Ein Junge, der von seinem Vater viel herumgestoßen und schließlich von einer Künstlerin aufgenommen wurde, die junge Menschen in ihrer Werkstatt beschäftige, liebte das Märchen vom hässlichen Entlein, das zum stolzen Schwan wurde, nachdem man es zunächst nicht erkannt hatte.

Ein Mann – Sie haben ihn als Armin in einer Geschichte bereits kennengelernt –, der sich gegen seinen gewaltvollen Vater durch Klugheit behauptete, nannte sei-

nen Sohn David, weil er ihm den unbewussten Wunsch mitgeben wollte, er möge auch gegen Stärkere immer so erfolgreich sein.

Unsere Lieblingsmärchen und -geschichten werden zu unseren Lebensmythen. Nutzen Sie Geschichten, die Sie faszinieren, um Ihr Drehbuch zu verstehen. Ihr Lieblingsmärchen kann Ihnen Ihr Wurzelmotiv offenbaren – oder einen wichtigen Handlungsstrang. Vergleichen Sie die Gefühle, die Sie bei den entscheidenden Stellen der Geschichte haben, mit Gefühlen, die Sie aus Ihrem Leben kennen. Was Sie finden, wird Sie an einen wunden Punkt bringen – und Sie bereichern.

Achten Sie auf die Botschaften Ihres Körpers

»Man soll dem Leib etwas Gutes bieten,
damit die Seele Lust hat, darin zu wohnen.«
Sir Winston Churchill

Was Sie nicht bewusst wissen, weiß Ihr Körper. Er hat seine ganz eigene Weisheit und ein eigenes Gedächtnis. Ihre Erfahrungen sind in Ihrer Seele und in Ihrem Körper gespeichert. Ihre Mimik, Ihre Augen, Ihre Körperhaltung, Ihr Gang – all das und mehr zeigen Ihren inneren Zustand. Ihr Körper lügt nicht. Sie können sich etwas vormachen, Ihr Körper wird Ihnen jedoch immer einen Spiegel vorhalten, in dem Sie die Wahrheit über Ihren inneren Zustand sehen können. Der Arzt und Theologe Albert Schweitzer sagte einmal: »Mit 20 Jahren hat jeder das Gesicht, das Gott ihm gegeben hat, mit 40 das Gesicht, das ihm das Leben gegeben hat, und mit 60 das Gesicht, das er verdient.«

Ihr Körper hat eine eigene Sprache. Mit Körperreaktionen, Symptomen und Krankheiten teilt er Ihnen das mit, was Ihr Bewusstsein bisher nicht erreicht hat. Sie können diese Sprache verstehen, wenn Sie innehalten, sich auf die Reaktion oder das Symptom einlassen, atmen und nachspüren, welche Qualität es hat. Ist es ein Stechen, wird Ihnen warm? Heiß und kalt? Frieren Sie? Ist es hell oder dunkel? Welche Gefühle löst es aus? Ruft es eine Erinnerung in Ihnen wach? Wo genau reagiert Ihr Körper? An welcher Stelle sitzt das Symptom?

Ist es im Bauch? In der Brust? Im Kopf, den Armen oder Beinen? Werden Sie schwerer oder leichter, wenn Sie sich mit dem Symptom befassen? Nehmen Sie wahr, was in Ihrem Körper vor sich geht, ohne sich mitreißen zu lassen. Danken Sie Ihrem Symptom für seine Anwesenheit und bitten Sie es, Ihnen seine Botschaft so mitzuteilen, dass Sie sie verstehen können. Erwarten Sie keine schnellen Resultate. Geben Sie sich Zeit für die Antwort. Wenn es so einfach wäre, sie zu bekommen und anzuschauen, hätten Sie sie bereits gefunden und Ihr Körper bräuchte sich nicht zu melden.

Marina lebte seit über zehn Jahren mit einem Mann, bei dem sie sich auf der praktischen Ebene gut aufgehoben fühlte. Sie war in unruhigen Verhältnissen aufgewachsen und schätzte seine zuverlässige Art und den stabilen Rhythmus, den ihr Leben durch ihn bekam. Ihr Lebensgefährte war allerdings sehr eifersüchtig und ließ ihr nur wenig Spielraum in dem kleinen Ort, in dem sie lebten, und in dem nicht viel mehr geschah als der tägliche, gemeinsame Weg zu seiner Praxis und zurück.

Seit Jahren litt Marina unter Magenschmerzen. Sie hatte viele Behandlungen über sich ergehen lassen und war sogar operiert worden, alles ohne eine dauerhafte Besserung. Die Ärzte waren ratlos. Eines Tages machte sie eine Aufstellung, bei der sie sich nacheinander drei Orte in einem Raum aussuchen sollte, ohne zu wissen, was die Orte bedeuteten. Die Orte waren jedoch vorher mit einer bestimmten Bedeutung versehen worden. Marina wählte einfach intuitiv einen Platz und erzählte, was ihr in den Sinn kam. Nachdem sie bereits an zwei Orten gestanden und ihre Empfindungen und Gefühle geschildert hatte, sollte sie sich noch einen dritten Ort aussuchen. Dieser Ort war als Ort ihres Symptoms definiert. Marina suchte sich die schönste Stelle im Raum aus, unter einer großen Palme hinter einem Sessel, und wurde ganz vergnügt. Sie erzählte von Dingen, die sie gern im Leben tun würde, was ihr gefiel und was sie sich schon immer gewünscht hatte. Ihre Körperhaltung veränderte sich und ihre Augen begannen zu blitzen. Die Magenschmerzen waren vollständig verschwunden.

Als wir am Ende der Aufstellung besprachen, was die einzelnen Orte bedeuteten, war sie verständlicherweise sehr verblüfft. Ihr Magen fühlte sich nach wie vor gut an und ihr wurde klar, dass sie wegen ihrer starken Existenzängste ihre eigentlichen Wünsche unterdrückte und ein Leben lebte, das ihr aus einer Vielzahl von Gründen Magenschmerzen bereitete. Ob Marina ein neues Leben begonnen hat, weiß ich nicht. Aber die Einsicht, die sie an jenem Tag gewann, war eine große Chance hierfür.

Wenn Sie ein intensiveres Körperbewusstsein entwickeln, bekommen Sie viele wertvolle Signale. Zunächst können Sie diese allerdings auch überhören. Manche Signale melden sich über lange Zeit nur ab und zu. Sie stören Ihr Wohlbefinden wie lästige Fliegen, die kommen und gehen. Andere Signale werden immer stärker, bis Sie sie beachten müssen. Herzklopfen, Bluthochdruck oder Blutdruckabfall, Hautprobleme, Juckreiz, Schmerzen aller Art, Störungen im Verdauungstrakt, Kopfschmerzen, Nervosität, ein spezielles Gefühl, das immer wieder an einer Körperstelle auftaucht – Sie müssen nicht schwer krank werden, um die Sprache Ihres Körpers ernst zu nehmen.

Kontrolle

»Vertrauen ist gut, Kontrolle ist besser.«
W. I. Lenin

Wir leben in einer Zeit des Körperkults und trotzdem ist unsere Kultur ausgesprochen kopflastig. Intellektuelles wird höher bewertet als Körperliches. Der diesbezügliche Ursprungsgedanke war, dass sich der Mensch über die animalische Ebene, die ihn mit dem Tierreich verbindet, erheben und zu Höherem entwickeln wollte. Der aufrechte Gang ist ein Symbol dafür. Vom auf der Erde auf allen Vieren krabbelnden Baby richten wir uns auf, dem Himmel und dem Höheren entgegen. Kulturen, die sich dennoch ein intensives Körperbewusstsein erhalten haben, wie es in Asien teilweise noch heute der Fall ist, bleiben der Erde und ihren Gefühlen verbunden. Die meisten Asiaten können lebenslang bequem auf dem Fußboden sitzen, während Menschen aus dem westlichen Kulturkreis häufig »Stuhl verbildet« sind. »Sich erden« ist zu einem wichtigen Entwicklungsprinzip und geradezu zu einem Modewort geworden. Würden wir uns als das empfinden, was wir von Natur aus sind, eine Leib-Seele-Ganzheit, würde uns diese Frage nicht bewegen. Auch der ständige Dialog, das Geplapper in unseren Köpfen, zeigt, wie kopflastig wir sind.

Körperkult und Körperkontrolle gehören zusammen. Kontrolle ist in unserer Kultur ausgesprochen wichtig. Wir üben sie über den Kopf und über Vorstellungen aus, denen wir den Körper unterordnen. Als Folge dieser Entwicklung wird es immer schwieriger, einmal loszulassen und/oder sich »gehen zu lassen«. Nehmen wir beide Worte zusammen, haben sie die Bedeutung »Ich lasse zu, dass ich gehe.«

Sich auf gute Weise gehen zu lassen hat mit Hingabe zu tun. Wer sich nicht auf gute Weise gehen lassen kann, kann sich auch nicht wirklich hingeben. Immer stärkere sinnliche Eindrücke werden gebraucht, um die Kontrolle zu brechen. Das lässt sich in jedem Bereich beobachten, bei dem es um Entspannung und um Vergnügen geht: bei Kinofilmen, Sexualität, Essen, Urlaubszielen … Obwohl sicher nichts dagegen spricht, Erfahrungen auszuweiten, können wir, wenn wir wirklich in der Lage sind, loszulassen und uns hinzugeben, auch aus von außen betrachtet ganz unspektakulären Erlebnissen intensivste Erfahrungen ziehen. Ich erinnere mich an den Tag, an dem ich nach einem Klinikaufenthalt von nur einer Woche nach Hause kam. In der Klinik war alles in weiß gehalten, es gab keine anderen Farben, keine Bilder, die diese Sterilität aufgelockert hätten. Zu Hause angekommen nahm ich die Farben ganz anders wahr, bunter, kräftiger, lebendiger. Gewöhnung ist ein Prozess, der im Kopf entsteht: Wir legen Bekanntes unter der Rubrik »bekannt, also nicht mehr so interessant«, ab. Ist etwas bekannt, gibt es nichts zu tun oder zu beachten, keine Gefahr, kein Risiko. Wir gehen zum »Dienst nach Vorschrift« über.

Die meisten Menschen glauben, Sie verfügten über die Kontrolle in Bezug auf ihren Körper. Tatsächlich ist das aber nicht der Fall, zumindest nicht so, wie wir glauben. Wir mögen Körperbeherrschung beim Bewegen, Gehen, Tanzen, Essen haben. Yogis und Meister zeigen uns, dass es möglich ist, den Körper sogar auf ganz erstaunliche Weise zu beherrschen, Leistungssportler ebenfalls. Die eigentliche – positive – Beherrschung des Körpers kommt immer aus der Seele. Aus diesem Grund absolvieren viele Sportler ein Mentaltraining, bei dem es nicht nur um das Denken geht. Die Vorstellung von erfolgreichem Handeln in einer Wettbewerbssituation wird geformt und gleichzeitig ereignet sich etwas im Gefühl, eine Gewissheit und Sicherheit, ein Vertrautsein und eine Offenheit für das, was kommen wird. Ein auf positive Weise machtvolles inneres Bild wird so geboren.

Was aber, wenn die Psyche ganz andere Dinge will als unser Verstand? Wer übt dann die Kontrolle aus? Wer steuert dann unser Verhalten, Handeln und unsere Reaktionen?

Dass wir weder unseren Körper noch unsere Psyche auf die Art beherrschen, wie wir vielleicht meinen, zeigt eine ganz einfache Aussage, die jeder Mensch, wenn er ehrlich ist, an irgendeiner Stelle seines Lebens bereits erfahren hat:

*Ich will, aber **es** geht nicht.*

Die umgekehrte Variante kommt ebenso häufig vor:

*Ich will nicht, aber **es** geht.*

Ich will – aber *es* geht nicht

Denken Sie in Ruhe über Ihr Leben nach. Gab es Situationen, in denen Sie etwas tun wollten, es aber nicht fertigbrachten? Welche Situationen waren das? Wollten Sie sich zum Beispiel von Ihrer Partnerin oder Ihrem Partner trennen, kündigen, eine Gewohnheit ändern, etwas aussprechen, das Sie verschwiegen hatten, Ihrem Zorn Luft machen, ein neues Leben beginnen, auswandern oder umziehen … und *es* ging nicht?

In einigen dieser Situationen hat vielleicht einfach Ihre Vernunft gesiegt. Gab es andere, in denen Sie zwar eventuell auch rationale Erklärungen finden konnten, innerhalb derer es aber etwas Tieferes gab, das Sie zurückhielt, das Sie nicht genau beschreiben konnten? Ein Empfinden, an eine innere Schranke zu stoßen? Es mag sein, dass sich diese Schranke später als hilfreich herausstellte, ein Instinkt, der Sie von falschen Entscheidungen abhielt. Gab es vielleicht auch Situationen, in denen Sie definitiv vorangehen wollten und *es* beim besten Willen nicht ging?

Ein bekannter Hypnotherapeut erzählte einmal, dass *es* einfach nicht ging, als er seinen Chef an der Klinik um eine Gehaltserhöhung bitten wollte. Sein Chef hatte die Angewohnheit, mit einem gereizt-bellenden »Was wollen Sie?« zu reagieren, wenn er wusste, dass man eine unliebsame Bitte oder Frage an ihn richten würde.

Der Therapeut machte sich auf den Weg zum Büro seines Chefs, klopfte an, das Bellen ertönte.

Prompt sackte er in sich zusammen, murmelte etwas und ging wieder weg.

Der nächste Versuch ging auch schief.

Ein weiterer Versuch ebenfalls.

Daraufhin beschloss er, seinen Körper zuhilfe zu nehmen. Er stellte sich die Situation vor, formulierte sein Anliegen, und jedes Mal, wenn in seiner Vorstellung die Tür aufging und das Bellen ertönen würde, ahmte er zuerst nach, wie seine Wirbelsäule einknickte und er zu schrumpfen begann, um sich dann ganz bewusst zu seiner vollen Größe aufzurichten. Das tat er eine ganze Weile lang, bis er sich sicher fühlte.

Dann begab er sich auf den Weg zu seinem Chef.

Den ganzen Gang entlang übte er »zusammensacken – aufrichten«. Es klappte prima. Dann klopfte er an die Tür.

Der Chef bellte: »Herein! Was wollen Sie?«

Und – o je, er sackte zusammen! Aber eine Sekunde später begann sich sein Körper wie von selbst aufzurichten zu seiner vollen Größe. Er trug sein Anliegen vor und bekam die Gehaltserhöhung.

Was stand dahinter? Für diesen Mann waren das Verhalten und der Tonfall seines Chefs mit schmerzvollen und Angst auslösenden frühen Erinnerungen verknüpft, die reaktiviert wurden. Er regredierte in den Zustand von damals, so wie wir es alle an irgendeiner Stelle und zu irgendeinem Zeitpunkt tun. Dieser Schritt zurück in eine jüngere Version seiner selbst hatte zwei Vorteile: Er hatte die Chance bzw. war gezwungen, sich anzusehen, dass es an dieser Stelle noch etwas Ungelöstes gab, das ihn daran hinderte, sich – wörtlich und im übertragenen Sinn – zu seiner vollen Größe aufzurichten. Und er konnte an dieser alten Erfahrung in seinem aktuellen Leben arbeiten und nun vorangehen. Weitere Situationen dieser Art würden ihn nicht mehr so betreffen, und wenn doch, gab es eine Lösungsstrategie, die bereits funktioniert hatte.

Der Hypnotherapeut Stephen Gilligan beschrieb einmal den Fall eines Mannes, der unter großen Prüfungsängsten litt. Gilligan bat den Mann, in den Raum zu treten, als wäre dieser ein Prüfungsraum, wobei er beobachtete, wie der Mann beim Eintreten plötzlich seinen Gang und die gesamte Haltung veränderte. Gilligan ließ ihn den Vorgang wiederholen, schlüpfte jedoch diesmal hinter die Tür und umfasste den Mann, als er sein Muster zeigte, und zwang ihn in eine neue Position. Dieser Eingriff wirkte wie eine Schocktherapie. Sie unterbrach das laufende Muster und setzte etwas Neues in Gang. Achten Sie in Situationen, die Sie als schwierig empfinden, auf Ihren Körper und verändern Sie seine Position, Bewegungsweise und Haltung. Auf ganz einfache Weise können Sie diesen Effekt alltäglich erleben: Gehen Sie mit hängenden Schultern einen Weg entlang und richten Sie sich dann auf. Sie werden einen deutlichen Unterschied in Ihrer inneren Verfassung fühlen.

Unser inneres Kind oder, anders ausgedrückt, der Persönlichkeitsanteil in uns, der in einer Zeit geblieben ist, in der wir drei, fünf oder zehn Jahre alt waren oder jedes andere Kinderalter hatten, weiß noch nicht, dass wir als Erwachsene inzwischen mehr Fähigkeiten, Wissen und Stärke ausgebildet haben, und vor allem, dass uns ganz andere Möglichkeiten zur Verfügung stehen als damals. Dieser Teil glaubt, die Welt sei noch genauso wie damals, als wir von der Zuwendung und Ernährung unserer Bezugspersonen abhängig waren. Er sieht die Welt kleiner, als sie für uns heute ist und fürchtet Dinge, die wir jetzt nicht mehr fürchten müssen. Je jünger dieser Teil in uns ist und je weiter zurück die prägenden Erfahrungen liegen, desto mehr Hilflosigkeit wird empfunden. Es kann sogar ein Persönlichkeitsanteil sein, in dem Erfahrungen aus der Zeit im Mutterleib und des Geburtsprozesses verankert sind.

Ich will nicht – aber *es* geht

Manche unserer Sehnsüchte, Wünsche und Antriebe sind ausgesprochen mächtig. Das gilt vor allem dann, wenn wir sie – lange vielleicht – unterdrückt haben. Aus diesem Grund werden manche Menschen zu Workaholics, Sie lenken sich durch permanenten Arbeitsstress ab – von ihrer unglücklichen Ehe, von beruflichen oder anderen Konsequenzen, die gezogen werden müssten. Der Schauspieler Telly Savalas kommentierte das so: »Die modernen Sklaven werden nicht mit der Peitsche, sondern mit Terminkalendern angetrieben.«

Wer aber treibt wirklich an? Der Terminkalender wird sich nicht von selbst füllen, auch wenn es so aussehen mag. Die Zauberhand, die ihn füllt, ist entweder echtes inneres Engagement – oder Flucht.

Unerfüllte Sehnsüchte, die wir unterdrücken, um wie bisher weitermachen zu können, sind mächtige Antriebe im Inneren, die auf ihre Chance warten. Wenn der richtige Auslöser auftaucht – eine Person, eine Situation oder Chance, die Erfüllung verheißt –, kann es sein, dass es kein Halten mehr gibt. »Ich wollte nicht, ich wusste, dass es falsch war. Aber ich konnte nicht aufhören«, sagte beispielsweise ein Mann, der seine Frau betrog. Das Paar hatte lange Zeit kaum Sex gehabt.

Besteht der innere Antrieb in der Suche nach einer Vaterfigur, kann eine Frau von einem entsprechenden Mann so fasziniert sein, dass sie so lange nicht von ihm loskommt, bis dieser Antrieb geklärt ist. Vorher kann im Übrigen auch nicht geklärt werden, ob diese Beziehung wirklich eine echte Beziehung ist, denn mindestens die Frau kann ihren Partner nicht klar sehen.

Übertragen Sie dieses Prinzip auf jede beliebige Situation Ihres Lebens. Seien Sie ehrlich mit sich. Ihr Körper ist ein wertvoller Wegweiser dorthin, wo sie suchen müssen, um das aufzulösen, was »einfach geht« oder beim besten Willen »nicht gehen will«.

Der verdeckte Gewinn

Wenn Sie sich nicht trennen, obwohl alles dafür spricht, wenn Sie sich aufopfern, obwohl Sie wissen, dass Sie sich schaden, wenn Sie eine Situation ertragen, obwohl diese nicht erträglich für Sie ist, gibt es immer etwas, das Ihnen noch wichtiger ist, als die Situation

zu ändern. Sie erfüllen sich ein noch wesentlicheres Bedürfnis. Vielleicht haben Sie Angst vor dem Alleinsein, leiden unter Existenzängsten oder glauben, Sie würden es allein nicht schaffen, deshalb bleiben Sie. Falls Sie dazu neigen, sich aufzuopfern, ist das möglicherweise Ihr Weg, Anerkennung zu bekommen, ein guter Mensch zu sein oder andere an sich zu binden.

Bei allem, was Menschen tun, gibt es immer einen Gewinn. Das ist auch dann so, wenn sich ein Mensch gegen seine Interessen zu verhalten scheint oder sogar ein selbstschädigendes Verhalten an den Tag legt. Der Gewinn kann zum Beispiel darin liegen, dass etwas vermieden wird, wovor man noch größere Angst hat, als vor dem, was jetzt ist. Ein trauriges Beispiel sind Frauen, die in einem Frauenhaus Zuflucht gefunden haben und dann doch wieder zu dem Mann zurückgehen, der sie misshandelt hat. Sie können sich nicht vorstellen, dass es ein anderes Leben für sie gibt, deshalb flüchten sie in das alte, unerträgliche zurück. Aufopferung, sich klein machen, sich aufgeben, auf wichtige Dinge verzichten, Krankheit, all das sind Verhaltensweisen, bei denen ein Mensch vordergründig etwas verliert, bei genauer Betrachtung aber auch etwas gewinnt, von dem er glaubt, er würde es nur so bekommen. Krank oder depressiv zu sein kann davor bewahren, verlassen zu werden: Sich unterordnen bewahrt vor Verantwortung; ein Workaholic zu sein davor, sich Gefühlen stellen zu müssen.

Als ich einmal in einem Supermarkt mit Begeisterung ein neues Gericht für meine Katzen kaufte, meinte ein Freund, der mich begleitete: »Da hast du dir selbst die größte Freude gemacht.« Ich war erst einmal verblüfft, denn ich wollte doch das Beste für meine Katzen. Dann wurde mir klar, dass er recht hatte. Meine Katzen profitierten davon, dass es mir Spaß machte, leckeres Futter zu kaufen und mir vorzustellen, wie es ihnen schmecken würde. So hatten wir alle etwas davon, eben auch ich.

> Seien Sie aufrichtig mit sich selbst. Was haben Sie davon, wenn Sie das tun, was Sie tun, auch wenn Sie Stein und Bein schwören, dass Sie es lieber anders hätten? Sehen Sie sich auch Ihre alltäglichen Handlungen an, wie den Katzenfutterkauf in meinem Fall. Sie werden feststellen, dass Sie viel besser für sich sorgen, als Sie vermutlich annehmen. Sollte der Preis für das, was Sie gewinnen, zu hoch sein, weil Sie sich wirklich schaden, können Sie so herausfinden, was Sie mit Ihrem Verhalten wirklich erreichen wollen und einen besseren Weg finden.

Erstellen Sie eine Bestandsaufnahme

Die folgenden Fragen sind Kernfragen, die Sie mehr als einmal beantworten sollten. Sie können ein eigenes Notizbuch dafür anlegen und Ihre Eintragungen von Zeit zu Zeit lesen, ergänzen sowie eventuell neue Fragen und Antworten hinzufügen. Auf diese Weise erhalten Sie ein Lebensbuch. Es wird Ihnen das Drehbuch Ihres Lebens deutlich machen und Ihnen zeigen, welche Alternativen Ihnen zur Verfügung stehen.

• Wie habe ich bisher gelebt? Woran erinnere ich mich?
• Was hat sich wiederholt? Was ist charakteristisch für mein Leben?
• Welche Überschrift fasst die Wiederholungen zusammen, die ich als problematisch empfinde? Wie lautet sie für die glücklichen Ereignisse?
• Wie würde die Überschrift lauten, wenn ich das Problem gelöst hätte?
• Was habe ich gelöst?
• Wie habe ich es gelöst?
• Was ist nun stattdessen da? Was hat sich durch die Lösung verändert?
• Was ist noch immer da, das ich verändern möchte?
• Was habe ich bisher getan, um diese Situation zu verändern und das Problem zu lösen?
• Wie erfolgreich war ich bisher damit?
• Gibt es eine Person, ein Projekt, eine Geschichte, einen Film, die/das/der das repräsentiert, was ich mir wünsche?

- Welche Eigenschaften haben diese Person oder das Projekt? Worum geht es in der Geschichte?
- Gibt es einen Traum, den ich schon früh geträumt habe? Was ist daraus geworden? Wo will ich hin?
- Wie sieht mein Leben aus, wenn ich dieses Ziel erreicht habe?
- Wie wichtig ist mir dieser Wunsch im Vergleich zu anderen Wünschen? Was tue ich konkret dafür, dass er wahr werden kann?
- Was muss ich tun und wie muss ich sein, um in meinen Augen erfolgreich zu sein?
- Tut mir das gut, so zu sein?
- Gibt es andere Möglichkeiten, mich als erfolgreich zu erleben, mit denen ich mich wohler fühlen würde?
- Wenn ja: Was brauche ich, um meine Vorstellungen über Erfolg in diese Richtung zu verändern?
- Was haben meine Vorstellungen und Werte bisher generell in meinem Leben bewirkt?
- Wie würde sich mein Leben verändern, wenn ich eine oder mehrere dieser Vorstellungen und Werte verändere?
- Welche Fähigkeiten habe ich, die mich starkmachen?
- Welche Fähigkeiten habe ich, die ich noch mehr einsetzen kann?

Lesen Sie diese Liste von Zeit zu Zeit durch und ergänzen Sie sie, gegebenenfalls auch durch das Eintragen weiterer Fragen. Erzählen Sie die Geschichte des Menschen, der Ihnen aus den Antworten entgegen kommt, und schreiben Sie sie auf. Bieten Sie diesem Menschen Alternativen an, indem Sie die Geschichte an den entsprechenden Stellen umschreiben.

Zweiter Schritt: Entdecken Sie, was andere Menschen motiviert

»Menschen sind wie Musikinstrumente;
ihre Resonanz hängt davon ab, wer sie wie berührt.«
C. C. Vigil

Andere Menschen sind Ihnen viel ähnlicher, als Sie vermutlich glauben. Trotz aller Unterschiede und individuellen Charakterzüge suchen alle Menschen einige wenige Dinge: Liebe, Zuwendung, Anerkennung, Zugehörigkeit, Sicherheit, Geborgenheit – zusammengefasst kann man sagen, sie suchen körperliche und seelische Nahrung – und sie wollen etwas geben. Die äußeren Formen, in die jeder Einzelne seine Suche kleidet, sind sehr unterschiedlich, aber die Sehnsucht des Herzens ist identisch. Die Form wird von familiären, kulturellen und gesellschaftlichen Prägungen mitbestimmt, die Quelle nicht.

Alles, was uns Menschen bewegt, kann unter dem Gegensatzpaar Liebe und Hass zusammengefasst werden, wie es *Ein Kurs in Wundern* tut. Sämtliche Gefühle der Zuneigung, der Sehnsucht nach Anerkennung und Angenommensein, nach Geborgenheit und Wärme gehören unter den Oberbegriff der Liebe, und alles, was Angst, Verlorensein, Angriff, Zwang auslöst, unter den Begriff des Hasses. Eine aufschlussreiche Übung für den Alltag ist, die täglichen Ereignisse unter diesem Gesichtspunkt zu betrachten. Gehört ein bestimmter Satz, den Sie gesagt oder gehört haben, in die Rubrik »Liebe« oder in die Rubrik »Hass«? Etwas, das gerade vorgefallen ist? Kam es zu einer Verschiebung vom einen zum anderen Pol? Von welchem Pol aus wollen Sie handeln? Bedenken Sie dabei, dass zum Beispiel auf gute Weise Grenzen setzen ein Akt der Liebe ist, ebenso wie sich selbst genug zu lieben, um sich an bestimmten Stellen auch gegen andere durchzusetzen. Besitzergreifende Liebe kann dagegen ein Angriff sein und zählt zu »Hass«.

Eine andere Form, diese beiden Grundkräfte des Lebens zu ordnen, ist, sie unter der Perspektive von Verbindung und Trennung zu sehen. Lebewesen haben ein elementares Bedürfnis danach, miteinander verbunden zu sein, auch dann, wenn sie allein sind. Verbunden können Sie auch mit der Natur und mit Gott sein, nicht nur mit Menschen und Tieren. Geboren zu werden ist die Aufforderung, den eigenen Weg anzutreten, der oft als »Heldenreise« bezeichnet wird. Wir müssen uns also – zunächst – trennen, um ein eigenständiger Mensch zu werden; trennen vom Zuhause, vielleicht von Vorstellungen und Werten, die uns mitgegeben wurden, von Normen und Konventionen, und herausfinden, wer wir sind.

Trennung verursacht Angst. Betrachten Sie die nebenstehende Abbildung. Alle sind hier fest miteinander verbunden und geben sich Sicherheit. Allerdings ist auch keine Bewegungsfreiheit gegeben, es sei denn, alle zusammen bewegen sich. Stellen Sie sich eine Wagenburg bei einem Indianerangriff in den Zeiten des Wilden Westens vor. Wenn ein Wagen ausschert, ist das Bollwerk durchbrochen und die restlichen Wagen müssen die Lücke schließen, um die Sicherheit des Ganzen wiederherstellen zu können. Der Wagen, der sich entfernt hat, ist nun ausgeschlossen und auf sich allein gestellt.

Trennung ist notwendig, um den eigenen Weg zu finden und zu gehen, aber die Konsequenzen sind für viele Menschen beängstigend, weshalb sie lieber bei ihrer Wagenburg bleiben. »Willst du das Leben leicht haben, bleibe immer bei der Herde«, sagte Friedrich Nietzsche, aber er übersah dabei wohl, dass manche Herde beachtliche Opfer verlangt, vor allem, was die persönliche Entscheidungsfreiheit angeht.

Der Konflikt zwischen Verbindung und Trennung ebenso wie der zwischen Liebe und Hass ist ein menschliches Dilemma, das sich am besten mit dem Bild der Rose lösen lässt, die über Blüten und Dornen verfügt. Sie blüht und sie kann sich verteidigen, alles zu seiner Zeit und im rechten Maß. Genau genommen sind es keine Dornen, die am Stil festgewachsen sind, sondern Stacheln, die abbrechen, wenn sie falsch verwendet werden, was als Sinnbild für falsch eingesetzte Durchsetzungskraft verstanden werden kann.

Die Ähnlichkeit zwischen Ihnen und anderen Menschen wird immer dann deutlich, wenn Sie tiefer in das Wesen einer Person einzudringen versuchen. Sehen Sie mehr in anderen, als diese Ihnen zeigen, nicht nur in Hinblick auf ihr Potenzial, sondern auch in Bezug auf das, was in ihrer Seele vorgeht. Gehen Sie davon aus, dass sich auch das Leben anderer Menschen um die Gegenpole von Liebe und Hass, Verbindung und Trennung dreht.

Was Menschen zueinander treibt

»Mit den Kräften der Liebe suchen die Fragmente der Welt einander, auf dass die Welt sich vollende.«
Pierre Teilhard de Chardin

Wir alle werden auf geheimnisvolle Weise von Menschen, Situationen und Dingen angezogen. Manche Anziehung entsteht aus einer Ablehnung heraus, denn auch Abneigung erzeugt Bindung. Alles, was Gefühle in uns hervorruft,

146

erzeugt eine mehr oder weniger starke Faszination, und sei es die der Ablehnung. Je stärker Sie jemanden oder etwas ablehnen, desto stärker sind auch Ihre Faszination und Ihre Bindung.

Wenn wir mit anderen Menschen zusammenkommen, und sie berühren uns auf eine Weise, die in der Folge dazu führt, dass wir eine Liebesbeziehung oder eine Freundschaft eingehen, ist immer mehr im Spiel als Verliebtheit oder freundschaftliche Gefühle. Beziehungen, gleich welcher Art, sind der Bereich, in dem wir das größte Wachstum entfalten können. Das gilt auch für Menschen am Arbeitsplatz oder zufällige Begegnungen. Jeder zwischenmenschliche Kontakt kann genau den Punkt treffen, an dem wir am verletzlichsten sind und am meisten wünschen, geheilt zu werden. Da wir nicht gewohnt sind, die Arbeitswelt unter diesem Gesichtspunkt zu betrachten, ordnen wir Konflikte mit Vorgesetzten oder Kollegen oft als etwas ein, was sich einfach durch einen Wechsel des Arbeitsumfeldes lösen ließe, anstatt die Chance zu erkennen, die sich uns auch hier bietet.

Vor allem in Liebesbeziehungen werden unsere tiefsten Gefühle und ungelösten Themen angesprochen. Die Intensität, mit der das geschieht, ist von der Länge der Beziehung unabhängig. Wir glauben, es wäre Liebe, die uns zueinander treibt – und das ist sicher richtig. Die Frage ist, warum gerade ein bestimmter Mensch Liebe in uns hervorruft. Eine Antwort kann lauten, dass es unser Seelenpartner oder unsere -partnerin ist, der Mensch, der schon immer für uns bestimmt war. Wie aber ist es dann mit all den anderen Menschen, die uns berühren, von denen wir fasziniert sind, die uns nicht gleichgültig lassen?

Menschen kommen zusammen, weil sie sich an den tiefsten Punkten ihrer Persönlichkeit berühren. Wie der Schlüssel zu einem bestimmten Schloss passt, so passen Menschen in verschiedenen Phasen unseres Lebens oder auch für ein ganzes Leben zu uns, um die Anteile in uns hervorzuholen, die wir verschüttet, verdrängt, vergessen haben, und sie zu heilen. Die Bereiche in uns, die nach Reifung und Heilung verlangen, können sich nur dann entwickeln, wenn sie bearbeitet werden. Wir verlieben uns, um Glück zu erfahren, uns gegenseitig vieles schenken zu können. Und zudem, weil der andere Mensch uns die Chance bietet, an dem zu arbeiten, was uns noch daran hindert, die volle Schönheit unserer Natur auszudrücken. Gehen Sie davon aus, dass *jeder* Mensch, der in Ihrem Leben Bedeutung gewinnt, Ihnen diese Möglichkeit bietet.

Verkettungen

Die Lebensgeschichte von Birgit, Günther und Renate wird Ihnen vielleicht noch deutlicher zeigen, auf welche Weise Menschen miteinander verbunden sind.

Birgit, eine attraktive und beruflich kreative Frau, wuchs in einer Familie auf, in der Versprechen gegeben, aber nicht eingelöst wurden. Schon als kleines Kind empfand sie diesen tiefen Schmerz, wenn sie sich aus ganzem Herzen auf etwas freute und es dann nicht eintrat. Es war, als fiele sie vom Himmel in die Hölle der Enttäuschung. Da sie sich sehr danach sehnte, lieb gehabt zu werden sowie Harmonie und Friede um sich herum zu haben, schluckte sie ihre Wut hinunter und war ein liebes, braves Kind.

Das Motiv des gebrochenen Versprechens zog sich durch ihr Leben. Seinen Höhepunkt fand es in der Liebesbeziehung zu Günther, einem verheirateten Mann, dessen gesellschaftliche Stellung, so sagte sie, eine Trennung unmöglich machte. Sie liebte ihn hingebungsvoll, akzeptierte seine Situation. Günther versprach ihr immer wieder bestimmte Dinge. Als bei ihr eingebrochen und ihr Schmuck gestohlen wurde, versprach er, neuen zu kaufen. Er stellte Unterstützung bei einem Wohnungsprojekt in Aussicht und anderes mehr. Nichts davon trat jedoch ein, noch nicht einmal die kleinste Geste eines Geschenks oder die Einhaltung einer Zusage, auch dann nicht, als Birgit allen Mut zusammen nahm und einen Wunsch ganz deutlich machte. Günther wand sich und schließlich wurde die Sache beigelegt. Birgit litt sehr stark unter dieser Situation, besonders weil Günthers Frau Renate, die sie ebenfalls kannte, ihr häufig erzählte, was sie alles von Günther geschenkt bekam, wie sehr er sie mit Schmuck überhäufte und dass sie das alles gar nicht wolle.

Welche Dynamik verband diese drei Menschen?

Birgit ging es nicht wirklich um den versprochenen Schmuck, den sie sich auch selbst hätte kaufen können, und auch nicht um die Unterstützung bei den Projekten. Sie wünschte sich, dass Günther, der Mann, den sie liebte und für den sie so viele Dinge in Kauf nahm, sie von ihrem Schmerz des uneingelösten Versprechens befreien würde. Dieses tiefe Motiv war ihr nicht bewusst, und so war sie einfach nur von dieser Sehnsucht getrieben und schluckte wie früher ihre Frustration und Wut hinunter. Als Günther starb, ohne dass sie diese erlösende Geste von ihm bekommen hätte, erkrankte Birgit schwer.

Günther dagegen war in einer Welt aufgewachsen, in der Liebe nur gegen Leistung zu bekommen war. Auch die langen Jahre seiner Ehe mit Renate waren immer von ihren Forderungen erfüllt gewesen. Er liebte Birgit für ihre Hingabe. Sie war die Erfüllung seiner Sehnsucht und er konnte sich nicht überwinden, diesen Traum von der vollkommenen Liebe durch ein Geschenk, das für ihn mit Leistung verbunden war, zu schmälern. Renate wiederum war auf der ständigen Suche nach Liebesbeweisen. Sie war in einem Trauma von Wertlosigkeit gefangen und wollte sich ihren Wert durch Günthers Geschenke beweisen. Es war ein Spiel, das diese drei Menschen miteinander verband, das wie jedes Spiel seine Regeln und einen Ablauf hatte. Jede der drei Personen hatte die Chance zu erkennen, was gespielt wurde, und eine neue Perspektive einzunehmen. Birgit gelang dies Jahre später, als sie begann, das Muster ihres Lebens und ihre eigentlichen Wünsche zu begreifen. Sie erkannte, dass Günther sie durchaus geliebt hatte, dass im Gegenteil das Nichteinlösen seiner Versprechen seine Art einer großen Liebeserklärung war, die von seiner tiefen Verletzung bestimmt wurde. Diese Erkenntnis war ein Beginn für ein neues Leben und eine Chance, die Krankheit zu überwinden.

Lebenskreise und Schnittmengen

Stellen Sie sich Ihr Leben als Kreis vor. Der zweite Kreis steht für Ihre Partnerin, Ihren Partner und jeden anderen Menschen, mit dem Sie in Berührung kommen. Die beiden Kreise überlappen sich, aber eben nur an einer bestimmten Stelle. Jeder Kreis umfasst für sich genommen einen Raum, der größer ist als die Schnittmenge, die beide bilden. Jeder Mensch für sich betrachtet ist viel mehr als die Schnittmenge, die er mit einem anderen Menschen bilden kann. Die Schnittmengengröße kann variieren, je nach Beziehung und Zeitphase, aber die Kreise werden niemals deckungsgleich.

Keiner der beiden »Kreise« weiß wirklich, was alles in ihm enthalten ist. Wenn sich die Kreise verbinden, wie zum Beispiel in einer Liebesbeziehung, löst jeder Kreis beim anderen all das aus, was an der Stelle der Überlappung vorhanden ist. Mit anderen Worten: Einfach dadurch, dass ein Mensch ist, wie er ist, mit allem, was er mitbringt und was in ihm als ungelöst zu betrachten ist, berührt er Sie und versetzt Sie in eine bestimmte Schwingung. Dieses In-Schwingung-Versetzen ist nicht geplant, an vielen Stellen auch nicht gewollt und schon gar nicht böse gemeint, aber es passiert.

Was dann geschieht, kennen Sie gut. Jeder sieht im anderen die Ursache für seine Wohlgefühle und seine Leiden. Dass ein anderer Mensch immer nur das auslösen kann, was bereits in Ihnen ist und wofür Sie eine Bereitschaft zeigen, können Sie sich sicher leichter durch den Einsatz des Kopfes klar machen als mit dem Herzen begreifen. Ihre Erinnerungen schieben sich vor die gegenwärtige Realität. So kommt es immer wieder vor, dass wir jemandem heute die Schuld für etwas geben, das in Wirklichkeit ein ganz anderer in der Vergangenheit getan hat.

Betrachten Sie das, was zwischen Ihnen und dem Menschen, den Sie lieben, vorgeht, einmal aus dieser Perspektive. Sie wird vieles verändern. Vor allem hilft sie, Schuldzuweisungen zurückzunehmen und sich auf die eigenen Lernaufgaben zu besinnen.

Wenn Sie zwei Kreise nehmen, die aus von einem Zentrum ausgehenden Ringen bestehen, wird das Bild noch deutlicher. Beide Menschen erleben die Wirkung der prägenden »Steine der Erfahrung«, die in das Wasser ihres Lebens gefallen sind und nun Ringe durch ihr Leben hindurchziehen. Weder Ihnen noch der anderen Person ist wirklich bewusst, welche Steine es sind und was sie bewirken. Aber beide können durch ihre wechselseitige Berührung lernen, was ihr Leben bestimmt, und auch, wie sie es ändern können, um eine glücklichere Beziehung zu sich selbst und dem anderen zu entwickeln. Ebenso bringt die gegenseitige Berührung glückliche Seiten und Gaben hervor, die bisher vielleicht nicht bewusst oder nicht entwickelt waren.

Eine hilfreiche Formel, die Sie bei jedem Menschen, mit dem Sie eine intensive Verquickung spüren, anwenden können, ist:

»Ich bin ich und du bist du.«

Offene Herzen – geschlossene Herzen

»Für alle Wesen will ich unbegrenzte Liebe, Mitgefühl und Gleichmut entfalten, im Wissen um das Streben aller Lebewesen nach Glück.«
Aus dem Zen-Buddhismus

Nirgendwo werden wir so verletzt wie in unseren Beziehungen, vor allem durch die Menschen, die uns am nächsten stehen, denn sie haben einen Schlüssel zu unserem Herzen. In Beziehung sein beginnt mit dem Augenblick der Zeugung. Die erste Beziehung, die wir haben, die zu unserer Mutter, ist von fundamentaler Bedeutung für den weiteren Verlauf unseres Lebens. Auch nach der Geburt besteht unser ganzes Leben aus Beziehung, nicht nur zu Menschen, sondern auch zu Dingen, Ereignissen, Ländern, der Natur … Leben *ist* Beziehung. Wenn wir von den Menschen verletzt werden, zu denen wir die erste Liebesbeziehung unseres Lebens aufnehmen, unseren Eltern, verschließt sich unser Herz. Vielleicht geschieht das nur an einer bestimmten Stelle, vielleicht wird es zu einer Lebensgrundhaltung. Da auch unsere Eltern verletzt wurden, können sie nicht anders, als auch uns zu verletzen, denn sie sind selbst nicht frei. Auf irgendeine Art verletzt zu werden ist Teil des Menschseins und stellt jedem die Aufgabe, aus dieser Erfahrung eine Perle hervorzubringen, wie es die Auster tut, wenn ein Fremdkörper in sie eindringt.

Immer wieder habe ich Menschen getroffen, die mir versicherten, die Beziehung zu ihrer Mutter sei vollkommen in Ordnung gewesen, nur die zu ihrem Vater nicht. Wenn ein Kind von seinem Vater gedemütigt, misshandelt oder auf andere Weise verletzt wird, erzeugt das eine große Wunde. Sie können jedoch sicher sein, dass die tiefer gehende Verletzung durch die Mutter geschah, denn die Beziehung zu ihr bildet die emotionale Basis unseres Lebens. Eine Frau erzählte mir einmal, dass ihr Vater sie missbraucht hatte. In einem solchen Fall öffnete sich einmal die Tür und ihre Mutter kam herein, sie tat jedoch nichts und ging wieder hinaus. Welche Verletzung, glauben Sie, geht tiefer? Es gibt ganz eigene Themen, die mit dem Vater zu bearbeiten sind, aber um Ihre Mutter kommen Sie nicht herum. Als archetypisches Innenbild symbolisiert die Mutter Geborgenheit, Angenommensein und Wärme. Der Vater steht dafür, wie wir hinausgehen ins Leben, uns nehmen, was wir haben wollen und uns verwirklichen. Natürlich ist ein Rollentausch bei den konkreten Eltern möglich. Alleinerziehende Mütter müssen beide Rollen erfüllen. Trotzdem entsteht Ihre Fähigkeit, sich anzunehmen und zu lieben durch die Beziehung zu Ihrer Mutter.

Wenn Sie wie viele Menschen den Traum von einer Beziehung träumen, die alles heilen wird, hoffen Sie im Grunde, dass Sie den Weg nicht selbst gehen müssen, sondern dass ein anderer wie durch Zauberhand Ihr Leben in Ordnung bringt. Die Realität ist aber, dass nicht nur Ihre Partnerin oder Ihr Partner bestimmt, wie eine Beziehung verläuft, sondern auch Sie. Wenn Ihr Herz geschlossen ist, wird es einen tiefen inneren Entschluss brauchen, um sich zu öffnen, und das ist auch eine Frage von Zeit und liebevoller Geduld mit sich und dem anderen. Da alle Menschen an irgendeiner Stelle verletzt sind und nach Heilung suchen, werden Sie »lediglich« jemanden treffen, der ebenso wie Sie ein mehr oder weniger geschlossenes Herz hat – und nicht den perfekten Partner. Trotzdem können Sie füreinander die vollkommene Beziehung darstellen, weil Sie sich gegenseitig an den entscheidenden Stellen berühren, die nach Heilung und Wachstum verlangen. Wenn die Herzöffnung gelingen soll, braucht es Arbeit, Hingabe und die Bereitschaft zu lieben, auch wenn es einmal nicht so gut funktioniert.

Für ein verletztes Herz ist Intimität ein großes Risiko, denn echte Intimität zu leben bedeutet, so sehr zu vertrauen, dass Sie dem anderen die Wahrheit über sich zeigen können und nicht nur Ihre Schokoladenseiten. Üben Sie sich in dem Wagnis, Ihr Herz zu öffnen. Lassen Sie sich berühren. Ihr Gegenüber kann es vielleicht nicht so gut zeigen, aber kein Mensch bleibt völlig unberührt von einem offenen Herz. Es mag dauern, aber so können Sie Ihre eigenen Mauern abbauen und andere dabei unterstützen, es auch zu tun.

Arbeiten Sie daran, aus sich den Menschen zu machen, den Sie selbst als PartnerIn haben möchten. Seien Sie liebevoll und zärtlich, wenn Sie nach Liebe und Zärtlichkeit verlangen. Bewegen Sie Ihren Geist, wenn Sie sich nach Austausch sehnen, seien Sie mutig, wenn Sie einen unternehmerischen Menschen ersehnen. Eine witzige Bemerkung aus einem Vortrag von Marianne Williamson ist mir in Erinnerung geblieben. Sie sagte, dass wohl kaum einer kommen und sagen würde: »Oh, diese wunderbare, depressive, erschöpfte Frau dort drüben …, die muss ich doch gleich kennenlernen …«

Dritter Schritt: Prüfen Sie Ihre Lösungsstrategien

»*Wissen Sie schon, dass man ein weiches Ei nicht als Zahnstocher benutzen soll?*«
Karl Valentin

Schon als Kind haben Sie Lösungsstrategien entwickelt. Auch wenn Sie in einer liebevollen Familie aufgewachsen sein sollten, gab es Dinge, die für Sie eine Herausforderung darstellten. Leichter ist das zu verstehen, wenn die Kindheit ohnehin voller Probleme war. Das Leben präsentiert Ihnen immer Aufgaben, an denen Sie wachsen und sich entwickeln oder auch scheitern können, was im Grunde nur die Aufforderung ist, einen neuen Anlauf zu nehmen, vielleicht, nachdem Sie Ihre Lösungsstrategie überprüft und nachjustiert haben. Der Philosoph Karl Popper brachte dieses Lebensprinzip auf den Punkt, als er sagte:

>*»Alles Leben ist Problemlösen.«*

Ob in der belebten oder unbelebten Natur, Leben ist ein fortwährendes Problemlösen: Wir müssen uns um Nahrung, Kleidung und Wohnraum kümmern, für die Befriedigung vieler weiterer Bedürfnisse sorgen, unsere Kinder aufziehen, einen Arbeitsplatz finden, neue Lebensräume erschließen, politische und wirtschaftliche Entwicklungen sowie Naturkatastrophen überstehen. Probleme sind nichts anderes als Aufgaben, denen wir in besonderem Maß auch im zwischenmenschlichen Bereich begegnen. Kaum jemand ist von Geburt an Profi darin, Kontakt aufzunehmen und Beziehungen zu gestalten, Missverständnisse auszuräumen und wirklich verständlich zu kommunizieren. Wenn wir anstatt des Wortes »Problem« den Begriff »Aufgabe« verwenden, würde Poppers Satz lauten:

»Alles Leben ist das Lösen von Aufgaben.«

Oder:

»Alles Leben stellt uns vor Aufgaben.«

Aufgaben lösen kann sehr viel Spaß bereiten. Denken Sie an Kreuzworträtsel oder daran, wie Sie sich fühlten, als Sie eine wie auch immer geartete »Nuss geknackt« haben. In psychologischen Studien hat sich gezeigt, dass es uns zufriedener macht, wenn wir uns für ein Ergebnis einsetzen mussten oder eine Belohnung durch Anstrengung verdient wurde. Die Dinge, die uns in den Schoß fallen, sind oft schnell vergessen.

Kinder lernen über Versuch und Irrtum, und auch als Erwachsene tun wir das noch. In den frühen Jahren unseres Lebens entwickeln wir jedoch unsere Basisstrategien für den Umgang mit dem Leben. Als Sie Kind waren, haben Sie Lösungen für Ihre wichtigen Fragen gefunden, die die bestmöglichen im Rahmen des für Sie Möglichen waren. Ihre Strategien funktionierten so gut, dass Sie leben und auch überleben konnten, falls das Leben Sie vor sehr große psychische und/oder physische Herausforderungen gestellt hat. Alles, was Sie lernen, wird in Ihrem Gehirn für den weiteren Gebrauch abgelegt. Es bekommt sozusagen eine Schublade mit einem Etikett, auf dem zum Beispiel steht: »Auf mich aufmerksam machen«, »Mit Zurückweisung umgehen«, »Eine Burg im Sandkasten bauen«, »Autofahren«, »Ein Mädchen küssen« und vieles mehr. Damit Sie nicht jedes Mal ganz von vorn beginnen müssen, entwickelt Ihr Gehirn Schablonen, nach denen Sie sich richten können. Nun können Situationen zwar ähnlich, sogar sehr ähnlich sein, aber sie sind niemals identisch. Selbst zwei Uhren der exakt gleichen Bauart weichen minimal voneinander ab, denn das eine ist die Norm, nach der sie hergestellt werden sollen, das andere ist die Realität, die dabei herauskommt. Aus diesem Grund sind Denkschablonen hilfreich, aber riskant, wenn sie ungeprüft einfach immer weiter verwendet werden. Ihr Gehirn hat die Fähigkeit, die aktuelle Situation mit dem, was in der Schublade abgelegt wurde, zu vergleichen und zu erkennen, was neu und was anders ist – wenn Sie bereit sind, es zuzulassen.

Prüfen Sie einmal, wann Sie offen sind und wann nicht. Das können Sie ganz einfach tun, indem Sie darauf achten, wann Sie während eines Tages nervös, gereizt oder ängstlich werden. Es gibt immer kleinere oder größere Triggersituationen, die solche Reaktionen auslösen. Viele gehen schnell vorüber, einige brauchen etwas länger, manche nisten sich ein. Was tun Sie, wenn Sie mit einer solchen Situation konfrontiert sind? Ziehen Sie sich zurück? Hören Sie auf zu sprechen? Werden Sie wütend? Verweigern Sie eine Antwort? Klagen Sie an oder beklagen Sie sich?

Wenn Ihre Reaktion dazu führt, dass Ihre Möglichkeiten schrumpfen, handelt es sich um eine alte Lösungsstrategie. Sie hat vermutlich einmal gut funktioniert, gut genug jedenfalls, um Sie in früheren

Zeiten an Ihr Ziel oder wenigstens über die Runden zu bringen. In Ihrem Gehirn ist sie deshalb als »erfolgreich« abgespeichert. Vielleicht erzielen Sie noch heute einen gewissen Erfolg damit: zum Beispiel Hilfe durch die Hilflosigkeitsstrategie zu bekommen, Aufmerksamkeit durch Krankheit oder Leiden, Angebote, weil Sie sich stolz zurückgezogen haben. Aber irgendetwas stimmt nicht. Das Ergebnis macht Sie nicht zufrieden, es löst Ihre Ängste nicht oder fordert Opfer von Ihnen, die Sie eigentlich nicht mehr bringen wollen.

Worin liegt der Unterschied?

Als Kind hatten Sie nur begrenzte Möglichkeiten. Erfolgreich zu sein bedeutete etwas anderes als heute. Ihre damaligen Lösungsstrategien waren ein Ausdruck Ihrer damaligen Möglichkeiten. Heute sind Sie ein Mensch, der ein Leben geführt und bereits viele Situationen bewältigt hat. Mit jedem Jahr, das Sie älter wurden, wuchs Ihre Erfahrung und die Anzahl von Situationen, in denen Sie sich bewährt haben. Auch wenn Sie heute glauben sollten, Sie hätten in Ihrem Leben alles verpatzt, seien Sie doch so nett zu sich, einmal zurückzublicken und zu sehen, was Sie in Wirklichkeit alles geleistet haben. Erinnern Sie sich an die vielen schönen Erfahrungen, die es in Ihrem Leben auch gegeben hat. In Augenblicken der Selbstkritik und Depression nehmen Sie sie nur nicht wahr. Machen Sie die Fenster Ihrer Wahrnehmung auf und lassen Sie frischen Wind herein.

Prüfen Sie Ihre Lösungsstrategien. Wie gut funktionieren sie? Stoßen Sie damit immer wieder an ähnliche Grenzen? Sind Sie frustriert? Wenn sie nicht funktionieren, suchen Sie nicht die Schuld bei anderen oder in einem Ihnen unverständlichen Schicksal. Machen Sie etwas anders!

»Wenn man nur einen Hammer hat,
sieht jedes Problem wie ein Nagel aus.«
Abraham Maslow

Vierter Schritt: Erkennen Sie die Prinzipien der Kommunikation

Was ist Kommunikation?

»Die Qualität deiner Kommunikation bestimmt die Qualität deines Lebens.«
Anthony Robbins

Das Wort »Kommunikation« ist von dem lateinischen Wort *communicare* abgeleitet. Es bedeutet »teilen, mitteilen, teilnehmen lassen, gemeinsam machen, vereinigen«. Wenn Sie kommunizieren, haben Sie die Absicht, einem anderen Menschen Ihre Gedanken und Gefühle *mitzuteilen* – Sie lassen ihn an Ihren Überlegungen und Eindrücken *teilnehmen* und Sie erhalten von ihm ebenfalls Informationen. In einem Gespräch geht aber noch mehr vor sich als der Austausch von Informationen. Wenn zwei Menschen miteinander kommunizieren, *handeln sie gemeinsam.* Es ist ein Geben und Nehmen – und jeder löst bei dem anderen durch seine eigene Art Gefühle, Gedanken, Erinnerungen und Ideen aus. Kommunikation ist wie ein Tennisspiel, bei dem Sie einen Ball übers Netz schießen. Wie er wieder zurückkommt, hängt zu einem wesentlichen Teil damit zusammen, wie Sie ihn losgeschickt haben. So geht das immer hin und her. Der Beginn eines Gesprächs ist wie der Aufschlag beim Tennis. Wie etwas beginnt, spielt die entscheidende Rolle für den Fortgang, das können Sie auch anhand anderer Spiele und im Leben an sich leicht nachvollziehen, wenn Sie einmal in Ruhe darüber nachdenken, wie es angefangen hat. Beim Kegeln rollt die Kugel so, wie Sie sie in die Bahn geworfen haben.

Ein aggressiver Aufschlag bewirkt einen anderen Rückschlag als ein sanfter. Das Spiel kann natürlich immer eine Wende nehmen, zum Beispiel, wenn ein sanfter Ball aggressiv zurückgegeben wird oder umgekehrt, aber auch eine solche Wende ist vom Anfang mitbestimmt, denn sie wäre ohne das Vorangegangene nicht nötig.

Ein gutes Gespräch kann wie ein schönes, fließendes Tennismatch sein oder wie ein gemeinsamer Tanz. Der Tennisball kann weit über das Ziel hinausschießen oder im Netz hängen bleiben. Ein Spieler kann »den Ball hinschmeißen«. Die Tanzpartner können aus dem Rhythmus geraten, sich auf die Füße treten und die Lust verlieren. Eine gute Kommunikation hängt davon ab, wie gut die Verbindung zwischen den Gesprächspartnern ist und wie sensibel sie im Umgang miteinander sind.

Beziehungen bestehen aus emotionaler, verbaler und körperlicher Kommunikation. Wie Ihre Beziehungen verlaufen, ob Sie erfolgreich sind oder nicht, hängt von Ihrer Kommunikation auf den drei Ebenen ab. Deshalb können Sie das Bild des Tennisspiels sowohl für einzelne Gespräche wie auch für den Beziehungsverlauf als Ganzes nehmen.

Achten Sie einmal ganz bewusst auf die Reaktionen des anderen und nehmen Sie sie auf wie einen Ball, der Ihnen zugespielt wird. Schlagen Sie nicht einfach zurück – antworten Sie nicht einfach spontan. Entscheiden Sie bewusst, wie Sie diesen Ball zurückspielen wollen. Stellen Sie sich vor, Sie sind in einem Match oder in einem Tanz. Achten Sie auf Ihre Gefühle und Reaktionen und wie sie Ihr Verhalten beeinflussen. Legen Sie kurze oder längere Pausen ein, in denen Sie nachspüren können und auch dem anderen Zeit dazu geben. Entwickeln Sie ein Gefühl für den Rhythmus eines Gesprächs. Wenn Ihnen beiden der Tanz gelingt, werden Sie das Gespräch irgendwann mit gutem Gefühl beenden.

Kommunikation ist immer Deutung. Sie wird von den Vorstellungen darüber bestimmt, was das Verhalten und die Worte eines anderen Menschen bedeuten und was nicht. Jedes Wort, jede Bewegung, Mimik, Gestik und jede Information löst bei jedem Menschen etwas anderes aus, je nachdem, welchen persönlichen und kulturellen Erfahrungshintergrund er hat. Die gleiche Geste kann in unterschiedlichen Kulturen völlig verschiedene Bedeutungen haben. Sie müssen jedoch nicht mit einer Person sprechen, die aus einem anderen Kulturkreis kommt, um solche Unterschiede zu erleben. Sie existieren zwischen Menschen an sich, zwischen Familien, in unterschiedlichen sozialen und beruflichen Schichten. Wenn Menschen sich gut kennen, wissen Sie, wie der andere kommuniziert, denn sie haben seine Art im Laufe der Zeit kennen und verstehen gelernt. Immer wieder schleichen sich jedoch auch zwischen langjährigen guten Bekannten, Liebespaaren und Freunden Missverständnisse ein, die dann einfach weitergetragen werden, weil beide von einer falschen Annahme ausgehen.

Lassen Sie Kommunikation nicht zu einer Gewohnheit werden. Seien Sie achtsam. Leben ist Beziehung, und die Art, wie Sie kommunizieren, bestimmt darüber, wie Sie Kontakt herstellen und welche Art von Beziehung sich daraus ergibt. Auch mit einem Menschen, mit dem Sie schon lange zusammen sind, ist jeder Gesprächsbeginn im Grunde eine neue Kontaktaufnahme, mit der Chance, etwas zu verbessern, es bei den alten Mustern zu belassen oder etwas schlechter zu machen. Eingefahrene Gesprächsgewohnheiten ziehen eingefahrene Beziehungsmuster nach sich. In solchen Beziehungen wird der gleiche Ball immer auf die gleiche Art hin und her geschossen, auch dann, wenn es Zeit wäre, einen neuen Ball zu verwenden und/oder die Spieltechnik zu ändern.

Alles, was auf Sie zukommt, trifft auf Ihren Erfahrungshintergrund und auf die damit verbundenen Gefühle und Einschätzungen. Sie können sich das gar nicht genügend bewusst machen, denn wenn Sie es tun, wird es Ihre Einstellung zu Menschen, vor allem wenn Sie ein Problem mit ihnen haben, gravierend verändern.

Ein bestimmter Blick, eine Geste, ein Wort kann eine ganze Kette von Reaktionen auslösen. Deshalb sind Sie in einem Gespräch plötzlich manchmal verletzt, empört, verwirrt oder auch besonders glücklich. Sie sagen dann, das sei so, weil der andere Mensch dieses oder jenes getan hat. In der Regel finden Sie auch eine Begründung: »Er hatte einen so komischen Blick«, »sie war richtig arrogant«, »sie hat mich abgelehnt«, »er hat mich angegriffen«. Sie können jedoch nicht sicher sein, was das Verhalten des anderen bedeutet. Sicher ist nur, dass Sie es so *deuten,* wie Sie frühere vergleichbare Erlebnisse gedeutet haben. Vielleicht erinnert Sie der forschende Blick an den Ihrer Mutter, der Sie als Kind völlig verunsichert hat, obwohl er vielleicht nur Sorge ausdrückte.

Wie schon im Kapitel »Prüfen Sie Ihre Lösungsstrategien« beschrieben, heißt Erfahrungen machen ja nichts anderes, als aus dem, was man einmal erlebt hat, zu lernen und das Gelernte als Fühl-, Denk- und Handlungsmuster für weitere Erfahrungen im Gehirn zu speichern. Das ist sehr praktisch, denn Sie haben schnell eine Reaktion oder Meinung zur

Hand, wenn Sie sie brauchen. Sie öffnen einfach die Erfahrungsschublade »Kochen«, wenn Sie beginnen, Essen zuzubereiten. In der Schublade »freundlicher Blick« finden sich vielleicht Vertrauen und offenes Gespräch, in der Schublade »Ablehnung« liegen Rückzug oder Vorwürfe machen. Es sind Schablonen – und unsere Persönlichkeit besteht aus unzähligen von ihnen. Kommunikation und Leben überhaupt kann allerdings nur gelingen, wenn wir willens und fähig sind, unsere Schablonen zu erkennen und an der aktuellen Realität auszurichten.

Kommunikation ist etwas Hochindividuelles. Sie ist ein Ausdruck unserer tiefsten, innersten Überzeugungen und ein Spiegel unserer Lebensgeschichte. Wer glaubt, seine Gefühle und Ansichten verbergen zu müssen, wird vielleicht ein »Pokerface« aufsetzen. Wer glaubt, für Liebe etwas leisten zu müssen, wird möglicherweise viel sprechen und in seiner Körpersprache großes Bemühen ausdrücken. Wer Angst davor hat, missverstanden zu werden, wird nuscheln, sodass man ihn kaum versteht, alles mehrfach erklären oder seine Worte besonders sorgfältig wählen. Wer sehr fest gefügte Meinungen hat, wird entsprechend auftreten. Strikte Bewertungen führen zu einer strikten Kommunikation. Auch wenn ein Mensch besonders gelassen, neutral oder analytisch auftritt, gibt es dahinter eine Überzeugung, die emotional und nicht rational gesteuert ist.

Wie Menschen auftreten und sprechen, hängt darüber hinaus davon ab, welche gesellschaftlichen Maßstäbe ihnen beigebracht wurden. Dürfen sie ein Kraftwort verwenden? Müssen sie am Tisch still sitzen sowie Hände und Füße kontrollieren? Wurde ihnen beigebracht, ihre Meinung zurückzuhalten? Oder genau umgekehrt? Welche Art von Kommunikation müssen sie an den Tag legen, um »ok« zu sein?

Jeder Austausch beinhaltet mehrere Ebenen. Auf der Sachebene werden Fakten, Informationen und Gedanken ausgetauscht. Es geht darum, was Sie sagen. Wichtiger ist jedoch die Beziehungsebene, die durch Tonfall, Mimik, Gestik und Körperhaltung hergestellt wird. Mit der Art und Weise, *wie* Sie etwas sagen, drücken Sie Ihre Gefühle aus und teilen dem anderen mit, wie Sie zu ihm und zu dem, was er sagt, stehen. Wenn Sie eine positive Beziehung herstellen können, öffnet sich der andere Mensch und nimmt so viele Informationen auf wie möglich; eine negative Beziehungsebene lässt Abwehr- und Schutzmechanismen hochfahren.

Vielleicht kommen Ihnen diese und die folgenden Überlegungen kompliziert vor und Sie denken, dass Sie doch auch ohne all das ganz gut zurechtkommen. Ich kann Ihnen versichern, auch wenn Sie ein Kommunikationsathlet sind, können Sie davon profitieren. Es kommt auf einen Versuch an.

a) Kommunikationsprinzip: Sie können nicht nicht kommunizieren

Der Kommunikationsforscher Paul Watzlawick brachte die Grundlage jeder Kommunikation auf den Punkt. Er meinte schlicht: »Man kann nicht nicht kommunizieren.« Dass Sie immer und in jedem Augenblick Mitteilungen machen, sogar im Tiefschlaf, kommt Ihnen vermutlich merkwürdig vor. »Ich habe doch gar nichts gesagt!«, denken Sie vielleicht. Sie können jedoch sicher sein, dass Sie etwas mitgeteilt haben, weil Sie gar nicht darum herumkommen, ständig Mitteilungen zu machen. Selbst wenn Sie allein sind, teilen Sie etwas mit, es ist nur keiner da außer Ihnen, der es wahrnehmen könnte. Wie Sie sitzen, gehen, sich bewegen, wie Sie schauen, Ihr Gesichtsausdruck, was Sie tun – alles sind Mitteilungen, denn Sie drücken damit aus, was in Ihnen vorgeht. Wenn Sie darauf achten, können Sie mehr über sich erfahren, als Ihnen gerade bewusst ist. Für andere Menschen gilt das ebenso. Wenn Sie aufmerksam sind, erfahren Sie viel mehr über sie als das, was sie aussprechen. Diese über das Gesprochene weit hinausgehenden Informationen werden auch dann wechselseitig aufgenommen, wenn keiner besonders aufmerksam ist, denn der größere Teil wird ohnehin vom Unbewussten registriert. In diesem Fall wissen Sie dann nicht, woher ein bestimmtes Gefühl, dass Sie plötzlich haben, kommt, oder weshalb Sie gerade so ablehnend reagiert haben. Wenn Sie nachspüren, wie es dazu kam, können Sie die Ursache entdecken.

Kommunikation beginnt, *bevor* die Beteiligten etwas gesagt haben. Ein Blickkontakt genügt, um sie herzustellen. Und sie findet statt, wenn innerhalb eines Gesprächs Stille herrscht. Gewöhnen Sie sich an den Gedanken, dass Sie immer kommunizieren. Selbst wenn Sie bewegungs- und wortlos auf einem Stuhl sitzen, tun Sie das. Auch Schweigen kann in die Welt hinaus tönen. Weil Sie existieren, stehen Sie in ständiger Wechselwirkung mit allem, was um Sie herum ist und was Sie beschäftigt. Ihr gesamtes Leben besteht aus den Beziehungen zu allem, was ist. Beziehung ist Kommunikation. Sie drücken immer auf irgendeine Weise aus, wie Sie zu den Dingen stehen und was Sie als Folge davon wollen oder nicht. Gängige Sätze wie »Keine Antwort ist auch eine Antwort« oder »Keine Entscheidung ist auch eine Entscheidung« zeigen, dass wir immer antworten, auch dann, wenn wir das nicht im üblichen Sinn tun.

Weil ein wichtiger Teil der Kommunikation über unbewusste Kanäle läuft und Sie viel mehr vom anderen aufnehmen, als Ihnen bewusst ist, kann es sein, dass Sie sich vielleicht plötzlich angespannt und unruhig oder gut gelaunt und erleichtert fühlen, obwohl nichts Entsprechendes gesagt wurde. Achten Sie einmal bewusst darauf, welche unausgesprochenen Botschaften zwischen Ihnen und anderen Menschen hin und her gehen. Sind die Botschaften kongruent, das heißt, deckt sich das, was gesagt wird, mit dem, was der Körper ausdrückt? Gibt es ambivalente Botschaften, ein »Ja« einerseits und ein »Nein« andererseits? Spüren Sie in den freundlichen Worten Aggression oder umgekehrt in heftigen Worten Zunei-gung? Fokussieren Sie sich eine Weile mindestens so stark auf das *Wie,* wie auf das, *was* gesprochen wird. Nehmen Sie die Stimmung des Gesprächs auf. Vielleicht möchten Sie sie verstärken oder in eine andere Richtung lenken? Beobachten Sie andere dabei, wie Sie kommunizieren, wie die gegenseitige Verbindung klappt, wann sie stärker und wann sie schwächer wird. Seien Sie im besten Sinn neugierig darauf, mehr über menschliches Verhalten und die dahinterstehenden Bedürfnisse zu lernen. Sie werden mit einem tieferen Ver-ständnis auch für sich selbst belohnt.

b) Kommunikationsprinzip:
Zwischen Sender und Empfänger besteht ein Unterschied

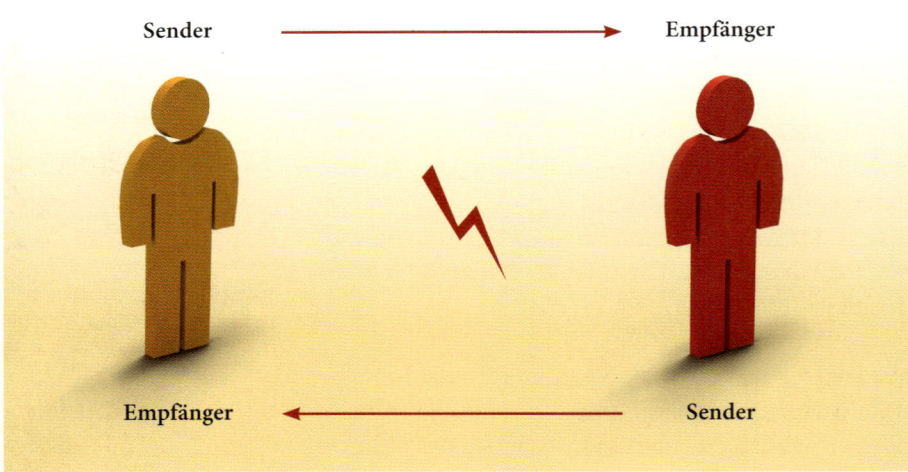

Sie können sich sehr um Deutlichkeit bemühen und trotzdem gilt: *Sie können nicht darüber bestimmen, was beim anderen ankommt.* Was Sie sagen, ist eines, was Ihr Gegenüber daraus macht, kann etwas ganz anderes sein. Wenn Sie sich diese Erkenntnis einmal richtig klar machen, stellen Sie fest, dass sie gewal-tige Konsequenzen haben kann. In der Psychologie spricht man von Sender und Empfänger. Da jeder »Empfänger« individuell eingestellt ist und andere Filter hat, kommt das, was der Sender mitteilt, niemals exakt so an, wie es ge-sendet wurde. Der »Sender« weiß auch dann nicht genau, was angekommen ist, wenn sein Gegenüber zustimmend nickt.

Ist echte Verständigung deshalb gar nicht möglich?

Machen Sie sich als Erstes klar, dass diese zunächst verwirrende Tatsache Ihnen Verantwortung von den Schultern nimmt. Ihre Aufgabe ist es, sich darum zu bemühen, dass Sie verstanden werden. Wenn Sie nicht sicher sind, ist es hilfreich, die andere Person darum zu bitten, zu wiederholen, was sie gehört hat. Umgekehrt können Sie wiederholen, was Sie gehört haben, um sicher zu sein, dass Sie richtig verstanden haben. Ab einem gewissen Punkt enden jedoch Ihre Möglichkeiten. Wenn Sie mit jemandem sprechen, der in bestimmten Gefühlen und Eindrücken gefangen ist, kann es sein, dass Sie ihn nicht erreichen. Dann können Sie die Angelegenheit nur auf sich beruhen lassen oder zu einem anderen Zeitpunkt neu beginnen.

In seinem Buch *Gewaltfreie Kommunikation* gibt Marshall Rosenberg ein sehr gutes Beispiel dafür, wie dieselbe Situation völlig unterschiedlich gedeutet werden kann, und zwar völlig unabhängig von dem, was die andere Person im Sinn hat. Die Deutungen hängen davon ab, welches Bedürfnis die deutende Person mit dem Ereignis verbindet und in welcher Stimmung sie ist.

Stellen Sie sich vor, Sie sitzen in einem Café und warten auf einen Freund, der zu spät kommt. Wenn Sie die Bestätigung brauchen, dass Sie ihm etwas bedeuten, fühlen Sie sich vielleicht verletzt. Wenn Sie stattdessen das Bedürfnis haben, Ihre Zeit sinnvoll zu verbringen, sind Sie vielleicht frustriert. Wenn Sie dazu neigen, sich Sorgen zu machen, denken Sie vielleicht, es könnte ihm etwas passiert sein. Wenn Sie jedoch das Bedürfnis nach einer stillen halben Stunde haben, sind Sie sogar dankbar für die Verspätung und ärgern sich keineswegs. An diesen Reaktionen können Sie erkennen, dass nicht das Verhalten des anderen, sondern Ihr eigenes Bedürfnis Ihre Gefühle hervorruft.[5]

Wir alle projizieren unsere eigenen erfüllten sowie unerfüllten Wünsche und Bedürfnisse auf andere und sehen sie als Ursache dafür. Deshalb ist es wichtig zu lernen, den Auslöser von der Ursache zu unterscheiden.

c) Kommunikationsprinzip:
Der Auslöser ist nicht die Ursache

*»Eine Beleidigung wird entweder zementiert
oder entkräftet, und zwar nicht durch die Sichtweise
desjenigen, der sie ausspricht, sondern durch die
desjenigen, der sie hört.«*
St. John Chrysostom

Bereits im vorangegangenen Kapitel konnten Sie anhand der kleinen Geschichte im Café feststellen, dass eine Situation alles Mögliche in Ihnen auslöst, was nur mit Ihnen selbst zu tun hat. Meist denken wir: »Ich bin wütend, weil Hannes sich nicht gemeldet hat.« Oder: »Maria hat mich verletzt, weil sie mir nicht die Wahrheit gesagt hat.« Sie sind jedoch niemals traurig, wütend, verletzt oder irgendetwas anderes, weil ein anderer etwas getan hat. Das Verhalten anderer Menschen löst etwas in Ihnen aus, die Ursache dafür, dass es ausgelöst werden kann, liegt jedoch woanders. Das muss so sein, denn es kann nun einmal nichts ausgelöst werden, was nicht schon da ist. Wenn etwas in Ihrem Gefühlstopf nicht enthalten ist, kann es auch nicht herausgeholt werden. Sie sind für Ihre Gefühle immer selbst voll verantwortlich, auch dann, wenn sie aus einem alten, kindlichen Teil kommen.

Weil Sie den Auslöser mit der Ursache vermischen, kommt es in Beziehungen zu vielen Missverständnissen, Schuldzuweisungen und Brüchen. Sie sehen den Fehler beim anderen und beschuldigen ihn oft für etwas, das eine ganz andere Person vor langer Zeit getan hat. Der Mensch, mit dem Sie heute zu tun haben, bietet durch seine Art einen passenden »Aufhänger« für Ihre Projektion. Er drückt bei Ihnen auf bestimmte, sensible »Knöpfe« … und schon geht bei Ihnen die Reaktionskette los.

Die Verhaltensweisen, die Sie aufgrund Ihrer Projektionen an den Tag legen, lösen im Gegenzug Projektionen und Reaktionen bei anderen aus. In manchen Beziehungen entsteht so ein wahrer Teufelskreis, aus dem nur der konsequente Entschluss befreit, aufzuhören, den anderen zu verurteilen und ändern zu wollen, und stattdessen bei sich selbst nachzusehen. Wenn Sie verletzt, wütend oder auch nur genervt sind, fragen Sie sich, welches Bedürfnis Sie haben, das in dieser Situation unerfüllt bleibt. Was fehlt Ihnen? Was wollten Sie vom anderen, das Sie nicht bekommen, zumindest nicht so, wie Sie es bisher versuchten? Wollen Sie Bestätigung? Ein Hilfsangebot? Beruhigung? Klarheit? Gab es in der Vergangenheit Situationen mit anderen Menschen, in denen ähnliche Gefühle bei Ihnen aufkamen? Worum ging es dabei? Und schließlich: Wenn Sie herausgefunden haben, worum es Ihnen wirklich geht, was könnten Sie anders machen, um Ihr Bedürfnis vielleicht doch noch erfüllt zu bekommen? Vielleicht müssen Sie einfach selbst nur wagen, Ihre Wünsche offen auf den Tisch zu legen.

d) Kommunikationsprinzip:
Die Dinge haben keine feststehende Bedeutung

»Alles, was gesagt wird, wird von einem Beobachter gesagt.«
Humberto Maturana

Die Erkenntnis, dass das gleiche Ding die unterschiedlichsten Bedeutungen für Menschen, Kulturen und Gesellschaften haben kann, ist eine der erstaunlichsten überhaupt. Schließlich hat man Ihnen vermutlich ebenso wie mir beigebracht, dass es eine objektive Welt gibt, in der die Dinge eine objektive, von Ihnen unabhängige Bedeutung haben. Vielleicht gibt es eine solche objektive Welt, die außerhalb von Ihnen und mir und jedem anderen Menschen existiert. Wenn dem so ist, können wir jedoch nichts darüber aussagen. Wir erschließen uns die Welt von dort aus, wo wir innerlich und äußerlich stehen. So, wie Sie innerlich eingestellt sind, so erleben Sie das Leben. Gäbe es in der Welt menschlichen Erlebens echte Objektivität und nicht nur die Möglichkeit, sich selbst und alles andere aus einer Distanz und damit aus einer etwas weniger subjektiven Warte zu betrachten, hätten die Dinge überall auf der Welt die gleiche Bedeutung. Denn jede neue Position, auch die des sozusagen objektiven Beobachters, ist letztlich wieder subjektiv. Wenn Sie sich vom bisherigen Standpunkt etwas entfernen, sehen Sie zwar mehr, aber niemals das große Ganze.

Vielleicht haben Sie Lust zu einem kleinen Test. Wählen Sie ein Diskussionsthema, bei dem Sie sich mit einem anderen uneinig sind. Stellen Sie zwei Stühle in den Raum. Der eine stellt Ihre Meinung dar, der andere die Ihres Diskussionspartners. Setzen Sie sich abwechselnd auf beide Stühle und nehmen Sie beide Perspektiven ein. Machen Sie sich die Unterschiede bewusst. Nicht nur in Ihren Gedanken, auch in Ihren Gefühlen und Körperempfindungen kann sich etwas von Stuhl zu Stuhl verändern.

Nun stellen Sie einen dritten Stuhl so auf, dass er mit den beiden anderen Stühlen ein Dreieck bildet. Setzen Sie sich auf diesen neu hinzugefügten Stuhl. Sie können nun beide Stühle, also beide Perspektiven, von dem dritten Stuhl aus gleichzeitig sehen. Sie werden einen deutlichen Unterschied zu dem, was Sie vorher wahrgenommen haben, feststellen. Vielleicht gelingt es Ihnen, eine Verbindung beider Perspektiven herzustellen.

Eine weitere, aufschlussreiche Übung besteht darin, Ihr Sehfeld nach beiden Seiten zu erweitern, anstatt Ihre Augen nach vorn zu fokussieren. Versuchen Sie, die Wände links und rechts wahrzunehmen, während Sie geradeaus schauen. Das ist eine spannende Erfahrung, die Sie ausbauen können. Was Ihnen nicht gelingen wird, ist, einen 360-Grad-Blick zu entwickeln. Was Sie sehen, ist immer durch Ihren Gesichtskreis begrenzt.

Wenn wir also immer nur einen Ausschnitt wahrnehmen können, ist alles, was wir sagen, notwendigerweise subjektiv und eher eine Beschreibung unseres Selbst als eine Beschreibung der Welt. Wir können die Welt immer nur so wahrnehmen, wie wir sind, das heißt, nur in dem Licht unserer eigenen Veranlagung und der Rückschlüsse und Meinungen, die wir aus unseren Erfahrungen gezogen haben. So gesehen besteht die Welt nicht aus einer einzigen – richtigen – Form. Sie ist ein Multiversum von unterschiedlichen Deutungen, die alle zusammen den großen Teppich des Lebens weben. Diese Erkenntnis veranlasste den im 18. Jahrhundert lebenden Theologen Johann Kaspar Lavater zu den Worten: »Sprich nie Böses von einem Menschen, wenn du es nicht gewiss weißt! Und wenn du es gewiss weißt, so frage dich: Warum erzähle ich es?«

Jedes Ereignis erhält erst durch die Gefühle, Wahrnehmungen und Bewertung der beteiligten Menschen eine Bedeutung. Auch wenn viele Menschen das Gleiche über etwas denken, heißt das nicht, dass das die einzige und definitiv richtige Bedeutung ist. Es heißt nur, dass viele Menschen übereingekommen sind, dieser Sache eine bestimmte Bedeutung *beizumessen*. Was ein Stuhl ist, lernen wir in unserem Kulturkreis schon als Kind. Ein Stuhl hat, seit es ihn gibt, die Bedeutung, dass man auf ihm sitzen kann. Dafür wurde er gebaut. Völker, die noch nie einen Stuhl gesehen haben, werden ihm diese Bedeutung zunächst nicht zuweisen. Vielleicht entdecken sie, dass man auf ihm sitzen kann, vielleicht entdecken sie aber auch etwas ganz anderes, was sie mit ihm anfangen können. Sie könnten ihn auch als eine besondere Form von Brennholz betrachten, weil sitzen auf einem Stuhl nicht Teil ihres Selbstverständnisses ist. Oder: Dass Papiergeld einen Wert hat, ist eine Übereinkunft, denn es hat keinen ihm innewohnenden Wert wie zum Beispiel Gold oder ein Diamant. Und selbst der Wert von Gold oder Diamanten ist eine Übereinkunft, denn obwohl beides anders als Papiergeld einen messbaren Materialwert besitzt, ist es doch eine Übereinkunft, wie das Material bewertet wird.

In der Welt- und Kulturgeschichte wurde über Generationen weitergegeben, was die Dinge zu bedeuten haben; diese Bedeutungen erscheinen uns deshalb oft zwingend. Zusätzlich zu den sozialen und gesellschaftlichen Bedeutungen, mit denen wir aufwachsen, gibt es Bedeutungen innerhalb von Familiengenerationen. Bestimmte Erfahrungen und Lernthemen ziehen sich durch die Reihe unserer Ahnen bis hin zu uns. Wenn wir geboren werden, tragen wir nicht nur bestimmte körperliche, geistige und seelische Anlagen in uns, sondern auch Familienthemen, die weitergegeben werden. Es wird oft gesagt, wir müssten das Thema für unsere Familie lösen. Sehen Sie es einmal anders: Jeder

Mensch muss das Familienthema für sich persönlich bearbeiten und lösen. Indem er das tut, bietet er auch anderen, noch lebenden Mitgliedern die Chance zum Wachstum. Vielleicht hat sein Handeln auch Auswirkungen auf frühere Generationen. Das kann aber nicht das erste Motiv sein, aus dem heraus wir an uns arbeiten.

Was in einer Gesellschaft oder Kultur für schicklich und unschicklich gehalten wird, ist relativ und abhängig von dem Wertesystem und den Regeln, die herrschen. Diese können sich mit der Zeit verändern. Einst galt es bei Hofe als schicklich, sich mit einem langen Stab zu kratzen, wenn es juckte (waschen kam den Leuten noch nicht in den Sinn und stellte deshalb noch keinen Wert dar). In China zeigte man dem Gastgeber, dass es schmeckte, indem man beim Essen rülpste und einen Tisch hinterließ, der bei westlichen Kulturen für Entsetzen sorgen würde. Kinder wachsen mit den Maßstäben ihrer Gesellschaft auf, lernen, was *man* tut und was nicht, und nehmen diese »*man's*« als Wertesystem in sich auf. Diese Werte schlagen sich in der »Meinung der Leute« nieder, vor der viele Menschen Angst haben.

Der Absolutheitsanspruch mancher dieser Wertvorstellungen geht jedoch weit darüber hinaus, eine Richtschnur für richtiges Verhalten zu sein. Ob sie eingehalten werden, kann eine Frage auf Leben und Tod sein, zum Beispiel bei Bekleidungsvorschriften, einem bestimmten Verhaltenskodex oder anderen, ideologisch motivierten Vorschriften. Entsprechend groß ist die Angst, sie zu übertreten. Dass diese Werte im Grunde ebenfalls nichts anderes sind als eine aus der jeweiligen Kultur hervorgehende Konstruktion, ändert nichts an ihren massiven Auswirkungen. Kulturelle und familiäre Wertvorstellungen berühren unsere Herkunft. Sie sprechen unsere seelischen Wurzeln an und rufen intensive Gefühle der Zustimmung und Anlehnung hervor. In Diskussionen versuchen die Beteiligten häufig, ihre Meinungen als objektiv richtige Fakten darzustellen, was zu einem fruchtlosen Ringen um eine Lösung führt. Meinungen drücken Gefühle aus, deshalb muss jede Diskussion um Recht und Unrecht scheitern. Stellen Sie deshalb weniger die Frage: »Wer hat Recht?«, sondern fragen Sie stattdessen: »Wie können wir uns einigen?« Oder: »Gibt es etwas Verbindendes?« Machen Sie sich die Worte des norwegischen Politikers Trygve Lie zu eigen: »Auch zwischen Gegnern ist eine Verständigung möglich, wenn sie das Trennende gemeinsam tragen.« Sprechen Sie anderen nicht die Bedeutung ab, die die Dinge für sie haben. Zeigen Sie ihnen lieber alternative Sichtweisen auf.

Die Bedeutung der Dinge liegt nicht in den Dingen selbst. Sie liegt in jedem von uns. Das bedeutet, dass jeder andere Standpunkt die gleiche Berechtigung hat wie der eigene. Wenn Standpunkte und Wünsche so sehr abweichen, dass sie sich nicht vereinen lassen, bleibt nur, nach einem für alle Beteiligten akzeptablen Kompromiss zu suchen. Ist das nicht möglich, weil beide Parteien den eigenen Standpunkt als den einzig richtigen vertreten, sind endlose Schuldzuweisungen, Forderungen und schlimme Ereignisse die Folge, wie wir sie täglich erleben.

Wie die unterschiedliche Wahrnehmung mit dem eigenen Lebensverlauf zusammenhängt, zeigt die Geschichte von Bernd, Linda und Britta, die zusammen den Film Samsara – Geist und Leidenschaft *gesehen hatten. Als der Film zu Ende war, gingen sie in eine Bar und erzählten sich, was ihnen an dem Film aufgefallen war. Die größten Unterschiede bestanden darin, wie sie Pema, die weibliche Hauptakteurin des Films, sahen. Jede Sichtweise sagte etwas über das jeweilige Leben aus, und in jeder Beurteilung waren Regieanweisungen für das eigene Lebensdrehbuch zu erkennen.*

Britta erlebte Pema als selbstbestimmte, unabhängige und liebevolle Frau, die durch ihre seelische Kraft zu einer Schlüsselfigur für alle anderen wurde. Für Linda, Bernds Frau, war sie ein Mensch, der sich für andere einsetzte, um am Ende verlassen zu werden und allein dazustehen. Bernd wiederum sah in ihr die unantastbare Heilige, die nie etwas falsch macht und die deshalb nicht wirklich fraulich, vielleicht sogar nicht wirklich menschlich ist. Britta war nach langem Zögern einen sehr selbstbestimmten Weg gegangen; die Stärke Lindas lag darin, dass sie andere Menschen besonders gut annehmen und hegen konnte, aber sie litt unter der außerehelichen Beziehung ihres Mannes. Bernd sah in Pema seine Frau, die Heilige, die für alle da war, die er aber nicht als sexuelle Frau wahrnehmen konnte, vielleicht weil sie ihm zu heilig, zu unantastbar erschien.

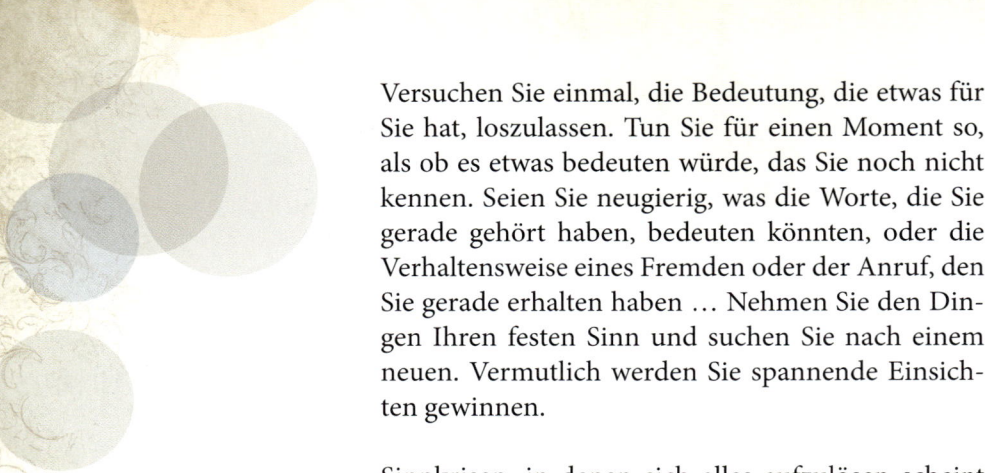

Versuchen Sie einmal, die Bedeutung, die etwas für Sie hat, loszulassen. Tun Sie für einen Moment so, als ob es etwas bedeuten würde, das Sie noch nicht kennen. Seien Sie neugierig, was die Worte, die Sie gerade gehört haben, bedeuten könnten, oder die Verhaltensweise eines Fremden oder der Anruf, den Sie gerade erhalten haben … Nehmen Sie den Dingen Ihren festen Sinn und suchen Sie nach einem neuen. Vermutlich werden Sie spannende Einsichten gewinnen.

Sinnkrisen, in denen sich alles aufzulösen scheint und Sie Ihren Halt verlieren, können ausgesprochen heilsam sein. Nun können Sie die Dinge neu ordnen und müssen es sogar. Sie bekommen eine neue Bedeutung. Das geschieht zum Beispiel auch, wenn Sie im Nachhinein eine Beziehung oder Ihre Kindheit, eine Arbeitsstelle oder Lebensphase doch noch als positiv erleben, weil Sie Ihre Erfahrungen von damals in einem neuen Licht sehen.

Wie verschieden dieselben Worte von Menschen aufgefasst werden können, nur weil Sie eine unterschiedliche Vergangenheit haben, zeigt das »Kleine Lexikon unverstandener Wörter« aus Milan Kunderas Roman *Die unerträgliche Leichtigkeit des Seins*.

Kleines Lexikon unverstandener Wörter

»Wir sehen die Dinge nicht, wie sie sind, sondern wie wir sind.«
H. M. Tomlinson

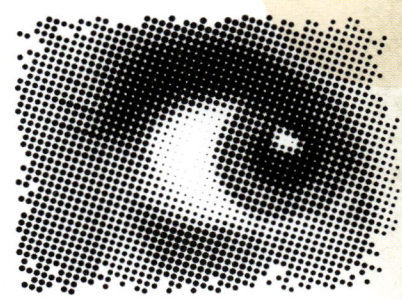

Sabina, eine Tschechin, die während des Prager Frühlings in die Schweiz geflohen war, ist mit dem Schweizer Franz liiert. Die beiden können sich jedoch an vielen Stellen nicht wirklich verständigen, da sie den gleichen Worten unterschiedliche Bedeutungen beimessen, die aus ihren persönlichen Erfahrungen entstanden sind.

Das Wort »Umzug« hat für Sabina den bitteren Geschmack des Zwanges. Für sie bedeutet es mitmarschieren zu müssen und linientreue Lieder zu singen. Es erinnert sie an gegenseitige Denunziation. Für Franz sind Umzüge willkommene Gelegenheiten zu demonstrieren, bei denen es so »schön war, etwas zu feiern oder zu fordern, gegen etwas zu protestieren, nicht allein zu sein, sondern unter freiem Himmel und mit anderen zusammen«.

»Stärke« bedeutet für Franz, dass er kräftige Muskeln hat, mit denen er problemlos einen Arm über den Kopf ausstrecken kann, während er einen schweren Eichenstuhl mit der Hand umklammert. Stärke erscheint ihm überflüssig, denn in Genf hatte er noch nie Gelegenheit, mit jemandem zu raufen. Sabina kommt es grotesk vor, wie er so mit dem hoch erhobenen Stuhl durch das Zimmer schreitet: Franz ist zwar stark, aber seine Stärke ist nur äußerlicher Natur. Den Menschen gegenüber, mit denen er lebt, ist er schwach, denn er ist gütig. Er würde ihr nie etwas vorschreiben. Obwohl Sabina gegen einen Mann rebellieren würde, der ihr Befehle erteilt, verliert Franz gerade durch seine Nachgiebigkeit an erotischer Faszination für sie. Franz hingegen glaubt, Liebe bedeute, auf Stärke zu verzichten.

Weitere Beispiele veranschaulichen, wie unterschiedlich Menschen Dinge wahrnehmen und interpretieren: der Friedhof, der für Sabina ein schöner Garten des Friedens ist, auch im Krieg, auch während aller Okkupationen, und für Franz ein hässlicher Schuttplatz für Knochen und Steine; ihre jeweilige Einstellung zur Musik, zur Heimat Sabinas, zu der Bedeutung der Worte »In Wahrheit leben«.

Beim Lesen dieses Vokabulars scheint die Entfernung zwischen den beiden unüberwindlich. Es tun sich völlig unterschiedliche Welten auf, die nicht nur durch die politischen und kulturellen Umstände geprägt sind, sondern auch durch die andersartigen Temperamente und Bedürfnisse. Eine Brücke zu bauen und die Verständnisdistanz zu überwinden, würde bedeuten, sich mit unendlicher Geduld, Offenheit und ohne vorgefasste Meinungen in die Welt des anderen hineinzuleben und seine Be-Deutungen zu begreifen.

Vergleichbare Situationen entstehen täglich, dazu bedarf es keiner gravierenden kulturellen Unterschiede. Jeder Mensch hat Reizworte in sich verankert, die für ihn positiv oder negativ besetzt sind, je nach der damit verknüpften Erfahrung. Das Gleiche gilt für Stimmen, Mimik, Gestik, Kleidungsstil, Haare, das sexuelle Verhalten … Die Liste ließe sich lang fortsetzen. Alles, was andere Menschen an sich haben und tun, kann einen Reiz darstellen und eine höchst persönliche Reaktion auslösen, ebenso Dinge und Ereignisse. Meist kommentieren wir einen solchen Reiz mit einem laut ausgesprochenen oder inneren Satz, der besagt: Der Mensch, das Ding oder das Ereignis sei so, wie unsere innere Reaktion es für uns darstellt, obwohl wir es nur durch unsere persönliche Brille betrachten. Da es unseren Gesprächspartnerinnen und -partnern ebenso geht, lässt sich leicht erkennen, dass Missverständnisse programmiert sind.

Wir müssen erst lernen, zwischen uns und dem anderen zu unterscheiden. Nur weil wir etwas auf eine bestimmte Weise sehen, bedeutet das nicht, dass es so ist. Es bedeutet lediglich, dass es *für uns* so ist.

Erfolgreich miteinander reden verlangt deshalb Aufmerksamkeit und Selbstkenntnis, dazu einen klaren, grundsätzlich wohlwollenden Blick, der auch dann, wenn wir uns betroffen oder verletzt fühlen, die Möglichkeit zulässt, dass etwas anders gemeint sein kann als das, was bei uns ankommt.

Wie Sie Ihre Kommunikation erfolgreich gestalten können

»Man kann auch die Sprache für das Erwachen nutzen. Wir können achtsam dem Gegenüber sein, was unsere Worte bewirken, was unsere Motivation beim Reden ist, und wie wir uns dabei fühlen.«
Jack Kornfield

Wenn Sie ein wirkliches Erfolgsrezept für Ihre Beziehungen suchen, finden Sie es in den Ideen der »Gewaltfreien Kommunikation« von Dr. Marshall Rosenberg. Kommunikation kann verbinden, und sie kann trennen. Ein harmloses Gespräch kann unerwartet in Missverständnissen und Streit enden, weil einer der beiden Kommunikationspartner einen Vorwurf, eine Beleidigung oder Kritik gehört hat – oder sich bevormundet fühlt. Aus einem Streitgespräch können gegenseitiges Verstehen und eine gemeinsame Lösung erwachsen. Verbindung entsteht, wenn Sie die Bedürfnisse Ihres Gesprächspartners erfassen und sie würdigen, anstatt sie zu ignorieren oder abzuwerten, und wenn Sie auch Ihre eigenen Bedürfnisse respektieren und zum Ausdruck bringen.

Die Gewaltfreie Kommunikation (GfK) trainiert Ihre sprachlichen Ausdrucksfähigkeiten, sodass Sie auch in schwierigen Situationen noch eine Brücke bauen können. Antworten Sie bewusst und teilen Sie klar und ehrlich mit, was Sie wahrnehmen, fühlen und brauchen, anstatt gewohnheitsmäßig und automatisch zu reagieren, wie es so schnell geschieht. Schenken Sie anderen Menschen Ihre respektvolle und einfühlsame Aufmerksamkeit. Gewaltvolle Kommunikation besteht nicht nur in Schimpfworten, Aggression und Streitgesprächen. Jede Art von Manipulation, Abwertung, Diskriminierung, Anklage und Schuldzuweisung ist gewaltvoll. Manchmal sind es subtiler Druck oder Andeutungen, durch die Gewalt ausgeübt wird. Gewaltvolle Kommunikation ist in unserem Alltag überall zu finden: zwischen Eltern und Kindern, Lehrern und Schülern, Liebespaaren, in Unternehmen. Wir alle haben sie erlebt und auch selbst gewaltvoll kommuniziert.

Wenn Sie sich die Grundidee der GfK aneignen, dass der Austausch zwischen Menschen von Bedürfnissen geleitet wird, bietet Ihnen jedes Gespräch die Möglichkeit, Ihre eigenen, wahren Bedürfnisse zu entdecken und auch die des anderen zu verstehen. Durch aufmerksames Zuhören nach innen und außen schulen Sie Ihr Einfühlungsvermögen und erweitern Ihr Bewusstsein. Beobachten Sie sorgfältig, welche Umstände und Verhaltensweisen Sie in einer Situation stören, und sprechen Sie aus, worum es geht und was Sie stattdessen benötigen.

Das Wort »Bedürfnis« kommt von Bedarf. Es geht darum, was ein Mensch braucht. Sicher haben Sie das schon erlebt: In dem Augenblick, in dem Sie verstehen, was der andere wirklich von Ihnen braucht, gleich, ob er es verklausuliert, wütend, indirekt oder wie auch immer mitteilt, fühlen Sie sich besser. Geben Sie ihm ebenfalls die Möglichkeit, Ihre Bedürfnisse zu verstehen. Tun Sie das nach Möglichkeit freundlich, ohne Forderung, Anklage, Schuldzuweisung oder Doppelbotschaften. Für Missverständnisse ist dann kein Raum. Werten Sie weder Ihre eigenen Bedürfnisse noch die anderer ab, auch wenn sie Ihren Bedürfnissen entgegenstehen. Bedürfnisse gehören zur Natur des Menschen.

Die Frage ist nicht, ob wir sie haben dürfen, sondern wie wir damit umgehen. Weder Sie noch der andere müssen auf die jeweiligen Bedürfnisse eingehen. Es gibt keine Verpflichtung, Bedürfnisse zu erfüllen, mit Ausnahme von bestimmten Verpflichtungen, wie wir sie einem kleinen Kind gegenüber haben. Es ist jedoch ein großer Unterschied, ob Sie eine Bitte respektvoll aufnehmen und ablehnen oder ob Sie diese negativ bewerten und zurückweisen.

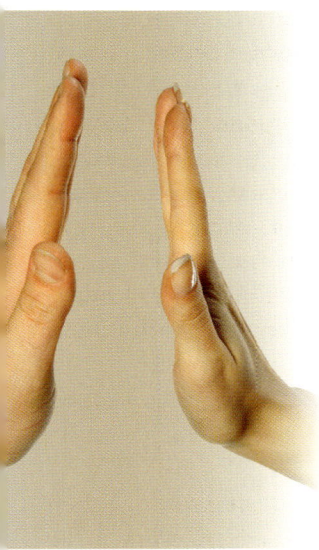

Unsere Kultur lehrt uns nicht, bewusst auf Bedürfnisse zu achten. Stattdessen sind wir daran gewöhnt, dass durch den permanenten Strom an Eindrücken Bedarf in uns geweckt wird. Was ich alles brauchen könnte, erfahre ich immer dann, wenn ich durch die Einkaufstraßen einer Großstadt spaziere oder fernsehe und mit Werbeblocks bombardiert werde. Selten ist ein echtes Bedürfnis dabei, das mir so bewusst wird. Marshall Rosenberg nennt die GfK eine »Sprache der Einfühlsamkeit«, die uns auffordert, unsere Aufmerksamkeit in eine Richtung zu lenken, in der die Wahrscheinlichkeit steigt, dass wir das bekommen, wonach wir wirklich suchen; unsere Erziehung und Kultur lenkt uns jedoch eher in eine Richtung, in der wir wahrscheinlich nicht das bekommen, was wir haben möchten.

Einfühlsame Kommunikation in der Praxis

»Um mit jemandem zu sprechen, stell erst eine Frage, dann hör zu.«
Antonia Machado

Wie Sie mit anderen sprechen, hat Auswirkungen, die über den Zeitrahmen des Gesprächs hinausgehen. Selbst wenn Sie nichts anderes tun, als einem Kollegen zu sagen, dass Sie eine Tasse Kaffee trinken gehen, löst die Art, wie Sie das tun, etwas bei ihm aus. Das meiste ist schnell aus dem bewussten Speicher verschwunden. Das Unterbewusste hat jedoch eine ganze Reihe Informationen aufgenommen und abgelegt: die Stimmung, die Ihr Kollege an Ihnen wahrgenommen hat, wie er Ihr Verhältnis zu ihm empfindet, dass Sie gern Kaffee trinken usw. Bei Menschen, mit denen Sie häufig zusammen sind, erzeugt Ihre Art, sich mitzuteilen, eine Spur, die sich im Laufe der Zeit immer mehr vertieft. Sie kann Offenheit und Zuneigung dokumentieren oder an Vorsicht, Misstrauen, Abwehr oder Wut erinnern.

Die beiden Grundpfeiler der Gewaltfreien Kommunikation sind Selbsteinfühlung und einfühlsamer Umgang mit anderen. Moralische Urteile, die sich mit der Frage beschäftigen »Wer ist wie?« und »Wer verdient was?« blockieren das Einfühlungsvermögen und trennen Sie von anderen Menschen. Sie können einfühlsam mit sich selbst umgehen und gleichzeitig der anderen Person mitteilen, was Ihr Bedürfnis ist, wenn Sie die folgenden Sätze als Grundidee für Ihre Ausdrucksweise nehmen und sie der jeweiligen Situation anpassen.

»*Wenn ich sehe (höre), dass du …*«
Beschreiben Sie, was Sie wahrnehmen, ohne es zu bewerten oder zu deuten.

»*… fühle ich mich …*«
Beschreiben Sie, was Sie fühlen, ohne Vermutungen über die Ursache anzustellen oder direkte oder indirekte Schuldzuweisung.

»*… weil ich brauche …*«
Formulieren Sie Ihr Bedürfnis, das in der Situation nicht befriedigt wird.

»*Darum hätte ich gern (bitte ich dich) …*«
Formulieren Sie nun eine realisierbare Bitte in einer positiven Form, die dem anderen einen Weg zeigt, wie er Ihr Bedürfnis erfüllen kann.

Wenn Sie sich in dieser Art und Weise ausdrücken, vermeiden Sie, dem anderen etwas zu unterstellen oder ihm schon im Vorfeld etwas vorzuwerfen. Ihre Vor-Annahmen bleiben bei Ihnen und können sich auflösen oder bestätigen, ohne dass Sie das Gespräch schon in diese Richtung gelenkt haben.

Ebenso können Sie den anderen ansprechen:

»*Wenn du siehst (hörst), dass …*«
Nennen Sie das, worum es Ihnen geht, oder etwas, worauf der andere reagiert hat und was Sie klären möchten.

»… fühlst du dich …«
Versuchen Sie nachzuempfinden, was der andere fühlt und formulieren Sie. Vielleicht müssen Sie dabei mehrmals nachfragen.

»… weil du … brauchst?«
Sprechen Sie Ihre Vermutung darüber aus, was das Bedürfnis des anderen sein könnte, das nicht befriedigt wurde.

»Hättest du gern …?«
Nennen Sie eine konkrete Handlung, von der Sie glauben, dass Sie das Bedürfnis des anderen befriedigen könnte.[6]

Es ist sehr menschlich, alles, was wir erleben, sofort einzuordnen. Weil alles Erlebte Gefühle in uns auslöst, ist es für viele Menschen schwierig, andere Personen wahrzunehmen, ohne sie zu bewerten, zu kritisieren oder zu verurteilen. Der indische Philosoph Krishnamurti nannte einmal die Fähigkeit, zu beobachten, ohne zu bewerten, die höchste Form menschlicher Intelligenz. Damit ist sicher nicht gemeint, dass Sie einfach alles hinnehmen sollen. Zur höchsten Form menschlicher Intelligenz gehört auch, nicht nur zu sehen, was der andere tut und wie er auf uns wirkt, sondern sich darauf zu konzentrieren, was er in uns auslöst. Auf diese Weise werden andere Menschen zu einem Schlüssel zu uns selbst, durch den wir erfahren, was wir brauchen und wie wir Wege finden können, es zu bekommen.

Wenn Ärger, Wut, Angst und Abwehr in Ihnen aufkommen, fragen Sie sich: Was ist gerade passiert? Benennen Sie die Gefühle, die Sie dabei haben, und suchen Sie nach den Bedürfnissen, die sich hinter diesen Gefühlen verbergen. Wenn Sie wütend sind, kann es sein, dass Sie sich übergangen, missachtet, allein gelassen oder überfordert fühlen und dass Sie Beachtung, Respekt, Unterstützung und Hilfe möchten. Wenn Sie diese Bedürfnisse benennen, anstatt Ihrer Wut freien Lauf zu lassen oder Vorwürfe zu machen, haben Sie eine größere Chance, sie erfüllt zu bekommen.

Sprechen Sie in Ich-Botschaften statt in Du-Botschaften. Wenn Sie sagen: »Ich bin wütend, weil du nicht abgespült hast«, sagen Sie zwar, was Sie empfinden. Sie nehmen jedoch keine Schuldzuweisungen vor, die ebenso wie Mutmaßungen als Angriffe empfunden werden und Widerstand und Ärger erzeugen. Selbst wenn Sie auf diese Weise bekommen, was Sie wollen, bringen Sie den anderen höchstwahrscheinlich nur dazu, sich nicht nur mit Ihnen, sondern auch mit sich selbst schlecht zu fühlen. Sagen Sie zum Beispiel stattdessen: »Wenn ich die Küche sehe, werde ich ärgerlich, weil ich Ordnung brauche, wenn ich nach einem hektischen Arbeitstag nach Hause komme.«

Stehen Sie zu Ihren Aggressionen. Wut weist Sie immer auf ein unerfülltes Bedürfnis hin, bei sich selbst und bei anderen. Finden Sie heraus, worum es geht. Die meisten Bedürfnisse können auf die eine oder andere Art erfüllt werden, wenn Sie sie kennen. Falls das nicht möglich ist, ist die Art, wie Sie mit der Nichterfüllung umgehen, entscheidend. Julia Cameron beschrieb Wut in ihrem Buch *Der Weg des Künstlers* so: »Wut ist eine Landkarte. Sie zeigt uns, wo wir gewesen sind und wo wir nicht mehr sein wollen.«

Sagen Sie öfter »und« statt »aber«. In dem Satz »Ich freue mich, dass du mir beim Aufräumen geholfen hast, *aber* den Garten musste ich ganz allein gießen«, klingt ein Vorwurf an. Besser ist: »Ich freue mich, dass du mir beim Aufräumen geholfen hast, *und* ich würde mich auch sehr freuen, wenn du mir noch beim Gießen des Gartens helfen würdest.«

Betrachten Sie Meinungsverschiedenheiten als einen Ausdruck der Fülle an Möglichkeiten, die das Leben bietet. Konflikte sind der Preis dafür, dass wir Wahlmöglichkeiten haben. Der ehemalige englische Premierminister Sir Winston Churchill, der für seine geistreichen Aussprüche bekannt ist, meinte: »Wenn zwei Menschen immer die gleiche Meinung haben, ist einer von ihnen überflüssig.« Das Problem sind in der Regel nicht unterschiedliche Meinungen, sondern die Art und Weise, wie mit ihnen umgegangen wird.

Gute Beziehungen hängen nicht davon ab, ob Sie und die anderen Menschen immer übereinstimmen. Auch eine gesunde Gesellschaft braucht keinen andauernden Konsens. Andere müssen Ihnen nicht zustimmen und Sie brauchen ihnen nicht zuzustimmen. Trotzdem sind Verständigung und ein gutes Verhältnis möglich, wenn Sie, wie der norwegische Politiker Trygve Lie sagte, »das Trennende gemeinsam tragen«. Die beste Voraussetzung dafür, dass Ihre Meinungen respektvoll aufgenommen werden, ist, Menschen, die abweichende Meinungen vertreten, mit Respekt zu behandeln.

Marianne Williamson, die die Botschaften von *Ein Kurs in Wundern* auf besondere schöne Weise vertritt, empfiehlt eine einfache, verbindende Übung, die Sie überall und immer dann, wenn Sie mit Menschen zusammen sind, ausführen können. Sagen Sie still für sich: »Das Licht Gottes in mir grüßt das Licht Gottes in dir.« Natürlich können Sie diesen Satz auch laut aussprechen. Sie können ihn auch anwenden, wenn Sie allein sind und ihn als Botschaft senden. Wenn Sie diese Übung regelmäßig machen, werden Sie ein besonderes Glücksgefühl erleben.

Fünfter Schritt: Schließen Sie Freundschaft mit dem Leben

»Ich kann die Richtung des Windes nicht ändern,
aber ich kann meine Segel so ausrichten, dass ich immer mein Ziel erreiche.«
Jimmy Dean

Ist Ihnen schon einmal aufgefallen, dass die meisten Menschen etwas sehr Paradoxes wollen: Sie möchten, dass alles anders wird und gleichzeitig, dass alles beim Alten bleibt. Auch diejenigen, die vor allem keine Veränderung wollen, hegen Sehnsüchte oder sind mit einem Zustand nicht einverstanden. Wo stehen Sie? Geht es Ihnen mehr darum, Neues zu erleben und Dinge so zu verändern, dass diese Ihnen mehr zusagen, oder würden Sie am liebsten den Istzustand festschreiben?

Leben ist ein Prozess. Es bietet Ihnen immer wieder neue Gelegenheiten, fordert Sie auf, Entscheidungen zu fällen, eine Wahl zu treffen, konfrontiert Sie mit dem, was Sie in die Kammern Ihres Unbewussten verschoben haben, und fordert Sie heraus, Ihre Lebensaufgabe zu entdecken und zu erfüllen. All die vielen Ereignisse und Unvorhersehbarkeiten, die Sie erleben, haben dieses Ziel. Wenn Sie ein glücklicher Mensch sein wollen, müssen Sie bereit sein, sich diesen Dingen zu öffnen und mit dem Prozess des Lebens zu gehen. In der altchinesischen Philosophie des Taoismus nannte man dieses Prinzip *Wu wei,* was oft fälschlich mit »Nichthandeln« übersetzt wird. Es bedeutet jedoch sinngemäß »Enthaltung eines gegen die Natur gerichteten Handelns«, also nichts zu tun, was den natürlichen Verlauf der Dinge stört. Das Notwendige wird getan, jedoch ohne Übereifer und Aktionismus. Um spüren zu können, wann wir uns zurückhalten und wann wir vorangehen sollten, brauchen wir einen stillen, inneren Raum, in dem Platz dafür ist, dass sich dieses intuitive Wissen entfalten kann. Auch wenn die meisten von uns auf einer tiefen Ebene wissen, was gut für uns ist und was nicht, sind wir doch von allen möglichen anderslautenden Vorstellungen beherrscht, die sich in unseren Köpfen tummeln. Ein wichtiger Grund dafür ist für viele die Angst vor Veränderung aufgrund der Vorstellungen, die sie damit verknüpfen. *Wu wei* bedeutet Freundschaft mit dem Leben schließen, auch wenn es uns prüft.

Die Basis Ihres Lebens:
Ihre innere Haltung

»Unsere Einstellung ist der Malerpinsel unseres Geistes. Er kann eine Situation düster oder grau oder fröhlich und freundlich färben.«
Mary C. Crowley

Was Sie vom Leben bekommen, hängt von Ihrer Lebenseinstellung ab. Die Welt ist nicht einfach, wie sie ist, sondern ein Spiegel Ihres Inneren. Wie Sie fühlen und denken bestimmt, worauf Sie Ihre Wahrnehmung richten und wie Sie handeln. Ich nenne diese lebensgestaltende Einstellung auch die »innere Haltung«, weil dieser Begriff ausdrückt, dass wir eine innere Position einnehmen, die sich wie jede Position verändern lässt. Das Lebensgrundgefühl eines jeden Menschen ist so einzigartig wie der Mensch selbst. Dennoch gibt es Ähnlichkeiten, die als eine Anzahl charakteristischer Muster zusammengefasst werden können, zum Beispiel in Form einer Typologie.

Eine einfache, aber für das Leben entscheidende Frage ist, welchen Wert ein Mensch dem, was er tut, beimisst. Die folgenden drei Einstellungen von drei Maurern, die auf der gleichen Baustelle arbeiten, zeigt Ihnen drei Grundhaltungen der eigenen Leistung gegenüber. Die Bilder zeigen nicht die Baustelle selbst, sondern das, was jeder Maurer in ihr sieht.

Der erste Maurer sagt:
»Ich behaue einen Stein.«

Der Zweite sagt:
»Ich baue an einem Gebäude.«

Der Dritte sagt: »Ich helfe bei der Errichtung einer Kathedrale mit.«

Der eine sieht nur den Stein, der andere ein Gebäude und der Dritte, dass er an etwas Bedeutungsvollem mitwirkt. Wenn Sie Bauarbeiter sind und an einem Wohnhaus arbeiten, können Sie denken: »Ich setze Steine aufeinander.« Oder Sie können sagen: »Ich baue an einem Gebäude.« Und Sie können auch artikulieren: »Ich baue an einem Haus, das ein schöner Wohnraum für die Menschen werden soll, die darin wohnen.«

Machen Sie es sich zur Angewohnheit, das, was Sie tun, auch in seiner größeren Bedeutung zu sehen. Sie wickeln nicht einfach nur liebevoll Ihr Kind, nein, Sie sorgen vielmehr dafür, dass ein neuer Mensch die Erde bereichern kann. Sie erledigen nicht nur die Büroarbeit in einem Unternehmen, nein, Sie tragen dazu bei, dass Sie und andere einen Arbeitsplatz haben und vielleicht auch, ein Produkt zu vermarkten, dass Sie sinnvoll finden. Als Steuerberater besteht Ihr Beitrag darin, dass öffentliche Ausgaben finanziert werden können und Ihren Klienten unnötige Kosten erspart bleiben. Auch wenn Sie in Ihrem Arbeitsbereich Kritikpunkte erkennen, zum Beispiel weil Sie von der staatlichen Ausgabenpolitik nicht überzeugt sind, ist es dennoch so, dass auch gute und notwendige Dinge finanziert werden können.

Betrachten Sie Ihr Leben nicht nur als etwas Persönliches. Wir alle sind Teil eines größeren Ganzen, in dem wir eine Aufgabe haben. Der berühmte Bildhauer Auguste Rodin sagte: »Wir müssen das Leben lieben, schon der Arbeit wegen, die man darin entfalten kann.« Rodin liebte seine Arbeit und deshalb liebte er das Leben.

Wie Ihre innere Haltung entsteht

»Es ist unmöglich, jemandem ein Ärgernis zu geben,
wenn er es nicht nehmen will.« **Friedrich Schlegel**

Sie kommen nicht als leeres Blatt auf die Welt. Darüber konnten Sie schon in früheren Kapiteln ausführlich lesen. Was Sie mitbringen, ist eine Anlage, die sich während Ihres Lebens noch gemäß Ihren Erfahrungen und den daraus gezogenen Rückschlüssen ausformt. Ihre Anlage umreißt bereits eine Neigung, innerlich im Leben aufgestellt zu sein.

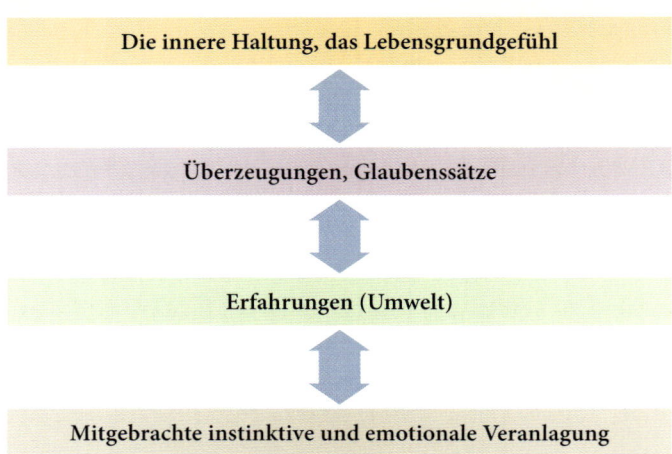

Die innere Haltung, das Lebensgrundgefühl

Überzeugungen, Glaubenssätze

Erfahrungen (Umwelt)

Mitgebrachte instinktive und emotionale Veranlagung

Die Basis bildet die instinktive und emotionale Veranlagung, die jeder Mensch mit ins Leben bringt. Sie wird von Erbfaktoren bestimmt, die beeinflussbar sind, und umfasst eine spirituelle Dimension. Ihre Veranlagung ist der Ausdruck Ihrer Lebensaufgabe, das heißt, eine bestimmte Lebensaufgabe ist mit bestimmten Erbfaktoren und entsprechenden Anlagen verbunden. Sie setzt Ihnen einen bestimmten Rahmen, in dem Sie sich verwirklichen können. Er ist so groß und vielfältig, dass Sie den Eindruck gewinnen können, er existiere nicht. Er ist jedoch nicht beliebig groß. Lassen Sie sich nicht dazu verführen zu glauben, schlichtweg alles sei für Sie in dieser Existenz möglich. Träumen Sie von allem, was Sie sich wünschen, und seien Sie bereit, alles zu versuchen, woran Ihnen wirklich liegt. Seien Sie sich jedoch auch dessen bewusst, dass Sie nicht sicher wissen können, was und wie viel sich davon verwirklichen lässt.

Wir sind keineswegs die Marionetten unserer Gene. Der Zellbiologe Bruce Lipton weist in seinem Buch *Intelligente Zellen. Wie Erfahrungen unsere Gene steuern* nach, dass unser Denken und Fühlen bis in jede einzelne unserer Zellen hineinwirkt. Jede Zelle ist ein intelligentes Wesen, das allein überleben und durch Erfahrungen mit der Umgebung lernen kann. Die Epigenetik, ein Forschungsfeld der Molekularbiologie, das erstaunliche neue Einsichten bietet, räumt mit der Vorstellung auf, unsere Persönlichkeit, unser Aussehen und unsere Krankheiten seien unveränderlich durch unsere Gene bestimmt. Gene sind nicht mehr unser Schicksal. Wir können sie durch eine Veränderung unserer Fühl- und Denkgewohnheiten, durch Ernährung und unseren Lebensstil beeinflussen. Das bedeutet, dass, wie in der Abbildung gezeigt, die innere

Haltung zwar aus den Stufen von Veranlagung, Erfahrungen und Glaubens-sätzen erwächst, dass aber umgekehrt eine Veränderung der inneren Haltung auch auf unsere Glaubenssätze und unsere Veranlagung zurückwirkt. Wir sind lebende Systeme, die ihre Identität fortwährend neu erschaffen, entweder in Form einer Bestätigung des Bekannten und Vertrauten, in dem wir, wie der Neurobiologe Gerald Hüther sagt, unser Gehirn immer auf die gleiche Weise benutzen, oder in Form einer Ausweitung an Möglichkeiten. Unser Bewusst-sein kann den uns gegebenen Rahmen sehr weit oder sehr eng ausschöpfen und Deutungen und Wege ausprobieren, die noch in keiner Generation vor-her versucht wurden.

Innere Haltungen – und wie sieht die Ihre aus?

Es ist eine spannende und lebenslange Herausfor-derung, die eigene innere Haltung zu entdecken. Hinter unserer »Persona«, der Maske, die wir alle nicht nur vor anderen, sondern auch vor uns selbst tragen, gibt es ein Lebensgrundgefühl, das die Wur-zel unserer Motive und unseres Lebensziels ist. Sie finden es, indem Sie sich selbst »auf den Grund ge-hen« und die komplexen Zusammenhänge und das Muster Ihres Lebens erkennen.

Jede innere Haltung enthält bestimmte Sehnsüchte und Wünsche, die nichts anderes sind als der innere Ruf – das, wozu jeder Mensch berufen ist. Wenn Sie in der Lage sind, Ihre innere Haltung zu beschrei-ben, können Sie auch Ihre wahren Wünsche nen-nen – und die Hindernisse, die es zu überwinden gilt, um sie zu verwirklichen.

Im Folgenden möchte ich Ihnen die zwölf inneren Haltungen, in denen sich menschliches Fühlen zusammenfassen lässt, in einer Kurzform vorstellen, sodass Sie einen Eindruck von dem Spektrum an Möglichkeiten gewinnen können. Vielleicht finden Sie sich in einer bestimmten Haltung oder in ei-ner Kombination von Haltungen besonders wieder. Streichen Sie die Textteile, die auf Sie zutreffen, in einer Farbe an, und die, von denen Sie sagen: »Das bin ich keinesfalls!«, in einer anderen. Lesen Sie beide zu einem späteren Zeitpunkt nochmals in Ruhe durch.

Falls die erste innere Haltung charakteristisch für Sie ist, besteht Ihr tiefster Wunsch darin, sich zu behaupten und durchzusetzen. Leben bedeutet für Sie kämpfen, denn auch andere wollen ein Stück vom Kuchen. In diesem Tauziehen der Interessen wollen Sie sich nicht die Butter vom Brot nehmen lassen. Ihr Überlebensinstinkt ist stark ausgeprägt und verleiht Ihnen ein besonderes Gespür für Gefahrensituationen. Sie empfinden jedes Bedürfnis intensiv und haben den Drang, es umgehend zu befriedigen. Mit einem Menschen Kontakt aufzunehmen oder sich etwas zu nehmen, das Sie haben wollen, kann ein unwiderstehliches Bedürfnis für Sie sein. Ihr Interesse kann jedoch ebenso schnell entflammen, wie es wieder erlischt.

Alles, was Ihnen begegnet, löst starke Reaktionen in Ihnen aus, und Sie sind schnell getroffen und verletzt. Es drängt Sie, sofort zu reagieren und Sie werden gereizt und unruhig, wenn Sie das nicht können. Oft halten Sie sich aus Angst vor den Konsequenzen zurück, denn Sie haben den Eindruck gewonnen, dass Fehlverhalten eine riskante Angelegenheit ist. Ihr Motto ist: »Hilf dir selbst, dann hilft dir Gott.«

Obwohl Sie anderen nicht leicht vertrauen und am liebsten auf sich selbst setzen, können Ängste Sie dazu veranlassen, ihnen Macht über Ihr Leben einzuräumen. Nach außen wirken Sie friedfertig, rücksichtsvoll und kompromissbereit, obwohl Sie eher der Wolf im Schafspelz als ein Friedensengel sind.

Sie sehnen sich nach einem Leben, in dem Sie einmal keine Rücksicht nehmen und ganz nach Ihrem Willen leben können, spüren jedoch, dass Sie andere Menschen brauchen, um Ihre Bedürfnisse stillen zu können, zu denen auch das Bedürfnis nach Beziehung gehört. Ihre Angst, in der Arena des Lebens nicht bestehen zu können, ist Ihre Hürde auf dem Weg zu einem selbstbestimmten Leben, in dem Sie Beziehungen haben, in denen Sie mit Ihren Bedürfnissen angenommen werden.

Suchen Sie den roten Faden Ihres Lebens und Ihre wahren Wünsche in Ihren Beziehungen. Damit sind nicht nur Liebesbeziehungen gemeint. Wie lautet der Titel Ihres Drehbuches? Möchten Sie einen neuen Akt schreiben? Und wie soll er heißen?

Die zweite innere Haltung ist der Gegenpol zur ersten. Wenn diese Haltung für Sie charakteristisch ist, besteht Ihr tiefster Wunsch darin, in Beziehung zu sein. Sie sehnen sich nach Kontakt sowie Austausch und werden erst richtig lebendig, wenn Sie mit Menschen zusammen sind. Ohne Beziehungen fühlen Sie sich wie ein Fisch auf dem Trockenen. Am liebsten würden Sie alles zusammen mit anderen machen.

Allein zu sein ist eine große Herausforderung für Sie, weshalb Sie öfter Kompromisse eingehen, als Ihnen lieb ist. Ihre Grundstimmung ist oft von einer Wehmut geprägt, so als ob Sie etwas Wichtiges und Schönes verloren hätten, vielleicht ohne zu wissen, worum es sich dabei handelt. Entscheidungen fallen Ihnen nicht leicht, denn Sie fühlen sich am wohlsten, wenn Sie keiner Seite den Vorzug geben müssen. Sie haben eine besondere Gabe darin, auf Menschen zuzugehen und Kontakte zu knüpfen, die Ihnen nicht nur bei Ihrer Sehnsucht nach Beziehung nutzt. Nach außen hin wirken Sie durchsetzungsstark und entschlossen und werden von vielen als Mensch betrachtet, der weiß, was er will und der auch allein bestens über die Runden kommt.

Sie sehnen sich nach Frieden und Harmonie, spüren jedoch, dass Sie echte Durchsetzungskraft entwickeln müssen, um wirklich gute Beziehungen aufzubauen, in denen Sie keine falschen Kompromisse machen. Auch Dinge im Alleingang zu erledigen, anstatt darauf zu warten, bis andere sich Ihnen anschließen, gehört dazu. Ihre Angst davor, verlassen zu werden und allein zu sein, ist Ihre Hürde auf dem Weg zu einem Leben, in dem Sie nach dem Motto »Wie ich und du gewinnen« leben können.

Suchen Sie ebenso wie Ihr Gegenpol den roten Faden Ihres Lebens und Ihre wahren Wünsche in Ihren Beziehungen. Damit sind nicht nur Liebesbeziehungen gemeint. Wie lautet der Titel Ihres Drehbuches? Möchten Sie einen neuen Akt schreiben? Und wie soll er heißen?

Wenn die dritte innere Haltung charakteristisch für Sie ist, besteht Ihr tiefster Wunsch darin, eine Gemeinschaft zu finden, die Ihnen Zusammengehörigkeit und Sicherheit bietet. Ihr Motto lautet: »Gemeinsam sind wir stark!« Sie sind ein Genussmensch, der gern mit allen Sinnen leben möchte, und Sie lieben Dinge, die Sie als »wertig« empfinden. Vermutlich haben Sie jedoch die Erfahrung gemacht, dass Sinnenfreude, die für Sie gleichbedeutend mit Lebensfreude ist, negativ bewertet wurde, weshalb Sie zumindest zeitweise dazu neigen, sich zu kasteien. Selbstüberwindung ist ein großes Thema für Sie, denn Sie spüren immer wieder dieses Verlangen in sich, sich einfach einmal zu entspannen und die Dinge sich selbst zu überlassen. Weil Sie das Empfinden haben, dass Ihnen so viel fehlt, fällt es Ihnen nicht leicht, etwas herzugeben.

Nach außen wirken Sie kontrolliert und haben feste Prinzipien, die Ihren eigentlichen Sehnsüchten durchaus im Weg stehen können. Hohe, auch lebensfeindliche Ideale scheinen für Sie eine Lösung zu sein. Auf diese Weise versuchen Sie, die Dinge »richtig« zu machen und hoffen, akzeptiert zu werden. Ihre Angst davor, ausgeschlossen zu werden und sich ohne Schutz allein in einem unsicheren Terrain bewegen zu müssen, ist Ihre Hürde auf dem Weg zu einem Leben, das Sie mit allen Sinnen erfahren und in dem Sie auch von einem einmal eingeschlagenen Kurs abweichen dürfen. Verbindlichkeit und Bindungen sind Ihnen wichtig, denn Sie wünschen sich, dass die Dinge möglichst lange dauern, am liebsten ein Leben lang.

Suchen Sie den roten Faden Ihres Lebens und Ihre wahren Wünsche in Ihrer Beziehung zu den materiellen Dingen und zu Ihrem Körper. Fragen Sie sich, was Genuss für Sie bedeutet – und was Ihre Ideale in Ihrem Leben bewirken. Wie lautet der Titel Ihres Drehbuches? Möchten Sie einen neuen Akt schreiben? Und wie soll er heißen?

Die vierte innere Haltung ist der Gegenpol zur dritten. Wenn diese Haltung für Sie charakteristisch ist, besteht Ihr tiefster Wunsch darin, die Dinge eindeutig in »richtig« und »falsch« unterteilen zu können. Sie suchen nach der perfekten Lösung und wollen jeden Zweifel ausschließen, um so das Richtige zu tun.

Sie suchen nach dem, was den Tod überdauert und sehnen sich danach, etwas zu hinterlassen, das von Ihnen bleibt, wenn Sie einmal gegangen sind. Ihr großer Traum ist der von einer vollkommenen Welt, zu der Sie beitragen, indem Sie die richtigen, hohen Ideale vertreten. Wie kaum jemand anders sind Sie in der Lage, all Ihre Energien auf ein Ziel zu konzentrieren. Sie suchen nach Perfektion und richten diesen hohen Anspruch auch an sich. Für Sie gibt es nur ein »entweder – oder«, kein »vielleicht«. Anerkennung, Respekt und Liebe glauben Sie nur durch eine an Übermenschliches grenzende Leistung zu bekommen. Dieser Motor verleiht Ihnen eine große Durchschlagskraft. Oft gehen Sie über Ihre seelischen und körperlichen Grenzen hinaus. Sie sehnen sich danach, einmal locker lassen zu können und sich nur um Ihre Bedürfnisse zu kümmern. Nach außen wirken Sie entspannter, als Sie es tatsächlich sind.

Sie glauben, dass Sie funktionieren und den Erwartungen anderer entsprechen müssen und suchen nach einer Gemeinschaft, in der Sie keine besondere Leistung erbringen müssen. Ihre Angst vor negativen Bewertungen, vor Schuld und Strafe ist Ihre Hürde auf dem Weg zu einem Leben, in dem Sie Ideale und Genussfähigkeit auf die für Sie richtige Weise miteinander verbinden können und in dem Sie auch von einem einmal eingeschlagenen Kurs abweichen dürfen.

Suchen Sie den roten Faden Ihres Lebens und Ihre wahren Wünsche in Ihren Wert- und Leistungsvorstellungen. Fragen Sie sich, was Vollkommenheit für Sie bedeutet und was Ihre Ideale in Ihrem Leben bewirken. Wie lautet der Titel Ihres Drehbuches? Möchten Sie einen neuen Akt schreiben? Und wie soll er heißen?

Wenn die fünfte innere Haltung charakteristisch für Sie ist, besteht Ihr tiefster Wunsch darin, möglichst viele Informationen aufzunehmen. Sie sind neugierig und wissbegierig, suchen Fakten und Argumente, legen sich aber nicht gern fest. Wie ein Schmetterling von Blüte zu Blüte flattert, so würden Sie gern ein Leben der Leichtigkeit und Vielfalt leben, ohne sich von Gefühlen fortreißen zu lassen. Sie sehnen sich danach, das Bild zu entdecken, in dem sich die

vielen Puzzlesteine, die Sie in der Welt entdecken, zu einem sinnvollen Ganzen zusammenfügen. Mehr als alles andere wollen Sie verstehen, wie die Dinge zusammenhängen – und ihren Sinn erkennen.

Sie haben die Gabe zu einer erstaunlichen Neutralität, fühlen jedoch eine große Sehnsucht nach intensiven Erfahrungen. Ihr Wunsch nach einem bedeutungsvollen Leben, in dem Sie Größe zeigen können, wird sich jedoch nur erfüllen, wenn Sie Vertrauen, Mut und echten Optimismus entwickeln. Sie hoffen auf eine religiöse oder spirituelle Erfahrung, die Ihnen dieses Vertrauen schenkt. Sie haben ein besonderes Verhältnis hinsichtlich der Problematik, wie sich ein Mensch körperlich und sprachlich ausdrückt, wobei Sie auch selbst gut und geschickt mit Ihrem Körper umgehen können. Miteinander reden zu können ist für Sie eine Grundvoraussetzung für Beziehung.

Ihre Angst davor, sich auf intensive Erfahrungen einzulassen, ist Ihre Hürde auf dem Weg zu einem tiefen Verständnis und den reichen Erfahrungen, die das Leben bietet. Nach außen wirken Sie emotionaler, als Sie es sich in Ihrem Inneren erlauben. Oft hilft es Ihnen, Gefühle durch Worte oder Gesten zu erzeugen, zum Beispiel, indem Sie ein Liedchen pfeifen, das Sie gut gestimmt werden lässt.

Suchen Sie den roten Faden Ihres Lebens und Ihre wahren Wünsche in der Frage nach dem Sinn Ihres Lebens. Wie müssen Sie gelebt haben, um Ihr Leben am Ende als sinnvoll zu empfinden? Was müssen Sie dafür wagen? Wie lautet der Titel Ihres Drehbuches? Möchten Sie einen neuen Akt schreiben? Und wie soll er heißen?

Die sechste innere Haltung ist der Gegenpol zur fünften. Wenn diese Haltung für Sie charakteristisch ist, besteht Ihr tiefster Wunsch darin, Fülle zu erleben sowie Sinn und Bestimmung im Leben zu finden. Wohin Sie auch blicken, alles erscheint Ihnen bedeutungsvoll, und Sie sind zutiefst von Ihrer eigenen Bedeutung überzeugt. Sie verlangen nach einem Leben voller intensiver Gefühle sowie Erfahrungen und sind

lieber todtraurig, als gar nicht zu fühlen. »Himmelhoch jauchzend – zu Tode betrübt«, diese Worte stammen wohl von einem Menschen, der Ihr Lebensgrundgefühl teilte. Ihre Begeisterungsfähigkeit trägt Sie manchmal davon. Detailarbeit erscheint Ihnen »kleinkariert«. Weil Sie selbst so intensiv empfinden, können Sie sich nicht vorstellen, dass andere vielleicht kühlere Naturen sind, die mehr auf Argumente und Beweise ausgerichtet sind.

Nach außen wirken Sie wissbegierig und offen, denn Sie spüren, dass in der Fähigkeit, Fakten zu sammeln, mit denen Sie Ihre Meinung untermauern könnten, eine große Stärke liegt. Ihre Angst davor, sich leer zu fühlen, und der Schrecken, der Sie packt, wenn Sie daran denken, Ihr Leben könnte sinnlos verstreichen, sind Ihre Hürden auf dem Weg zu einem Leben, in dem Sie starke Gefühle mit großem Wissen verbinden können.

Suchen auch Sie den roten Faden Ihres Lebens und Ihre wahren Wünsche in der Frage nach dem Sinn Ihres Lebens. Könnte es sinnvoll sein und Sie glücklich stimmen, sich auch mit Details auseinanderzusetzen? Wie lautet der Titel Ihres Drehbuches? Möchten Sie einen neuen Akt schreiben? Und wie soll er heißen?

Wenn die siebte innere Haltung charakteristisch für Sie ist, besteht Ihr tiefster Wunsch darin, seelische Geborgenheit zu finden. Sie sind ein Gefühlsmensch, der alle Eindrücke aufsaugt wie ein Schwamm. Manchmal fühlen Sie sich ängstlich und schutzlos wie ein Kind, sodass Sie sich gern vor der rauen Welt zurückziehen würden wie die Schnecke in ihr Haus.

Sie sind voller Stimmungen und Ahnungen, haben eine reiche Fantasie und viele Ideen. Ihre Kreativität drücken Sie gern in allem aus, was Sie tun: ob Sie ein Kochrezept erfinden, ein Konzept entwickeln oder ein Bild malen. Sie haben gelernt, sich nach der Uhr zu richten, aber in Ihrer inneren Zeit, in der eine Minute lang oder kurz sein kann, leben Sie in einer ganz anderen Welt. Nach außen kommen Sie mit Einschränkungen, Regeln und Gesetzen gut zurecht und wirken diszipliniert. Sie finden hat Halt in Normen und wissen, was die Öffentlichkeit erwartet. In Ihrem Herzen sehnen Sie sich danach, Ihrem eigenen Rhythmus gemäß zu leben und nicht nach einer Ordnung, die Ihnen von außen auferlegt wird. Wenn Sie sich unverstanden fühlen, schmollen Sie, denn die Macht der Gefühle ist Ihnen bewusst. Sie spüren jedoch, dass Sie eine gewisse Ordnung brauchen, um Ihrem reichen Innenleben Ausdruck zu verleihen, da sie sonst von Stimmung zu Stimmung treiben würden, ohne etwas daraus zu machen. Sie würden gern etwas von Bedeutung zum Leben beitragen, doch Ihre Hürde auf diesem Weg ist Ihre Angst davor, eingeengt zu werden oder schutzlos zu sein. Auch fürchten Sie, Ihr Beitrag könnte zu gering sein, um als wichtig angesehen zu werden.

Suchen Sie den roten Faden Ihres Lebens und Ihre wahren Wünsche in Ihren Gefühlen und Empfindungen. Welche kehren immer wieder? Welche sind am stärksten? Wie können Sie sie in einer Aufgabe ausdrücken? Wie lautet der Titel Ihres Drehbuches? Möchten Sie einen neuen Akt schreiben? Und wie soll er heißen?

Die achte innere Haltung ist der Gegenpol zur siebten. Wenn diese Haltung für Sie charakteristisch ist, besteht Ihr tiefster Wunsch darin, Ordnung und Struktur in Ihrem Leben zu haben. Sie brauchen verlässliche Regeln und Normen, nach denen Sie sich richten können, und werden nervös, wenn man Sie mit verwirrenden und paradoxen Situationen konfrontiert.

Sie wollen etwas Bedeutsames in die Welt bringen, etwas, wodurch Sie der Welt Ihren Stempel aufdrücken. Sie hoffen, dass diese Aufgabe Sie den Herzen der Menschen näher bringt und

Sie die Wärme, Zuwendung und Geborgenheit erfahren, die Sie als Kind vermissten. Disziplin ist Ihnen ebenso wenig fremd wie die Notwendigkeit, den Gürtel enger zu schnallen. Mit Überfluss haben Sie eher Mühe, obwohl Sie es schätzen, für Ihre Leistungen entlohnt zu werden. Statussymbole üben eine große Anziehungskraft auf Sie aus, weil Sie gesellschaftliche Aufmerksamkeit und Anerkennung in Aussicht stellen.

Nach außen wirken Sie gefühlsbetonter, als Sie es in Ihrem Inneren zulassen, denn Sie öffnen sich nur langsam. Trotz Ihrer Sehnsucht nach Liebe können Sie diese Zuneigung nur schwer annehmen, da Sie sich in einer kühlen, emotionsarmen und sachlichen Atmosphäre sicher fühlen. Sie haben eine besondere Gabe, populär zu sein und anziehend zu wirken. Ihre Angst davor, ins Hintertreffen zu geraten und Ihre Neigung, sich nicht wirklich von gesellschaftlichen Diktaten lösen zu können, sind Ihre Hürden auf dem Weg zu einem Leben, in dem Sie die Tätigkeiten auswählen, die Ihrem Herzen entsprechen.

Suchen Sie wie Ihr Gegenpol den roten Faden Ihres Lebens und Ihre wahren Wünsche in Ihren Gefühlen und Empfindungen. Welche kehren immer wieder? Welche sind am stärksten? Welche Aufgaben können Sie mit ganzem Herzen erfüllen? Wie lautet der Titel Ihres Drehbuches? Möchten Sie einen neuen Akt schreiben? Und wie soll er heißen?

Wenn die neunte innere Haltung charakteristisch für Sie ist, besteht Ihr tiefster Wunsch darin, sich mit allem, was in Ihnen ist, auszudrücken und zu strahlen. Sie sehen sich im Zentrum des Geschehens wie die Sonne, um die die Planeten kreisen. Alles, was in Ihnen vorgeht, nimmt einen beherrschenden Raum ein, und Sie wünschen sich, es einfach nur ausleben zu können. Sie fühlen den starken Impuls zu handeln und sich durch kreative Leistungen auszudrücken, aber oft ist es, als würden Sie versuchen, mit angezogener Handbremse zu fahren. Viele Gefühle, Gedanken und Ideen brodeln in Ihnen. Weil es Ihnen oft schwerfällt, die richtige Form und den richtigen Augenblick zu finden, um loszulegen, wird der innere Druck manchmal so stark, dass eine

Art Kurzschluss entsteht, der Ihr inneres Licht vorübergehend ausschaltet. In solchen Augenblicken sind Sie zutiefst traurig und fühlen sich wie gelähmt. Sie fühlen, dass Sie der Welt etwas Wertvolles zu geben haben, können sich aber nicht entscheiden, in welcher Form Sie das tun sollen.

Sie spüren, dass es eine große Fähigkeit ist, nicht nur intensiv mit den eigenen Gefühlen, Bedürfnissen und Zielen verbunden zu sein, sondern auch Abstand von sich nehmen zu können und die Sichtweisen anderer Menschen zu verstehen. Nach außen wirken Sie meist distanziert und objektiv und legen sich nicht gern fest. Solange Sie ausweichen können, sehen Sie eine Chance, doch noch den richtigen Augenblick und die geeignete Strategie zu finden, um der Welt Ihre Gaben anzubieten. Ihre Hürde auf dem Weg zu einem Leben, in dem Sie einen ganz individuellen, vielleicht auch innovativen Beitrag leisten können, ist Ihre Angst vor Kritik und Misserfolg, wenn Sie zeigen, was in Ihnen steckt. Ihre Gabe, originell und einfallsreich zu sein, können Sie nur dann erfolgreich einsetzen, wenn Sie es auch ertragen zu scheitern, um anschließend wieder aufzustehen und weiterzumachen.

Suchen Sie den roten Faden Ihres Lebens und Ihre wahren Wünsche in Ihrer Sehnsucht, Ihre Besonderheit unter Beweis zu stellen und eine Sonderrolle einzunehmen. Wagen Sie sich hervor, riskieren Sie es zu scheitern. Wie lautet der Titel Ihres Drehbuches? Möchten Sie einen neuen Akt schreiben? Und wie soll er heißen?

Die zehnte innere Haltung ist der Gegenpol zur neunten. Wenn diese Haltung für Sie charakteristisch ist, besteht Ihr tiefster Wunsch darin, das zusammenzufügen, was nicht einfach zusammenpasst, sodass ein Bild von ganz eigener Schönheit und Harmonie entsteht. Diese Sehnsucht fühlten Sie schon sehr früh, als Sie die Menschen, die Sie liebten, als unvereinbar erlebten. Es erfüllt Sie mit tiefer Zufriedenheit und löst Ihre Anspannung, wenn es Ihnen gelingt, Widersprüchliches und Paradoxes unter »einen Hut« zu bringen. Sie lieben das Originelle, Andersartige und können den unterschiedlichsten Dingen etwas abgewinnen. In Ihren Augen hat die Wahrheit viele Gesichter.

Schon früh haben Sie geübt, sich in andere Menschen hineinzuversetzen und zwischen den Fronten zu vermitteln. Etwas in Ihnen ist immer auf dem Sprung, denn Sie erwarten, dass sich die Bedingungen jederzeit ändern können. Es fällt Ihnen schwer, verbindliche Entscheidungen zu treffen, denn Sie legen sich nicht gern fest. Ausweichen zu können bedeutet Sicherheit für Sie, die Sie sich nicht nehmen lassen wollen. Auch lieben Sie den offenen Horizont voller Möglichkeiten. Obwohl Sie ein tiefes Verlangen danach haben, sich frei zu fühlen, sehnen Sie sich auch nach Sicherheit und Geborgenheit, am liebsten in einer Beziehung. Nach außen wirken Sie souverän und gelassen, und viele Menschen fühlen sich in Ihrer Gesellschaft wohl.

Sie halten sich lieber an der Peripherie als im Zentrum auf und stürzen sich ungern ins pralle Leben, das Sie lieber aus der Vogelperspektive betrachten, von dort also, wo Sie unerreichbar sind. Ihre Angst, sich dem Leben zu stellen, und davor, eine falsche Entscheidung zu treffen, sind die Hürden auf Ihrem Weg zu einem aktiv und individuell gestalteten Leben.

Suchen Sie den roten Faden Ihres Lebens und Ihre wahren Wünsche in Ihrer Sehnsucht, Ihre Kreativität und Kompetenz unter Beweis zu stellen. Wagen Sie sich hervor, treffen Sie eine Entscheidung und führen Sie sie durch. Wie lautet der Titel Ihres Drehbuches? Möchten Sie einen neuen Akt schreiben? Und wie soll er heißen?

Wenn die elfte innere Haltung charakteristisch für Sie ist, besteht Ihr tiefster Wunsch darin, Ihren Platz in der Welt zu finden. Sie sehnen sich nach einem Rahmen, in dem Sie sich einordnen und entfalten können. Es ist Ihnen wichtig, die Bedingungen zu kennen, mit denen Sie sich arrangieren müssen. Obwohl Sie sich nach Freiheit sehnen, richten Sie sich eher in einer überschaubaren Welt ein und entwerfen Pläne für eine sichere Zukunft. Wenn Sie wissen, »woher der Wind weht«, können Sie sich entspannen. Die Routine des Alltags gibt Ihnen Halt. Unklare oder sich ständig ändernde Verhältnisse machen Sie nervös. Sie haben eine ausgezeichnete Beobachtungsgabe, die Sie einsetzen, um heute schon zu wissen, was morgen sein wird. Dabei spielen Ihnen Ihre Zukunftsängste manchmal einen Streich. Kaum ein anderer kann sich Schreckensszenarien so plastisch ausmalen wie Sie. Ihr Bedürfnis, genau hinzusehen, bringt Sie dazu, alles kritisch unter die Lupe zu nehmen und Ihre Kritik auch zu äußern.

Ihre besonderen Gaben sind Ihre Geschicklichkeit und Lebensklugheit, die Ihnen helfen, das größtmögliche Ergebnis mit dem geringstmöglichen Aufwand zu erzielen. Sie lieben das Prinzip der Ökonomie, spüren jedoch eine Faszination für alles, was jenseits von Rationalität und Vernunft liegt. Einfach einmal loslassen, sich seinen Fantasien hingeben, innerlich oder auch äußerlich ein Aussteiger sein … Ihre wichtigste Devise ist: »Was geht?«, denn Sie sind zwar bereit, sich anzupassen und Grenzen zu akzeptieren, werden jedoch immer wieder versuchen, sie so weit wie möglich auszudehnen. Nach außen wirken Sie locker und oft sogar ein wenig chaotisch. Ihre Angst vor dem Unwägbaren ist Ihre Hürde auf dem Weg zu einem freien Leben, aus dem Sie das maximal Mögliche herausholen.

Suchen Sie den roten Faden Ihres Lebens und Ihre wahren Wünsche in Ihrer Sehnsucht, eine innere und äußere Heimat zu finden sowie sich in den Dienst von etwas Größerem einzuordnen. Was haben Sie getan, um Ihren Platz zu finden und ihn zu behaupten? Wie lautet der Titel Ihres Drehbuches? Möchten Sie einen neuen Akt schreiben? Und wie soll er heißen?

Die zwölfte innere Haltung ist der Gegenpol zur elften. Wenn diese Haltung für Sie charakteristisch ist, besteht Ihr tiefster Wunsch darin, hinter die Welt des Vordergründigen zu schauen. Was zählt wirklich im Leben? Gesellschaftliche Regeln und Ziele, feste Vorstellungen und Absolutheitsdenken, das alles ist in Ihnen im Grunde Ihres Herzens fremd, obwohl Sie ein geordnetes Leben führen, das Ihnen Sicherheit bietet. Als Kind fühlten Sie sich oft allein und schutzlos, darum ist es Ihnen heute wichtig, in einer Gemeinschaft zu sein und einen festen Ort zu haben, sodass Sie wissen, wohin Sie gehören.

Sie fühlen, dass es eine Sprache jenseits aller Worte gibt. Sie beschreibt einen Raum, in dem Stille, Friede und Einheit herrschen. In Ihren Tagträumen sind Sie dort zu Hause und lassen sich treiben, fern von der Hektik und den unliebsamen Realitäten des Alltags. Sie lieben die Musik und besitzen eine künstlerische Ader. Vieles von dem, was Sie erahnen, können Sie nur so zum Ausdruck bringen. In Beziehungen würden Sie sich am liebsten verlieren. Sie träumen von Verschmelzung, die Sie davor bewahrt, einen eigenen, fest umrissenen Lebenskurs einschlagen zu müssen. Sie haben die Erfahrung gemacht, dass man Sie übersieht oder nicht so wahrnimmt, wie Sie sind. Das schmerzt Sie sehr. Sie bemühen sich deshalb umso mehr darum, Ihre Liebesfähigkeit, Ihr Einfühlungsvermögen und Ihre Kompetenz unter Beweis zu stellen. Nach außen wirken Sie sachbezogen und klar, doch in Ihnen lebt ein einsames, Halt suchendes Kind. In der Sanddüne des Lebens ist Ihr Glaube eine feste Burg.

Ihre Angst vor Verlust, Trennung und Verlorensein ist Ihre Hürde auf dem Weg zu einem Leben in echter Freiheit, bei dem Sie nicht an Menschen, Dingen und Situationen festhalten müssen, die Sie belasten.

Suchen Sie den roten Faden Ihres Lebens und Ihre wahren Wünsche in Ihrer Sehnsucht nach tatsächlicher innerer Freiheit, die darin liegt, alles lieben und alles loslassen zu können. Wie lautet der Titel Ihres Drehbuches? Möchten Sie einen neuen Akt schreiben? Und wie soll er heißen?

Wenn sich Widersprüche vereinen

Ein Beispiel soll Ihnen zeigen, wie es ist, wenn sich zwei gegensätzliche innere Haltungen in einem Menschen vereinen. Dass dies häufig vorkommt, lässt sich an dem Sprichwort »Wir sind nicht aus einem Holz geschnitzt« erkennen.

Wenn Sie zu den Menschen zählen, bei denen die vierte und die zehnte innere Haltung zusammenkommen, haben Sie das starke Bedürfnis, sowohl frei und ungebunden zu sein, als auch absolute Gewissheit und Verbindlichkeit zu haben. Sie haben ebenso viel Angst davor, verlassen wie auch eingeengt und festgelegt zu werden. Je nachdem, wie sich andere Menschen verhalten, tritt die eine oder andere Seite stärker in Ihnen hervor.

Bis Sie diesen inneren Spagat in eine gut lebbare Form gebracht haben, werden Sie umso mehr von Zweifeln geplagt, je mehr Sie nach der perfekten Lösung suchen. Sie möchten sich unbedingt für einen Weg entscheiden und sehen doch immer viele Möglichkeiten vor sich. Das steigert Ihre Angst davor, sich an der falschen Stelle festzulegen. Sie brauchen das Gefühl, dass Ihr Leben abwechslungsreich ist und noch Möglichkeiten auf Sie warten, mit denen Sie heute noch nicht rechnen können. Ihre Aufgabe liegt darin, die verschlungenen Pfade Ihrer Kindheit zu entwirren, auf denen Sie diese Angst vor einer falschen Entscheidung und all ihren Konsequenzen entwickelt haben.

Nach außen wirken Sie ruhig und gefasst, und nur wenige Menschen kennen Ihre zerbrechliche innere Seite. Ihre Unkonventionalität und Vorstellungskraft machen Sie zu einer kreativen Persönlichkeit, die Neues erdenken kann und es liebt, alte Zöpfe abzuschneiden. Ihre Angst vor Scheitern, Irrtum, Schuld und Strafe sind Ihre Hürde auf dem Weg zu einem ausgesprochen individuellen Leben, bei dem Sie neue Ideen oder Konzepte und eine eigene Form von Verbindlichkeit entwickeln.

Suchen Sie den roten Faden Ihres Lebens und Ihre wahren Wünsche in Ihrer Sehnsucht nach dem Ungewöhnlichen, Andersartigen sowie in den Bildern und Vorstellungen, die sich Ihnen sowohl als angsteinflößende Monster präsentieren können wie auch als Geistesblitze. Wie lautet der Titel Ihres Drehbuches? Möchten Sie einen neuen Akt schreiben? Und wie soll er heißen?

Zwei Gedichte

Die beiden folgenden Gedichte geben zwei ganz unterschiedliche Haltungen zum Leben wieder. Lesen Sie sie am besten laut vor und spüren Sie, welches Ihnen näher liegt.

Wenn ich aufmerksam schaue,
sehe ich die Nazuna
an der Hecke blühen.
Basho

Blume in der geborstenen Mauer,
ich pflücke dich aus den Mauerritzen,
mitsamt den Wurzeln halte ich dich in der Hand,
kleine Blume – doch wenn ich verstehen könnte,
was du mitsamt den Wurzeln und alles in allem bist,
wüsste ich, was Gott und Mensch ist.
Tennyson

Wie nehmen Sie den Unterschied wahr? Zeigen Sie die Gedichte Freunden und sprechen Sie mit ihnen über die unterschiedlichen Eindrücke. Sie finden die beiden Gedichte in dem Buch *Zen-Buddhismus und Psychoanalyse,* das von Erich Fromm, Richard de Martino und Daisetz Taitaro Suzuki verfasst wurde.

Leben ist wie Running Sushi

»Running Sushi« ist eine japanische Erfindung. Inzwischen gibt es auch bei uns zahlreiche Lokale, die Sushi auf einem Laufband anbieten. Vielleicht kennen Sie das: Sie sitzen an einer Theke und die Sushi-Gerichte ziehen an Ihnen vorüber. Sie schauen sich alles an, suchen aus, was Sie haben möchten – und greifen zu. Das ist dann ähnlich wie am Flughafen, wo Sie auf Ihren Koffer warten. Nachdem Sie ihn zwischen all den anderen Gepäckstücken erspäht haben, geht es darum, ihn vom Laufband zu nehmen, bevor er weitergefahren ist. Wenn Sie nicht schnell genug sind, müssen Sie ihm hinterherlaufen oder warten, bis er noch einmal vorbeikommt.

Im Sushi-Lokal passiert schnell, was hoffentlich mit Ihrem Koffer nicht geschieht. Wenn Sie Pech haben, hat inzwischen ein anderer Gast Ihr bevorzugtes Gericht vom Band genommen und Sie müssen sich mit etwas anderem zufriedengeben. Mit ein wenig Glück stellen Sie vielleicht fest, dass Ihnen dieses Gericht vorzüglich schmeckt – und dass Sie es niemals probiert hätten, wenn Ihnen Ihre Lieblingsspeise nicht abhandengekommen wäre. Sie sehen: Bei Running Sushi ist es wie im täglichen Leben.

Was bestimmt darüber, wie Sie sich am Laufband des Lebens verhalten?

Ihre Einstellung zu sich selbst und zum Leben entscheidet, was Sie vorbeiziehen lassen, was Sie sich nehmen und wie Sie mit Ihrem »Gericht« umgehen, ob Sie es genießen, stehen lassen oder nach etwas anderem schielen, das Ihnen im Nachhinein attraktiver erscheint. Jede der im vorherigen Kapitel beschriebenen inneren Haltungen hat Stärken und Hemmschwellen. Jede innere Haltung ist ein Übungsfeld mit dem Ziel, die bestmögliche Variante zu finden.

Was haben Sie sich bisher vom Laufband des Lebens genommen? Wann haben Sie nicht zugegriffen – und es war gut so? Was würden Sie heute anders machen? Wie wollen Sie sich in Zukunft verhalten? Bestimmen Sie Ihre aktuelle Position und die Wege, die Ihnen von dort aus, wo Sie jetzt sind, zur Verfügung stehen. Vielleicht möchten Sie eine Zeichnung dazu anfertigen, bei der Sie an einer Kreuzung stehen. Zeichnen Sie immer auch einen Weg ein, auf dem etwas Unerwartetes und Erfreuliches eintreten kann, und machen Sie sich bewusst, dass die Kreuzung, an der Sie gerade stehen, nur eine von vielen kleineren und größeren in Ihrem Leben ist.

Schließen Sie Freundschaft mit dem Unvorhergesehenen

Das Leben ist voller Überraschungen. Das ist ein Klischee und eine tiefe Wahrheit zugleich. Nassim Nicholas Taleb, Finanzmathematiker und ehemaliger Hedgefonds-Manager, hat sich der Erforschung des Zufalls verschrieben – oder genauer gesagt, den höchst unwahrscheinlichen Ereignissen, die große Auswirkungen nach sich ziehen. In seinem Buch *Der Schwarze Schwan* philosophiert er über das Unvorhergesehene und die enormen Wirkungen, die sich daraus ergeben.

»Bevor Australien entdeckt wurde, waren die Menschen in der Alten Welt überzeugt, alle Schwäne seien weiß. Diese Überzeugung war unanfechtbar, da sie durch die empirische Evidenz anscheinend völlig bestätigt wurde. Als der erste schwarze Schwan gesichtet wurde, mag das eine interessante Überraschung für ein paar Ornithologen (und andere Leute, denen die Farbe von Vögeln extrem wichtig war) gewesen sein, doch dort liegt die Bedeutung der Geschichte nicht. Sie veranschaulicht eine schwerwiegende Beschränkung bei unserem Lernen durch Beobachtung oder Erfahrung und die Zerbrechlichkeit unseres Wissens. Eine einzige Beobachtung kann eine Feststellung, die aus

Jahrtausenden von bestätigenden Sichtungen von Millionen weißer Schwäne abgeleitet wurde, widerlegen. Alles, was dafür nötig ist, ist ein einziger (und, wie ich gehört habe, ausgesprochen hässlicher) schwarzer Vogel.«

So beginnt Talebs Buch, in dem er den Leser durch seine Beobachtungen und Gedanken über das Seltene, Unerwartete und Wirkungsvolle führt. Gab es schwarze Schwäne in Ihrem Leben? Denken Sie einmal nach: Die Ereignisse, die die größten Veränderungen in Ihrem Leben brachten, waren alle nicht vorhersehbar: Als Sie den Menschen kennenlernten, mit dem Sie heute zusammen sind und vielleicht eine Familie gegründet haben, ein Jobangebot, für das Sie vom einen Ende Deutschlands ans andere zogen oder das andere große Veränderungen mit sich brachte, ein Todesfall, ein Unfall, ein Lottogewinn. Die Liste ließe sich sehr lange fortsetzen.

Unvorhergesehenes findet immer statt. Wenn Sie nachprüfen, was es war, kann es sein, dass es die Erfüllung eines lang gehegten Wunsches war, den Sie vielleicht wieder »vergessen« hatten oder der sich über Jahre hinweg immer wieder einmal meldete. Vielleicht geht es Ihnen ähnlich wie mir. Wenn ich mein Leben in der Rückschau betrachte, stelle ich fest, dass die Dinge, die mir *wirklich* wichtig waren, auch wahr geworden sind. Andere Wünsche, die mir zeitweise aus unterschiedlichen Gründen auch sehr wichtig waren, wurden nicht erfüllt oder nicht in dem Umfang, den ich mir vorstellte. Ich fragte mich, wie wichtig mir die Wünsche, die in Erfüllung gingen, waren im Vergleich zu denen, die nicht erfüllt wurden, und kam zu dem Ergebnis, dass an manchen Stellen wohl eine größere Weisheit am Werk gewesen war als mein Verstand, der sich dies und das als erstrebenswert vorstellte. Ich bekam eine neue Einstellung zu meinen Wünschen.

Um sowohl den extremen Überraschungseffekt wie auch die großen Auswirkungen eines Schwarzen-Schwan-Ereignisses zu veranschaulichen, verwendet Taleb ein ebenso kurioses wie dramatisches Beispiel: »Wir wollen uns einen Truthahn vorstellen, der jeden Tag gefüttert wird. Jede einzelne Fütterung wird die Überzeugung des Vogels stärken, dass es die Grundregel des Lebens ist, jeden Tag von freundlichen Mitgliedern der menschlichen Rasse gefüttert zu werden, die ›dabei nur sein Wohl im Auge haben‹, wie ein Politiker sagen würde. Am Nachmittag des Mittwochs vor dem Erntedankfest wird dem Truthahn etwas *Unerwartetes* widerfahren, und er wird seine Überzeugung revidieren müssen.«[7] Später weist Taleb noch darauf hin, dass das Ereignis für den Truthahn zwar völlig unerwartet war, für den Schlachter jedoch nicht …

Wenn Sie bereit sind, das Unvorhergesehene als natürlichen Begleitumstand des Lebens anzunehmen, müssen Sie sich deswegen nicht etwa in der Rolle des Truthahns fühlen. Sie illustriert einfach ein Prinzip auf drastische Weise. Auch die Geschichte »Der Träumer«, die Sie in diesem Buch finden, erzählt von schwarzen Schwänen, die der Mann erträumte und die überraschend für alle wahr wurden. Die folgende Geschichte eines Bauern befasst sich ebenfalls mit dem Unerwarteten und zeigt, dass wir oft erst im Nachhinein wissen, ob etwas ein Glück oder Pech war.

Eines Tages brach das einzige Pferd, das ein armer Bauer hatte, aus seiner Koppel aus und flüchtete in die Berge. Als sein Nachbar von dem Verlust erfuhr, war ihm sofort klar, wie sehr ihn der Verlust treffen musste. Wie konnte der Bauer sein kleines Stück Land ohne das Pferd bearbeiten? Und was würde ohne Ernte aus seiner Familie werden?

»So ein Pech!«, sagte er zu dem Bauern.

»Ob Glück oder Pech, wer weiß, wofür es gut ist«, entgegnete der Bauer, dem das Pferd davongelaufen war.

Einige Tage später kam das Pferd zurück und mit ihm kam eine ganze Schar an Pferden.

»So ein Glück!«, sagte der Nachbar. »Nun kannst du die neuen Pferde zureiten und sie verkaufen.«

»Ob Glück oder Pech, wer weiß, wofür es gut ist«, sagte der Bauer.

Aber er tat, was ihm der Nachbar vorgeschlagen hatte. Sein Sohn und er begannen, die Pferde zuzureiten. Als ein Pferd scheute, fiel der Sohn des Bauern herunter und brach sich ein Bein.

»So ein Pech!«, sagte da der Nachbar.

Der Bauer zuckte nur mit den Achseln. »Ob Glück oder Pech, wer weiß, wofür es gut ist«, antwortete er.

Das Bein des Sohnes war noch nicht verheilt, da brach ein Krieg aus. Alle körperlich gesunden jungen Männer wurden zum Kriegsdienst eingezogen, nur der Sohn des Bauern nicht.

»So ein Glück!«, sagte der Nachbar. »Unsere Söhne wurden eingezogen!«

Und wieder antwortete der Bauer: »Ob Glück oder Pech, wer weiß, wofür es gut ist.«

Wenn jemand den großen Lottogewinn erhält, sagen wir im Allgemeinen: »So ein Glück!« Vielleicht kauft sich diese Person daraufhin ein Flugzeug und stürzt ab. War das dann ein Glück? Ein Mann wird von seiner langjährigen Lebensgefährtin verlassen. Nach einer heftigen Trauerzeit trifft er eine andere Frau, mit der er sich glücklicher und freier fühlt. War das dann Pech? Sie bekommen eine Arbeitsstelle, die Sie unbedingt haben wollten. Leider findet in der Firma Mobbing gegen Sie statt. Haben Sie nun Glück oder Pech?

Wir können nicht »um die Ecke sehen« und wissen, was sich hinter ihr verbirgt. Es sind nur unsere Vorstellungen, die uns etwas erstrebenswert oder negativ erscheinen lassen. Üben Sie sich darin, abzuwarten, wenn etwas geschieht, das Ihnen missfällt. Seien Sie vorsichtig mit dem Wünschen. Genießen Sie Ihr Glück, wenn Sie es haben, aber lassen Sie sich davon nicht einfach forttragen.

Entdecken Sie das Geschenk – eine Übung

In seinem Arbeitsbuch zu Band 1 von *Gespräche mit Gott* stellt Neale Donald Walsch eine Übung vor, durch die Sie herausfinden können, was aus negativen Erlebnissen, die Sie hatten, geworden ist.

Schreiben Sie die vier oder fünf stärksten negativen Erlebnisse auf, die Sie in Ihrem Leben hatten, zum Beispiel:

- Mein Mann teilte mir mit, dass er mich verlassen würde.
- Meine Tochter kämpfte mit Krebs.
- Mein Vater sagte mir nach bestandener Prüfung: »Ich hätte nie geglaubt, dass du es schaffst.«
- Mein Bruder brachte sich um.

Notieren Sie nun, was tatsächlich während dieser Erfahrungen geschah:

- Mein Mann sagte Worte, die ich nicht mochte. Zwei Wochen später haben wir uns getrennt.

- Meine Tochter wurde mehrfach operiert und hätte sterben können. Sie überlebte jedoch und ist seit zehn Jahren gesund.
- Mein Vater sagte Worte, die ich nicht mochte.
- Mein Bruder starb zu einer Zeit und auf eine Weise, die er selbst gewählt hatte.

Schreiben Sie auf, zu welchem Ergebnis diese Ereignisse führten:
- Ich habe das Gefühl, dass ich meinen Mann nun in gewisser Weise mehr liebe als früher. Ich kann ihn freier lieben, ihm mehr Raum geben. Ich fühle mich nicht mehr so verletzt von dem, was er tut und sagt. Und ich habe nach einer Zeit der Wut und des Schmerzes zu einer Freiheit gefunden, die ich mir vorher nicht vorstellen konnte.
- Ich habe ein neues und tieferes Verhältnis zu meiner Tochter gefunden. Wir sind nun viel offener miteinander und unsere Beziehung ist liebevoller als je zuvor.
- Ich habe gelernt, mit den Meinungen meines Vaters zurechtzukommen und auch mit denen anderer Menschen. Mir ist bewusst geworden, dass ich nicht mein Vater bin und auch sonst niemand anderes, sondern nur ich selbst. Indem ich meinem Vater den Raum einräumte, der zu sein, der er war, konnte ich ihn tiefer und freier lieben und wir waren uns sehr nahe, als er starb.

Wenn Sie auf diese Weise vorgehen, werden Sie mit hoher Wahrscheinlichkeit feststellen, dass Ihnen die meisten schmerzlichen Ereignisse früher oder später etwas Gutes gebracht haben.

Lernen Sie loszulassen

»Einen Brief zur Post bringen, heißt ihn aufgeben.«
Karl Kraus

Der Schüler ging zum Meister und fragte ihn: »Wie kann ich mich von dem, was mich an die Vergangenheit heftet, lösen?«
 Da stand der Meister auf, ging zu einem Baumstumpf, umklammerte ihn und jammerte:
 »Was kann ich tun, damit dieser Baum mich loslässt.«

Aus dem Zen-Buddhismus

Loslassen ist die vielleicht schwierigste Übung überhaupt. Wir bauen unser Identitätsgefühl auf Erinnerungen, Meinungen und Vorstellungen auf, die durch die Vergangenheit bestimmt sind. Etwas in uns hält hartnäckig fest am Alten, auch wenn wir glauben, es sei vorüber und habe keine Auswirkungen mehr. Wir halten fest an unserem Selbstbild, an unserem Weltbild und an der Geschichte, die wir uns über uns selbst erzählen, sodass sie zu einem Drehbuch für unser Leben wird. Doch es sind nicht die Ereignisse, die uns nicht loslassen – wir lassen sie nicht los, sondern umklammern sie wie den Baumstumpf, so als seien wir festgeklebt.

Ihre Geschichte können Sie am besten loslassen, wenn Sie den Wert, der darin liegt, erkennen. Üben Sie sich darin, die Spreu vom Weizen zu trennen. Nehmen Sie das, was Sie durch Ihre Geschichte gelernt haben und lassen Sie es zu einer richtungsweisenden Kraft in Ihrem Leben werden. Misserfolge haben Sie vielleicht gelehrt, Möglichkeiten und Grenzen realistisch einzuschätzen oder weisen Sie darauf hin, was Ihnen wirklich wichtig ist. Durch Verlustängste konnten Sie Ihre eigene Stärke erkennen, Eifersucht hat Ihnen vielleicht den Weg zu Bescheidenheit und Toleranz gezeigt, körperliche Leiden und Angst vor dem Tod den Wert des Körpers oder der Lebenszeit.

Jedes Mal, wenn Sie ausatmen, lassen Sie los. Atmen Sie einmal eine Weile langsam und bewusst ein, am besten am offenen Fenster oder im Freien, fühlen Sie, wie sich die Bauchdecke und danach der Brustkorb heben. Halten Sie die Luft einen kurzen Moment an, wenn Ihre Lungen gefüllt sind. Dann atmen Sie langsam aus, ganz bewusst. Und fühlen Sie, wie sich der Brustkorb senkt, und danach die Bauchdecke. Lassen Sie sich Zeit, bevor Sie wieder einatmen, und fühlen Sie die Entspannung, die Leere, den Platz in Ihnen, der nun wieder gefüllt werden kann.

Vergebung ist der Schlüssel zum Glück

Wenn Sie bereit sind, anderen zu verzeihen, erhalten Sie zwei Geschenke. Ein Geschenk besteht darin, dass Sie sich selbst ebenfalls leichter verzeihen können. Das zweite Geschenk ist, dass Sie nicht nur die äußeren Schichten eines Menschen sehen, sondern wahrnehmen, wie er in seinen Wesenskern ist. Sie können entdecken, dass es meist Verletzungen oder Unwissenheit sind, die Menschen dazu bringen, Fehler zu begehen. Solange Sie wütend wegen etwas sind, was ein anderer getan oder gesagt hat, sind Sie im Drama der Situation und in Ihrem eigenen Drama gefangen. Wenn Sie die Verletzung spüren, die jeder Mensch in sich trägt, verändert sich Ihr Blick und Sie werden frei.

Enttäuschung und Wut darüber, was ein Mensch getan hat, werden oft dadurch angefacht, dass Sie sich selbst nicht vergeben können. Vielleicht hassen Sie sich, weil Sie eine Situation oder einen Menschen nicht rechtzeitig erkannten oder zu spät Konsequenzen zogen. Es mag sein, dass Ihr Schmerz und Ihre Wut stark sind, weil Sie glauben, dass das, was geschah, ein Beweis dafür ist, dass Sie nicht genügen, immer ins Hintertreffen geraten oder dass

Sie ausgenutzt werden. Was Sie am meisten verletzt, ist das, was Sie bewusst oder unbewusst für eine Schwäche an sich selbst halten. In diesem Augenblick verschließt sich Ihr Herz. Je mehr Sie mit sich selbst im Unreinen sind, desto weniger können Sie eine klärende Brücke bauen. Schmerz bringt Menschen dazu, ihre Fähigkeit zu lieben und zu vergeben zu vergessen und stattdessen Dinge zu tun und zu sagen, die weder ihnen selbst noch den anderen helfen. Meist verstärken sie das Gefühl der eigenen Unvollkommenheit. Die Bereiche, in denen Menschen die größten Fehler begehen, sind diejenigen, in denen sie am meisten verletzt sind.

Sehen Sie Ihre eigenen Fehler und die anderer Menschen einmal unter dem Blickwinkel der Verletzung, nicht unter dem der Schuld. Schuldzuweisungen verstärken das Unglück auf allen Seiten, sie führen nirgendwo hin. Wenn Sie das verletzte Herz in sich und anderen wahrnehmen, macht das nicht alles einfach gut. Für das, was war, muss Verantwortung übernommen werden. Sie werden jedoch feststellen, dass ein entscheidender Unterschied durch diese veränderte Sichtweise entsteht und sich Möglichkeiten eröffnen, die aus einer wütenden Position heraus nicht denkbar gewesen wären. Entscheiden Sie sich deshalb zum einen für den Leitsatz:

»Ich vergebe mir selbst.«

Daraus erwächst zum anderen die Fähigkeit zu dem zweiten Leitsatz:

»Ich vergebe anderen.«

Setzen Sie für »andere« eine konkrete Person ein.

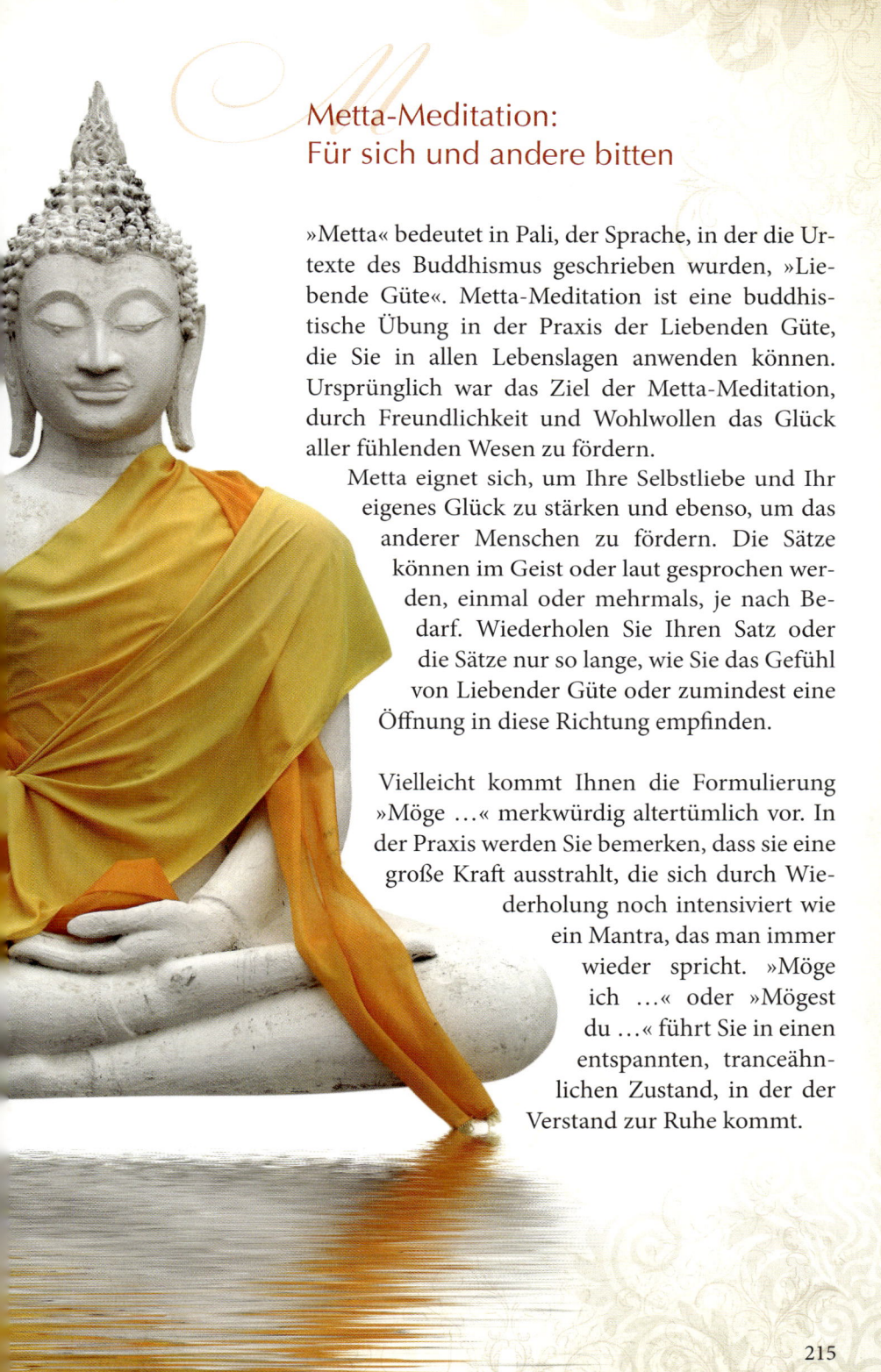

Metta-Meditation:
Für sich und andere bitten

»Metta« bedeutet in Pali, der Sprache, in der die Urtexte des Buddhismus geschrieben wurden, »Liebende Güte«. Metta-Meditation ist eine buddhistische Übung in der Praxis der Liebenden Güte, die Sie in allen Lebenslagen anwenden können. Ursprünglich war das Ziel der Metta-Meditation, durch Freundlichkeit und Wohlwollen das Glück aller fühlenden Wesen zu fördern.

Metta eignet sich, um Ihre Selbstliebe und Ihr eigenes Glück zu stärken und ebenso, um das anderer Menschen zu fördern. Die Sätze können im Geist oder laut gesprochen werden, einmal oder mehrmals, je nach Bedarf. Wiederholen Sie Ihren Satz oder die Sätze nur so lange, wie Sie das Gefühl von Liebender Güte oder zumindest eine Öffnung in diese Richtung empfinden.

Vielleicht kommt Ihnen die Formulierung »Möge …« merkwürdig altertümlich vor. In der Praxis werden Sie bemerken, dass sie eine große Kraft ausstrahlt, die sich durch Wiederholung noch intensiviert wie ein Mantra, das man immer wieder spricht. »Möge ich …« oder »Mögest du …« führt Sie in einen entspannten, tranceähnlichen Zustand, in der der Verstand zur Ruhe kommt.

Beginnen Sie damit, sich selbst liebende und freundliche Gedanken zu senden. Sie können Ihre Gefühle verstärken, indem Sie sich an eine Situation erinnern, in der Sie besonders glücklich waren, Sie können aber auch direkt beginnen. Wenn Sie sich für eine schöne Erinnerung entscheiden und das Glückgefühl wieder erleben, wünschen Sie sich laut oder im Geist etwas, von dem Sie wissen, dass es glücksbringend und heilsam ist. Beginnen Sie mit den Worten »Möge ich …«, »Möge ich heiter und gelassen sein«, »Möge ich glücklich und gesund sein« … Diese einfachen, kurzen Sätze haben eine große Wirkung, auch dann, wenn Sie sie für andere sprechen.

Achten Sie darauf, welche Körpergefühle sich einstellen, wenn Sie Metta rezitieren. Falls Sie Spannungen fühlen, die häufig vor allem im Kopf auftreten, lösen Sie sie durch bewusstes Ausatmen. Lenken Sie den Atem beim Ausatmen zu der angespannten Stelle und lassen Sie ihn hindurchfließen. Entspannen Sie Ihren Geist so gut Sie können. Wenn Gedanken aufsteigen, die Sie ablenken, lassen Sie sie vorbeiziehen wie die Wolken am Himmel. Gehen Sie mit Ihrer Aufmerksamkeit zu Ihrem Herzen und geben Sie dem Gefühl Liebender Güte Raum.

Die folgende Metta-Meditation können Sie insgesamt sprechen oder sich einen oder mehrere Sätze aussuchen, die Ihnen besonders gefallen. Wenn Sie Änderungen vornehmen wollen, können Sie das jederzeit tun. Passen Sie die Metta-Sätze Ihren Bedürfnissen an. Achten Sie nur darauf, dass der meditative Charakter erhalten bleibt.

Möge ich …

Möge ich friedvoll, glücklich und frei in Körper und Geist sein.

Möge ich frei sein von Verletzung und Kränkung.

Möge ich frei sein von Wut, Verstrickung, Furcht und Ängstlichkeit.

Möge ich lernen, mich selbst mit den Augen der Liebe und des Verstehens zu betrachten.

Möge ich fähig sein, die Samen der Freude und des Glücks in mir zu erkennen und zu berühren.

Möge ich lernen, die Quellen von Ärger, Verlangen und Täuschung in mir festzustellen und zu erkennen.

Möge ich erfahren, wie ich die Samen der Freude täglich in mir nähren kann.

Möge ich fähig sein, frisch, gefestigt und frei zu leben.

Möge ich frei sein von Anhaftung und Ablehnung, nicht aber gleichgültig.

Vergebung durch Metta-Meditation

Wandeln Sie diese Sätze nun so um, dass Sie sie einem anderen schicken können. Vielleicht möchten Sie einfach einem Menschen, der Ihnen nahe steht, Glück und Freiheit wünschen. Vielleicht aber möchten Sie die Kraft der Vergebung nutzen, die in der Metta-Meditation liegt. Senden Sie Ihre Sätze an den Menschen, der Sie verletzt hat, auf den Sie wütend sind, dem ein anderer Anteil in Ihnen gern »eins auswischen« würde.

Es mag Sie einige Überwindung kosten, aber sie lohnt sich. Es kann sehr schnell gehen oder auch einige Zeit dauern, irgendwann werden Sie spüren, wie Sie sich entspannen und wie Kränkung und Wut nachlassen. In diesem Augenblick haben Sie auf einer tiefen, menschlichen und spirituellen Ebene eine Verbindung zu diesem Menschen hergestellt. Etwas in Ihnen löst sich und vielleicht auch im anderen. Ihre Verletzung hatte Sie an den Menschen und die verletzende Situation gebunden – nun beginnen Sie, wieder frei zu werden.

»Mögest du friedvoll, glücklich und frei in Körper und Geist sein.
Mögest du frei sein von Verletzung und Kränkung
Mögest du …«

Ein schöner Abschluss für jede Metta-Meditation ist:

»Mögen alle Wesen friedvoll, glücklich und frei in Körper und Geist sein.«

Mögest du …

Öffnen Sie sich – verändern Sie Einstellungen

*»Wenn es nur eine Wahrheit gäbe,
könnte man nicht hundert Bilder zum gleichen Thema malen.«*
Pablo Picasso

Gleich welcher Kummer, welche Krankheit oder Abhängigkeit Sie vielleicht belastet, die Ursache finden Sie immer in Ihrem Geist – und nur dort kann sie geheilt werden. Mit dem Wort »Geist« ist nicht nur Ihr Denken gemeint. Es umfasst auch Ihre Gefühlswelt, aus der alles Denken und alle Vorstellungen hervorgehen.

In der englischen Sprache gibt es mehrere Wörter für Geist, da es ja unter anderem auch für ein übernatürliches Wesen steht. Eines davon, das Wort »mind«, bedeutet sowohl »Denken, Gedanken, Geist, Verstand« als auch »Seele, Gemüt, Absicht«. Manche Lehrer und Autoren sprechen deshalb vom »mind«, um deutlich zu machen, was sie ausdrücken wollen.

Der Geist eines Menschen wird durch viele Faktoren beeinflusst: durch kulturelle, gesellschaftliche und familiäre Wertvorstellungen, durch Personen, die als Autoritäten empfunden werden, durch die Meinung der Leute, durch den Zeitgeist. Ein drastisches Beispiel zeigt, welche Konsequenzen Wertvorstellungen haben können.

Während des Irakkrieges im Jahr 2003 wurden amerikanische Piloten von den Irakern abgeschossen und gefangen genommen. Man zwang sie, im Fernsehen ihren Namen und ihren Dienstgrad zu nennen. Allen Männern sah man die Folgen von Misshandlungen an. Die Eltern eines Piloten wurden gefragt, wie es ihnen mit der Situation ihres Sohnes ginge. Beide meinten, sie könnten überhaupt nicht verstehen, dass ihr Sohn so klein beigeben und öffentlich auftreten würde. Sie fühlten sich sehr beschämt …

So entsetzt ich war, war mir auch klar, aus welcher geistig-seelischen Haltung diese beiden Menschen sprachen. Sie waren damit aufgewachsen, dass nicht das lebendige Leben und die Gefühle zählen, sondern Moral und Pflicht. Für sie gab es kein »Ich liebe dich, weil du du bist«, sondern ein »Ich liebe dich, wenn …«. Sie waren es gewohnt, ihre eigenen Gefühle und Bedürfnisse abzutöten, um der Vorstellung von Gut und Böse zu genügen, die ihre Welt bestimmte.

Ihre Meinungen entstehen aus Ihren Vorstellungen darüber, was richtig und was falsch ist und wie etwas überhaupt beschaffen ist. Wenn Sie zum Beispiel die Vorstellung haben, Sex sei aller Laster Anfang, werden Sie anders damit umgehen und Ihr sexuelles Leben wird anders aussehen, als wenn Sie Sex für etwas Natürliches, zum Menschsein Gehöriges betrachten – und nicht nur Ihr sexuelles Leben. Diese Vorstellung wird Ihre Partnerschaften oder Ihre Ehe beeinflussen, Ihren Kleidungsstil, vielleicht auch Ihre Wortwahl, Ihre Bewertung andersdenkender Menschen und vieles andere mehr. Ihre Vorstellungen lösen Gefühle und Empfindungen aus, die Ihre Reaktionen und Ihr Handeln bestimmen.

Ihre Meinungen sind auch von den Werten beeinflusst, die Ihnen Ihr Umfeld vermittelt hat. Trotz eigenständigem Denken ist niemand frei von diesen Einflüssen. Sie geben uns Halt, solange wir klein sind, helfen uns dabei, uns in einer Gemeinschaft und Umgebung zurechtzufinden. Viele Vorstellungen, die eine lange Tradition haben und die tief in den Menschen verwurzelt sind, mögen gut gemeint gewesen sein, als sie entstanden sind. Inzwischen haben einige dieser Vorstellungen ausgesprochen lebensfeindliche Züge angenommen, wie im Beispiel des amerikanischen Piloten. Glauben Sie jedoch nicht, das sei ein Fall, der mit Ihrem Leben nichts zu tun habe. Auch Bewertungen hinsichtlich dessen, was beruflich zu leisten ist, wie man zu sein oder auszusehen hat, wann Bedürfnisse in Ordnung sind und wann nicht, welche Glaubensvorstellungen gut und welche falsch sind, was mit Menschen, die einen abweichenden Glauben haben, gemacht werden darf, welche politische Einstellung oder persönliche Meinung dazu berechtigen, jemanden auszugrenzen oder zu bestrafen, all das und vieles mehr prägt Ihr Leben in hohem Maße und bestimmt darüber, was Sie sich vom Leben wünschen und wie Sie das tun.

Vorstellungen sind Ideen. Wir erinnern uns in mehr oder weniger deutlichen Bildern an die Vergangenheit und sehen die Zukunft, die wir erwarten, vor uns. Die Idee ist jedoch nicht die Sache selbst. Die Landkarte ist nicht das Gebiet, sie ist nur eine Abbildung des Gebietes. Ihre Gabe, sich etwas vorzustellen, befähigt Sie, etwas zu beurteilen, zu planen, zu entwerfen. Ihre Vorstellungskraft erstellt Modelle, eine ideale Vorgabe von etwas. Ein einfaches Beispiel ist die Kleidergröße. Die ideale Kleidergröße 38 hat ein genaues Maß. Sie wissen jedoch selbst, dass Kleider der Größe 38 unterschiedlich gut passen, selbst dann, wenn es der gleiche Schnitt ist. Die Realität ist immer etwas anders als die Vorstellung. Betrachten Sie Ihre Vorstellungen als Wegweiser. Axel von Ambesser nannte Ideale Leuchttürme:

»Ideale sind ein Leuchtturm, kein Hafen, sind Richtungen, nicht Ziele.«

Das eigentliche Problem sind jedoch nicht Bewertungen und Vorstellungen an sich, sondern ob ein Absolutheitsanspruch daraus abgeleitet wird. Je absoluter Sie eine Ansicht vertreten, desto enger wird Ihr Blickwinkel, desto geschlossener Ihr Geist und desto stärker tendiert Ihre Meinung dazu, lebensfeindlich zu werden. In China heißt es:

»Der Frosch, der im Brunnen sitzt, beurteilt das Ausmaß des Himmels nach dem Brunnenrand.«

Für das kleine Kind sind familiäre Werte Gesetze. Sie werden sozusagen mit der Muttermilch aufgenommen. Sie zu übertreten ist für viele Menschen von Angst- und Schuldgefühlen begleitet, auch in unserer angeblich so freien Gesellschaft. Dieses Phänomen ist viel weiter verbreitet als bekannt. Nur wenige Menschen wissen, woher ihre Scham- und Angstgefühle wirklich kommen und wie stark sie ihr Leben beeinflussen.

Wenn Sie an die Zukunft denken, stellen sich ganz von selbst Erwartungen und Befürchtungen ein. Sie entwickeln eine Vorstellung davon, was sich unter welchen Bedingungen ereignen wird. Wenn ein junger Mensch beschließt, Medizin zu studieren und Arzt zu werden, verknüpft er eine bestimmte Vorstellung damit, was sein wird, wenn er das tut. Vielleicht erwartet er, sein Ideal verwirklichen zu können, Menschen zu helfen, oder er hofft auf gesellschaftliches Ansehen und ein gutes Einkommen. Ob sich diese Erwartungen erfüllen, bleibt zunächst offen. Mit Befürchtungen ist es ebenso. Viele Entscheidungen werden nicht getroffen wegen der als Folge zu erwarteten Konsequenzen. Denken Sie einmal nach: Sind Sie vielleicht länger bei einer Arbeitsstelle geblieben aus Angst, keine andere zu bekommen? Haben Sie eine Trennung hinausgeschoben, weil Sie glaubten, dann einsam zu sein oder es nicht zu schaffen? Haben Sie etwas nicht gesagt oder getan, weil Sie glaubten, man werde Sie dafür auslachen, verachten oder bestrafen?

Was Vorstellungen bewirken können, beschreibt der Psychologe und Kommunikationsforscher Paul Watzlawick in seinem Buch *Anleitung zum Unglücklichsein* mittels einer amüsanten Geschichte.

Ein Mann will ein Bild aufhängen. Er hat einen Nagel, aber keinen Hammer, deshalb beschließt er, seinen Nachbarn zu fragen. Gerade als er zur Haustüre hinaus will, kommen ihm Zweifel. Vielleicht will ihm der Nachbar den Hammer gar nicht leihen? Schließlich hat er gestern so flüchtig gegrüßt. Mag sein, dass er in Eile war, aber vielleicht hat er die Eile auch nur vorgeschützt. Der Mann ist sich sicher: Wenn ihn einer wegen eines Hammers fragen sollte, er gäbe ihn ihm sofort. Warum aber tut es dann der Nachbar nicht? Wie kann er etwas so Einfaches verweigern? So einer vergiftet einem das Leben und meint noch, man sei auf ihn angewiesen, bloß weil er einen Hammer hat und man selbst nicht. Da reißt ihm der Geduldsfaden. Er stürmt hinüber und läutet, der Nachbar öffnet und noch bevor er ein Wort sagen kann, brüllt der Mann: »Behalten Sie Ihren Hammer, Sie Rüpel!« [8]

Vermutlich schmunzeln Sie ebenso wie ich über diese Geschichte. Und doch zeigt sie nur in drastisch überspitzter Form, was für uns alle gilt: Jeder von uns lebt mit beständigen Vor-Annahmen und Interpretationen. Wie wir über einen Menschen oder ein Ereignis denken, erzeugt lebensentscheidende Wirkungen, denn es steuert unser Verhalten. Was wir tun und wie wir anderen begegnen, ruft Reaktionen hervor, die sich wiederum auf uns auswirken und so fort. Im ungünstigen Fall entsteht eine Spirale von Aktionen und Reaktionen, die nur beendet werden kann, wenn eine der beteiligten Personen aussteigt. Aussteigen verlangt einen Sinneswandel – die Einsicht, dass man sich im Kreis dreht und neu denken sowie handeln muss.

Haben Sie eine solche Situation schon einmal erlebt?

Überprüfen Sie Ihre Einstellungen. Stellen Sie Ihre Meinungen immer wieder zur Disposition. Lassen Sie Raum in Ihrem Geist. Halten Sie auch das Unwahrscheinliche für möglich – und dass auch aus dem, was Sie unter keinen Umständen wollten, vielleicht etwas unerwartet Gutes entstehen kann. Entwickeln Sie Ihren Möglichkeitssinn. Er ist ein Grundpfeiler der Wunscherfüllung.

Es ist möglich, Einstellungen und Meinungen zu ändern. Denken Sie an die vielen Dinge, die keiner für möglich hielt, bis sie entwickelt oder entdeckt wurden. Ein Beispiel ist der Planet Uranus, der bei seiner Entdeckung die Meinung der Astronomen über die Größe unseres Sonnensystems schlagartig über den Haufen warf: Plötzlich war es doppelt so groß wie bisher angenommen. Auch wenn Sie etwas für noch so sicher halten – wenn Sie um die nächste Ecke biegen, kann sich Ihnen eine völlig andere Perspektive eröffnen. Wer glaubt, diese Erfahrung noch nicht gemacht zu haben, hat sich in einer engen Welt eingesperrt.

Öffnen Sie die Türen Ihrer Vorstellungen langsam und spähen Sie hinaus. Die meisten Ihrer Werte, Glaubenssätze und Vorstellungen haben zu irgendeiner Zeit etwas Nützliches für Sie getan, deshalb brauchen Sie sie nicht einfach über Bord zu werfen. Sie sind ein Teil Ihrer Identität, die sich neu formen muss, wenn Sie an diesem Fundament etwas ändern. Öffnen Sie die Tür zum Glück. Sie geht nach außen auf. In der Rückschau werden Sie bemerken, dass viele Türen, von denen Sie glaubten, Sie seien verschlossen, auf freier Bahn standen, wie in der Abbildung, und Sie sie gar nicht erst hätten öffnen müssen.

Bleiben Sie nicht zwischen Tür und Angel stehen. Trainieren Sie den Muskel Ihrer Entscheidungsfähigkeit. Wenn sich die Zeiten ändern und Ihre Persönlichkeit wächst, sollten auch Ihre Vorstellungen wachsen, und zwar so, dass sie Ihnen mehr statt weniger Möglichkeiten eröffnen. Vielleicht plagen Sie große Zweifel, aber irgendwann kommen Sie an den Punkt, an dem Sie feststellen, dass keine Entscheidung auch eine Entscheidung ist. Und es ist besser, unvollkommene Entscheidungen zu treffen, als nach vollkommenen zu suchen, die es nicht gibt.

Wir brauchen Maßstäbe und Bewertungen, um unterscheiden zu können, was wir wollen und was nicht. Nur so können wir unseren Lebenskurs bestimmen. Jede Unterscheidung ist jedoch eine subjektive Trennungslinie, die sich verschieben lässt, zum Beispiel dann, wenn sich neue Informationen, Einsichten oder Perspektiven ergeben.

Vielleicht möchten auch Sie dem großen Mystiker Rumi folgen, wenn er sagt:

»*Jenseits von richtig und falsch gibt es einen Ort. Dort treffen wir uns.*«

Wenn etwas nicht funktioniert, tun Sie etwas anderes

Stellen Sie sich vor, Sie wollen eine Zimmertür in Ihrem Haus aufschließen. Sie nehmen einen Schlüssel, stecken ihn ins Schloss, drehen ihn um und – nichts passiert. Was tun Sie dann? Vermutlich versuchen Sie noch ein paar Mal, ob es doch geht, denn es könnte ja sein, dass es an der Art liegt, wie

Sie den Schlüssel ins Schloss gesteckt haben. Irgendwann werden Sie jedoch einsehen, dass Sie den falschen Schlüssel verwenden und nach dem richtigen zu suchen beginnen.

Erstaunlich ist, dass wir im Leben oft dazu neigen, es anders zu machen. Wir lächeln über die Fliege, die unaufhörlich gegen die Fensterscheibe fliegt, und wenn wir andere Menschen in einer Situation wie der mit dem Schloss beobachten. Wie aber sieht es mit unserer eigenen Bereitschaft aus, etwas zu verändern? Im Alltag ist es praktisch, den Autopiloten einzuschalten. Beim Blumengießen, dem Aufräumen, dem Einkaufen oder dem Fahren mit dem Auto sparen wir so Energie und können uns eventuell noch auf etwas anderes konzentrieren. Allerdings sind wir dann nicht wirklich mit dem lebendigen Augenblick verbunden, der immer ein wenig anders ist als jeder andere Augenblick zuvor, auch dann, wenn wir das Gleiche tun. Außerdem steigt das Risiko, dass wir einer unerwarteten Situation nicht angemessen begegnen können.

Der Autopilot ist jedoch nicht nur bei Routinetätigkeiten aktiv. Jedes Fühl-, Verhaltens- und Denkmuster, das wir entwickelt haben, bringt uns dazu, automatisch anstatt emotional präsent und reflektiert zu reagieren. Wenn ein Signal aus der Umwelt den entsprechenden Knopf drückt, startet das dazugehörige Programm. Falls Sie nun denken: »Bei mir nicht, ich kenne mich bei mir aus«, kann ich Ihnen nur gratulieren – und Ihnen empfehlen, doch noch einmal darauf zu achten, ob es Situationen gibt, in denen Ihr Autopilot übernimmt.

Muster etablieren sich auch zwischen Menschen. Sie sind wie ein Spiel, das zwei oder mehr Menschen miteinander spielen. Das Spiel hat Regeln und einen typischen Spielverlauf, der sich in ähnlicher oder starrer Form wiederholt.

Die Konfliktpunkte in zwischenmenschlichen Beziehungen drehen sich meist um die gleichen Fragen. Das ist nicht erstaunlich, wenn man in Betracht zieht, dass Menschen zusammenkommen, um sich an den wichtigen Punkten zu berühren, sich wechselseitig darauf aufmerksam zu machen und sich die Chance zum Wachstum zu geben. Trotzdem: Der Autopilot schaltet sich auch hier unversehens ein und das Beziehungskarussell beginnt.

Erinnern Sie sich an einen solchen Konflikt, einen, der Sie und einen anderen Menschen wirklich berührt. Wie schnell geht es, in der Kommunikation festgefahren zu sein! Sie drehen sich beide im Kreis, es sieht so aus, als gäbe es keine Lösung, Sie sind in einer Reiz-Reaktionskette gefangen. Was können Sie tun? Wenn Sie den Ball weiter in der gleichen Form hin und her werfen, wird sich nichts ändern. Sie müssen das Muster unterbrechen, das gerade zwischen Ihnen läuft. Eine witzige Form, das zu tun, ist, mitten im Gespräch etwas Paradoxes zu sagen, wie »Guten Morgen!« oder etwas Ungewöhnliches zu tun, wie Ihr Getränk zu verschütten oder etwas fallen zu lassen.

Nehmen Sie den Gedanken der Musterunterbrechung in Ihr Leben auf. Achten Sie darauf, wann Sie beginnen, in eine Routine zu verfallen, ein Gefühl wieder aufleben zu lassen, dass Sie eigentlich hinter sich lassen wollen, wann Sie automatisch reagieren und handeln. Steigen Sie aus dieser Automatik aus, indem Sie etwas ganz bewusst anders machen. Alternativ können Sie den Vorgang wiederholen, aber mit vollem Bewusstsein dessen, was Sie tun, oder Sie gehen real oder innerlich an den Ausgangspunkt zurück und beginnen von vorn.

Arbeiten Sie an Ihren Glaubenssätzen

»Die eigentlichen Entdeckungsreisen bestehen nicht im Kennenlernen neuer Landstriche, sondern darin, etwas mit anderen Augen zu sehen.«
Marcel Proust

Glaubenssätze nennt man die Grundannahmen, auf denen wir unser Selbst- und Weltbild aufbauen. Sie sind mehr als eine Meinung. Glaubenssätze sind fundamentale Überzeugungen, die uns zu einem großen Teil aus dem Unterbewusstsein heraus steuern. Das verleiht ihnen große Macht. Meist sehen wir nur das Ergebnis, das ein Glaubenssatz in unserem Leben hervorbringt, nicht aber den Ausgangspunkt. Die gleiche Macht besitzen sie in Kulturen, die von kulturspezifischen Glaubenssätzen angetrieben werden, und in Familien. Unsere individuellen Glaubenssätze sind immer auch von denen unserer Kultur und von denen unserer Familie geprägt. Hören Sie einmal aufmerksam zu, wenn ein Mensch seine Meinung äußert. Mit ein wenig Einfühlungsvermögen können Sie dahinter einen oder mehrere Glaubenssätze erkennen, die zu dieser Meinung geführt haben. Der Filter unserer Wahrnehmung ist von Glaubenssätzen durchzogen. Die Dinge beunruhigen uns vor allem deshalb, weil wir glauben zu wissen, welche Konsequenzen sie haben. Wir haben Angst vor dem, was wir uns vorstellen und neigen dazu, jedes Anzeichen, das sich eignet, in dieser Richtung zu deuten.

Als Rita ein Kind war, pflegte ihre Mutter zu sagen: »Du wirst schon sehen. Mit den Jahren wird man immer kränker. Und niemand will einen dann mehr.« Ritas Mutter war sehr häufig krank. Sie lag im Bett und konnte sich weder um den Haushalt noch um Rita kümmern. Auch Rita war häufig krank und was ihre Mutter sagte, traf sie sehr. Sie hatte große Angst davor, irgendwann krank, alt und verlassen unter einer Brücke zu enden. Das führte dazu, dass sie über Jahre hinweg nach einem sicheren Hafen suchte. Sie heiratete, bekam Kinder und lebte ein geregeltes Leben, das sie zunächst ganz glücklich machte. Irgendwann saß sie jedoch am Fenster, sah hinaus in den Garten und dachte: »Ich werde noch in 20 Jahren hier sitzen und in den Garten sehen.« Diese Vorstellung erschreckte sie zutiefst und ihr wurde klar, dass sie sich schon lange nach einem anderen Leben sehnte. Sie trennte sich von ihrem Mann, obwohl ihre Mutter erklärte: »Er trinkt nicht, betrügt dich nicht und du hast es schön« und begann ein neues Leben. Ihre Ängste waren deshalb noch nicht gelöst. Das Schreckensbild stand nach wie vor im Raum. Aber sie dachte auch: »Das wollen wir doch einmal sehen!« und wurde immer seltener krank.

Was Rita half, war, dass sie den Glaubenssatz ihrer Mutter kannte. Oft müssen wir unsere Glaubenssätze erst entdecken und unter denen, die wir schnell finden, sind noch andere, tiefer gehende und wirkungsvollere angesiedelt. Eine einfache und effektive Methode, um an den fundamentalen Glaubenssatz heranzukommen, ist die Frage:

Was für ein Ort ist die Welt?

> Ist die Welt ein Jammertal?
> Ein Ort des Kämpfens?
> Ein Paradies?
> Ein absurdes Theater?
> Ein Ort der Niedertracht und Unehrlichkeit?
> Ein kalter Ort?
> Ein wärmender Ort?
> Ein leidvoller Ort?

Nun vollenden Sie den Satz

Das Leben ist …
> … schön
> … tragisch
> … ein Spiel
> … ein Kampf
> … ein sportlicher Wettbewerb
> … sinnlos
> … sinn- und bedeutungsvoll

Glaubenssätze kommen nie nur aus uns heraus. Selten wissen wir allerdings, woher sie stammen. Der Hypnotherapeut Stephan Gilligan spricht von den »Aliens«, den Außerirdischen, die uns besetzt haben. All die fremden Stimmen, seien Sie wohlmeinend oder auch nicht, die sich in unseren Köpfen und Herzen tummeln, sind Fremde, die nur zu Besuch gekommen sind. Nehmen Sie eine Überzeugung, die Sie hegen, und fragen Sie sich: »Woher weiß ich das?« Vermutlich fällt Ihnen dann ein Mensch ein, vielleicht Mutter oder Vater, ein Lehrer

oder eine andere Person, der diese Meinung geäußert und Sie damit beeindruckt hat. Hinterfragen Sie das Ergebnis so lange, bis Sie den Glaubenssatz in einem neuen Licht sehen.

Glaubenssätze verbergen sich hinter allem, worin wir eine Notwendigkeit sehen. Immer wenn Sie sagen:

Ich muss …
Ich kann nicht …
Es ist unmöglich …
Man darf nicht …
Man soll …

oder Ähnliches artikulieren, steht ein Glaubenssatz dahinter.

Sie können Glaubenssätze umwandeln. Die Familientherapeutin Virginia Satir führte dazu die Technik des »Reframing« ein, was »in einen anderen Rahmen bringen, umdeuten« bedeutet. Fragen Sie sich nach der guten Absicht hinter Ihrem Glaubenssatz. In Ritas Fall war die gute Absicht der Mutter, Rita zur Vorsicht zu ermahnen und nur nichts Falsches zu riskieren. Rita trug diesen Glaubenssatz so lange weiter, wie sie davon überzeugt war, sie sei nicht stark genug für ein eigenes, unabhängiges Leben. Mit »Das wollen wir doch mal sehen!« begann ihr Reframing. Ihr Widerstand führte zu positiven Erfahrungen, was die eigenen Fähigkeiten anging.

Glaubenssätze steuern Ihr Leben und sie steuern Ihre Wünsche. Könnte ein Wunsch, den Sie haben, aus einem Glaubenssatz heraus entstanden sein anstatt in Ihrem Herzen? Gibt es einen Glaubenssatz, der Ihrem Herzenswunsch entgegensteht und querschießen könnte? Es ist lohnenswert, sich mit Glaubensätzen zu befassen. Sie sind ein Tor in die Freiheit.

Zitate für einen offenen Geist

»Es ist schwieriger, eine vorgefasste Meinung zu zertrümmern als ein Atom.«
Albert Einstein

»Du musst selbst die Veränderung sein, die du in der Welt sehen willst.«
Mahatma Gandhi

»Am Ende eines Spiels kommen König, Dame und der Bauer alle in die gleiche Schachtel.«
Aus England

»Jeder Mensch ist ein besonderer Gedanke Gottes, nicht nur die Menschheit im Allgemeinen.«
Paul Anton de Lagarde

»Für die, welche lieben,
gibt es nicht Moslems, Christen und Juden.
Für die, welche lieben,
gilt weder Glaube noch Gottlosigkeit.
Für die, welche lieben,
sind Körper, Geist, Herz und Seele eins.

Warum dann auf jene hören, die dies anders sehn?
Jene, die nicht lieben, haben keine Augen.«
Rumi

»*Keine Vergangenheit.*
Keine Zukunft.
Offener Geist.
Offenes Herz.
Vollständige Aufmerksamkeit.
Keine Vorbehalte.
Das ist alles.«
Scott Morrison

»*Tu einfach dies: Sei still, und lege alle Gedanken da-*
rüber, was du bist und was GOTT ist, weg, alle Kon-
zepte über die Welt, die du gelernt hast, alle Bilder, die
du von dir selbst hast. Mach deinen Geist von allem
leer, was er für wahr oder falsch, gut oder schlecht hält,
von jedem Gedanken, den er als würdig beurteilt, und
allen Vorstellungen, deren er sich schämt. Halte an
nichts fest. Bringe nicht einen Gedanken mit, den die
Vergangenheit gelehrt hat, noch eine Überzeugung, die
du gelernt hast von irgendetwas. Vergiss diese Welt,
vergiss diesen Kurs, und komm mit völlig leeren Hän-
den zu deinem GOTT.«
Ein Kurs in Wundern, Übungsbuch S. 360

Düngen Sie die Felder Ihrer Zukunft

Der buddhistische Lehrer Chögyam Trungpa vergleicht die Erinnerungen, denen wir gern entfliehen wollen, mit einem Misthaufen. »Das ist doch nur ein Haufen Mist!«, sagen Sie sich vielleicht, wenn Sie zurückblicken. Für einen Bauer ist der Misthaufen wertvoll. Mit dem Mist düngt er seine Felder, damit sie reichen Ertrag abwerfen. Und der Gärtner düngt seine Beete, damit sie Blumen hervorbringen, die reichlich blühen können.

Doch nicht nur das. Wenn der Mist richtig gut werden soll, muss man ihn von Zeit zu Zeit wenden, damit Luft hineinkommt und er gut gären kann.

Wollen Sie Ihren Mist loswerden oder wollen Sie die Felder Ihrer Zukunft damit düngen?

Solange Gundula zurückdenken konnte, war sie die Vermittlerin zwischen ihren Eltern. Ihr Vater war ausgesprochen besitzergreifend. Er wollte ihrer Mutter nicht die kleinste persönliche Freiheit lassen, ein Treffen mit einer Freundin an einem Nachmittag zum Beispiel. Gundulas Mutter weinte sich oft bei ihr aus, dann wusste Gundula, dass sie ganz wichtig für ihre Mutter war. An Tagen, an denen es ihren Eltern gut miteinander ging, bekam sie keine besondere Aufmerksamkeit. Der Wechsel zwischen beiden Szenarien konnte sehr plötzlich stattfinden – gerade noch unwichtig, dann wieder ganz wichtig. Für Gundula gab es kein Muster, das sie erkennen konnte, kein Vorzeichen, wann sich der Wind drehen würde, sodass sie sich sehr verunsichert fühlte.

In einer Sitzung erinnerte sie sich an eine Szene, als sie etwa sieben Jahre alt war. Sie saß in der Küche und schrieb etwas mit dem Griffel auf die Schultafel, während ihre Mutter die Hausarbeit erledigte. Gundula hätte sehr gern mitgeholfen. Sie liebte es, etwas mit den Händen zu machen und wünschte sich nichts sehnlicher als zu zeigen, wie gut sie das konnte.

»Mama, ich möchte mithelfen!«, sagte sie.

»Lass das«, antwortete die Mutter, »du hast ja sowieso zwei linke Hände!«

Gundula war wie vom Blitz getroffen. Zwei linke Hände …?

Ein Leben lang hatte sie sich als linkisch empfunden: mit den Händen, bei ihren Worten. Selbst ihren schlanken Körper empfand sie als ungelenk. Wenn andere etwas von ihr wollten, konnte sie nur selten Nein sagen. Sie sah sich selbst als eine Frau, die den Erwartungen anderer genügen musste, um Nähe und Anerkennung zu bekommen, und ließ im Alltag und in ihrem Leben wichtige eigene

Wünsche unter den Tisch fallen. Außerdem: Sie würde es ja doch nicht gut machen, davon war sie überzeugt. Oft knabberte sie an ihren Fingern und riss an der Haut herum, vor allem in Momenten, in denen sie versuchte, zur Ruhe zu kommen.

Als Gundula das Kind sah, das sie gewesen war, rannen ihr die Tränen über das Gesicht – und gleichzeitig fühlte sie eine große Erleichterung, gerade so, wie man sich fühlt, wenn etwas lange Weggeschlossenes sich wieder melden darf. Sie verfolgte die Spur der »linken Hände« durch ihr Leben und sah, dass sie im Gegenteil bei vielen Dingen sehr geschickt war. Sie liebte es, wenn Menschen ihren Geist über die Hände ausdrückten, wie es Künstler tun, und bemerkte, dass sie das auch schon gekonnt hatte.

Gundula wendete den »Misthaufen ihrer Vergangenheit« und düngte damit das Feld ihrer Zukunft. Weil sie so sehr darunter gelitten hatte, dass man sie ungeschickt genannt hatte – auch der Vater hatte das getan –, hatte sie sich ein Leben lang um Geschicklichkeit bemüht. Von Kindesbeinen an hatte sie sich damit auseinandergesetzt, was geschickte Worte, Gesten, Handlungen sind, und war ausgesprochen kompetent darin geworden. Wie wäre es anders möglich bei einer lebenslangen Übung?

Das Geschenk, das in diesem für sie so schlimmen Ereignis lag und das durch ihr Leben hindurch Ringe gezogen hatte wie der Stein, der ins Wasser fällt, konnte sie erst bewusst in Empfang nehmen, als sie erkannte, dass der Schmerz ihr etwas Wertvolles geschenkt hatte. Sie gab der Siebenjährigen liebevoll einen Platz in ihrem Herzen. Immer wenn sie sich von nun an linkisch fühlte, nahm sie Kontakt mit ihr auf und sah den Ausgangspunkt, an dem sie sich in eine Vorstellung eingesperrt hatte. Und sie sah, dass der Raum dieser Vorstellungen Fenster und Türen hatte, die sich öffnen ließen.

Seien Sie dankbar

Glücklich möge ich meinen Weg gehen,
möge es schön sein vor mir.
Möge es schön sein hinter mir.
Möge es schön sein über mir.
Möge es schön sein überall um mich.
In Schönheit vollendet sich alles.
Gebet der Navaho-Indianer

Schenken Sie auch anderen Menschen die Kraft dieses schönen Gebetes. Wählen Sie einen Menschen oder eine Gruppe und senden Sie den Wunsch in das Universum hinaus: »Glücklich mögest du deinen Weg gehen …« Gute Wünsche sind eine Form der Dankbarkeit dem Leben gegenüber. Wenn Sie Dankbarkeit fühlen, werden Glückshormone in Ihrem Körper ausgeschüttet und das Immunsystem wird gestärkt. Auch wenn sich vieles nicht oder vielleicht noch nicht erfüllt hat, können Sie bei offener Betrachtung viel Schönes entdecken, womit Sie das Leben beschenkt hat.

Die Perle in der Auster

»In den Tiefen des Winters erfuhr ich schließlich,
dass in mir ein unbesiegbarer Sommer liegt.«
Albert Camus

Ist es nicht ein schönes Bild, die glänzende Perle in der Auster? Sie ist etwas Seltenes und wird in vielen Kulturen als Kostbarkeit gesehen. Wie sie entsteht, ist nicht vollständig geklärt. Sicher ist nur, dass die Auster ihre Fähigkeit, eine Perlmuttschicht zu bilden, nutzt, um Eindringlinge zu bekämpfen. Ob tatsächlich ein Sandkorn reicht, das die Auster mit Perlmutt ummantelt, oder ob es mehr dazu braucht, weiß man noch nicht. Das Prinzip bleibt das Gleiche: Etwas, das für die Auster ebenso unangenehm, belastend und vielleicht sogar schmerzhaft ist, wie für uns bestimmte Erfahrungen, die, bildlich gesprochen, in unsere Seele eindringen, wird zu etwas Schönem umgewandelt. Ohne den »Sand im Getriebe« wäre das nicht geschehen. Was immer die Auster mit Perlmutt umgeben hat, im Kern bleibt es bestehen. Es ist Ursache und Wirkung zugleich.

Sehen Sie Ihren Schmerz als etwas Kostbares. Geben Sie sich Zeit, um zu der Perle zu werden, die Sie in Ihrer Anlage bereits sind. Eine Perle besteht aus vielen Schichten, die geduldig eine nach der anderen aufgetragen werden.

Sehen Sie alles, was Ihnen begegnet, als Chance

»Alles, was dir begegnet, ist eine Möglichkeit, den Weg zu gehen.«
Aus dem Film *Samsara – Geist und Leidenschaft*

Vielleicht kennen Sie den wunderbaren Film *Samsara – Geist und Leidenschaft*. Dort geht es um einen Mönch, der zwischen seiner spirituellen und seiner weltlich-leidenschaftlichen Seite hin und her gerissen ist. Und es geht um alle Ereignisse, die sich ergeben, weil er versucht, beidem gerecht zu werden. Das Motto des Films ist: »Alles, was dir begegnet, ist eine Möglichkeit, den Weg zu gehen.« Etwas umformuliert lautet der Satz: »Alles, was dir begegnet, bietet dir eine Möglichkeit, *deinen* Weg zu gehen.«

Wenn Sie Schönes erleben, werden Sie vielleicht weniger an einen Satz wie diesen denken, als wenn Sie etwas verletzt, ärgert, irritiert oder unsicher macht. Auch schöne Erlebnisse stellen Sie vor die Wahl, ob Sie sie annehmen und wie Sie damit umgehen wollen. Es kann aus verschiedenen Gründen schwierig sein, eine unerwartete Freundlichkeit entgegenzunehmen. Wie aber reagieren Sie, wenn Sie betroffen sind? Sie können das natürlich Ihrem Autopiloten überlassen. Das ist bequem, führt allerdings immer in die gleiche Richtung. Was wäre anders, wenn Sie sich stattdessen zuerst fragen würden, welche Chance Ihnen das, was Sie erleben, bietet? Sie können aus allem lernen, von allem, was geschieht, profitieren. Vielleicht macht Sie Ihr Erlebnis auf etwas aufmerksam, das Sie vergessen hatten? Zum Beispiel auf Ihre Absicht, bestimmte Reaktionen zu ändern? Auf einen Entschluss, den Sie gefasst hatten? Darauf, dass Sie etwas Bestimmtes befürworten oder ablehnen? Auf eine alte Verletzung, von der Sie dachten, sie bräuchte keine Aufmerksamkeit mehr? Auf eine Sehnsucht? Nehmen Sie das, was Ihnen begegnet, zum Anlass, mehr über sich zu erfahren und vor allem dafür, Ihre Position zu bestimmen.

Im Spiegel anderer Menschen können Sie sich erkennen, weil sie Dinge in Ihnen anrühren. Was immer Sie an einem Menschen anzieht oder abstößt, kann Ihnen tiefe Einsichten über sich selbst offenbaren, wenn Sie bereit sind, hinzusehen. Und dem anderen geht es ebenso. Über Liebe und das genetische Programm der Fortpflanzung hinaus erfüllen Beziehungen einen Zweck. Sie sind die Antwort auf ein Bedürfnis, eine Sehnsucht, einen Drang, manchmal auch auf einen elterlichen Auftrag oder ein Verbot, die Ihnen der Kontakt bewusst machen kann. Jede Beziehung hat ihr Motiv, aufgrund dessen die Partner sie eingehen. Ihre Beziehungen konfrontieren Sie mit Ihren Mustern, Glaubenssätzen,

Zukunftserwartungen und mit Ihrem Selbstbild. Einer meiner Freunde verglich eine Beziehung einmal mit einem Mogelpaket, das mit einer hübschen Schleife verziert ist. Wenn wir das Paket öffnen, sind gute und unerfreuliche Dinge darin, mit denen wir nie gerechnet hätten – wir nicht, unser Unbewusstes, das nach Wachstum und Heilung strebt, jedoch schon. Viele Beziehungen würden nicht begonnen, wenn die Beteiligten wüssten, was auf sie zukommt. Sexuelle Anziehung, Faszination und Liebe sorgen dafür, dass wir eine Beziehung eingehen – und die Münzhälfte finden, die zu der passt, die wir selbst sind. Manchmal ist eine bestimmte andere Hälfte nur für eine definierte, vielleicht sehr kurze Zeit die richtige.

Die Sie ergänzenden »Münzteile« passen nie perfekt, auch nicht bei Ihrem Seelenpartner oder Ihrer Seelenpartnerin. Es bleibt eine gewisse Reibung, die Sie auffordert, nicht völlig im anderen aufzugehen, sondern Ihren eigenen Kurs zu bestimmen sowie Ihren eigenen Lebensweg zu verfolgen. In verschiedenen Lebensabschnitten und Entwicklungsstadien können »andere Münzen« im Sinne dessen, was es zu lernen gibt, besser zu Ihnen passen. Im Idealfall finden Sie einen Menschen, mit dem Sie eine tiefe und langfristige Beziehung leben können, weil Sie beide offen für Wachstum bleiben, miteinander und jeder für sich.

Nicht nur schwierige, auch gute Erlebnisse, die ein Mensch in Ihnen auslöst, binden Sie an ihn. Manchmal treffen Sie jemanden, der eine Eigenschaft besitzt, die Sie in sich selbst tragen und die noch auf ihre Entdeckung wartet. Eine Frau sagte einmal zu mir, sie habe sich trotz vieler Schwierigkeiten lange nicht von ihrem Partner trennen können, weil er eine geistige und emotionale Quelle für sie war. Als sie sich schließlich von ihm getrennt hatte, entdeckte sie, dass sie selbst eine Quelle für viele Menschen darstellte.

Die Welt um Sie herum bietet Ihnen die Plattform, auf der Sie sich erkennen und verwirklichen können. Kein Schauspieler könnte sein Theaterstück ohne Bühne spielen. Die Bühne für die Verwirklichung Ihres Lebens ist die Welt und alles darin Bestehende. Den eigenen Weg zu gehen hat also immer mit anderen Menschen zu tun, und mit der Welt insgesamt. Martin Buber sagte: »Der Mensch wird erst am Du zum Ich.« Andere Menschen bieten uns das

Material, das wir brauchen, um heil zu werden. Wie das geschieht, entspricht nur nicht immer so ganz dem, was wir uns erträumen.

Sehen Sie Ihre Partnerin oder Ihren Partner auch in diesem Licht. Alles, was Sie in den Kapiteln des Buchteiles »Entdecken Sie, was Sie wirklich antreibt« über sich gelesen haben, gilt für jeden Menschen. Sehen Sie in jedem Menschen mehr, als er Ihnen zeigt. Ob in einer Liebesbeziehung, am Arbeitsplatz oder bei einer zufälligen Begegnung im Park, sie kommen zusammen, weil jeder im anderen etwas für sich selbst entdecken kann, und auch, weil gegenseitige Unterstützung ein Akt der Liebe ist. Fragen Sie sich, was Sie in Ihrer Liebesbeziehung, aber auch in anderen Beziehungen erreichen möchten, und was die andere Person wohl erreichen will. Beziehen Sie sich dabei auf mehr als die Gründe, die Sie an der Oberfläche erkennen können.

Nutzen Sie alles, was Ihnen begegnet, um herauszufinden, wer Sie sind und was Sie wirklich wollen. In einfachen Dingen geschieht das tagtäglich, wenn Sie Tee statt Kaffee bestellen und sagen: »Ich bin Teetrinker.« Wer sind Sie – oder besser gesagt, wer wollen Sie sein –, wenn Sie den Eindruck haben, Sie würden angegriffen? Missachtet? Hochgejubelt? Geliebt? Bewundert? Infrage gestellt? Alles im Leben ist Position – innere Position im Sinne Ihrer Lebensgrundhaltung und äußere Position im Sinne der Frage, an welchen Orten Sie sich aufhalten und leben wollen. Was Ihnen begegnet, bietet Ihnen die Möglichkeit, Ihre innere und äußere Position zu bestimmen, und die damit verbundenen Entscheidungen bestimmen darüber, wie Ihr Leben verläuft.

Ein Punkt im Raum –
eine Übung von Neale Donald Walsch

»Stell dir vor, du befindest dich in einem völlig weißen Raum – weiße Wände, weißer Boden, weiße Decke, keine Ecken. Und stell dir vor, dass du, von einer unsichtbaren Kraft gehalten, in diesem Raum schwebst. Du hängst da mitten im Raum. Du kannst nichts berühren, du kannst nichts hören, und du siehst nur weiß um dich herum. Was glaubst du, wie lange du auf der Ebene deiner Erfahrung von dir, des Erlebens deiner Person ›existieren‹ wirst?«

Walschs Antwort lautet, dass wir in einem solchen Fall zwar existieren, aber nichts über uns wissen würden. Fragen wie »Bin ich groß?«, »Bin ich klein?« ließen sich nicht beantworten, weil es nichts außerhalb von uns selbst gäbe, womit wir uns vergleichen könnten.

»Dann geschieht etwas, um all das zu ändern. Es erscheint ein kleiner Punkt an der Wand. Es ist, als sei jemand mit einem Füllfederhalter gekommen und hätte ein winziges Tintentüpfelchen hinterlassen. Niemand weiß, wie dieser Punkt dorthin gekommen ist, aber das spielt auch keine Rolle, denn der Punkt hat dich gerettet.

Nun gibt es da noch etwas anderes. Da bist du, und da ist dieser Punkt an der Wand. Plötzlich kannst du wieder Entscheidungen treffen, kannst du wieder Erfahrungen machen. Der Punkt ist dort drüben. Das bedeutet, du musst hier sein. Der Punkt ist kleiner als du. Du bist größer als er. Du fängst an, dich wieder zu definieren – in Bezug zu dem Punkt an der Wand. Deine Beziehung zu dem Punkt wird etwas Heiliges, weil sie dir dein Gefühl für dein Selbst zurückgegeben hat.«

So wird jeder Mensch, jedes Ding und jedes Ereignis zu etwas, das uns zu einer Entscheidung auffordert. Wenn jemand unfreundlich zu Ihnen ist, wie wollen Sie damit umgehen? Erhalten Sie ein Angebot, was machen Sie damit? Fasziniert Sie ein Mensch, was heißt das für Sie? Worauf gehen Sie ein, was lehnen Sie ab? Der spirituell ausgerichtete Schriftsteller Rodney Collin sagte einmal: »Jesus hat gesagt, wir sollen alle Menschen lieben, aber er hat nicht gesagt, wir sollen jeden in unser Haus einladen.«

Sechster Schritt: Lösen Sie Blockaden auf – werden Sie frei

»Wenn man das, was man wünscht, unwichtig nimmt, das, was man hasst, wichtig nimmt, woher soll dann das, was man wünscht, kommen?«
Lü Bu We

»Die äußere Freiheit wird uns erst bewilligt werden, wenn wir die innere Freiheit entwickelt haben« – erinnern Sie sich an das Zitat von Mahatma Gandhi aus dem Kapitel »Grenzen des Wünschens«? Was Sie im Außen blockiert, ist ein Spiegel dessen, was sich in Ihrem Inneren abspielt. Missverstehen Sie mich nicht: Es gibt reale Blockaden, mit denen die Welt uns konfrontiert. Viel öfter, als es uns bewusst ist, gibt es jedoch einen Schlüssel, der das Hindernis beseitigt, wenn man nur an der richtigen Stelle nach ihm sucht.

Das folgende Kapitel »Geh an die Orte, die du fürchtest« ist nach dem gleichnamigen Buch der buddhistischen Lehrerin Pema Chödrön benannt, in dem es um den Weg zur Heilung aller Leiden geht. Das Buch beginnt mit einer Unterweisung, die Machik Labdrön von ihrem Lehrer erhielt:

»Gestehe deine verborgenen Fehler.
Nähere dich dem, was du abstoßend findest.
Hilf denjenigen, von denen du glaubst, du könntest ihnen nicht helfen.
Lass alles gehen, woran du haftest.
Geh an die Orte, die du fürchtest.«

Gehen Sie an die Orte, die Sie fürchten

»*Weisheit ist der geheilte Ausdruck unseres Schmerzes.*«
Gregg Braden

Viele Menschen tun bereits das, was ihrer Lebensaufgabe entspricht. Sie haben eine Form gefunden, in der Sie ihre tiefsten Motivationen leben können. Vielleicht verbinden sie Ihre Tätigkeit nicht mit der Vorstellung einer Lebensaufgabe, aber sie fühlen diesen inneren Antrieb, genau das zu tun, was sie tun. Sie tun also genau das Richtige.

Trotzdem stehen sie in dem Bereich, der ihnen am Herzen liegt, auch immer wieder vor Hürden. Sie machen schmerzvolle, verletzende Erfahrungen, die sie nicht einfach als natürliche Begleiterscheinungen ihres Weges betrachten können. Sie würden sich nichts mehr wünschen, als aus diesem Kreislauf auszubrechen. Aber obwohl sie das leben, worum es für sie geht, stehen sie genauso wie andere, die ihren Auftrag noch nicht gefunden haben, immer wieder vor denselben Fragen und Problemen. Geht es Ihnen ähnlich? Vielleicht haben Sie Ihren Traumpartner oder Ihre Traumpartnerin gefunden, die ideale Wohngemeinschaft, die Arbeitsstelle, die Sie wollten, und trotzdem finden Sie sich an einer Stelle in Ihrem Leben in einem Kreislauf wieder?

Wie kann das sein?

Gibt es dafür eine Lösung?

Ihre am stärksten emotional aufgeladenen Motive bildeten sich in Situationen heraus, die Ihnen die größten Schmerzen bereitet haben. Dort, wo Sie verwirrt, ängstlich, wütend, hilflos und sehr allein waren, wo der Kummer eines Elternteils Sie niederdrückte, wo Sie sich danach sehnten, dass Ihnen jemand zu Hilfe eilen würde, ist der Wille entstanden, sich in vergleichbaren Umständen mit aller Kraft für Lösungen einzusetzen – und/oder mit aller Kraft ähnliche Erfahrungen zu vermeiden.

Trotz Ihrer sonstigen Stärken über- oder untertreiben Sie, wenn diese wunden Punkte berührt werden. Sie reden, schreiben, handeln und verhalten sich so, wie es der Schmerz in Ihnen auslöst. Ein alter, kindlicher Teil wird wach und greift nach dem Steuer. Wenn Sie sich vorstellen, Sie würden Ihren vierjährigen Sohn ans Lenkrad Ihres Wagens lassen, erhalten Sie einen Eindruck davon, was dann geschieht.

Auch wenn Sie viel gelernt, getan, studiert oder erfahren haben, sind Sie vermutlich nicht frei von solchen Persönlichkeitsanteilen. Wir können ausgesprochen erfolgreich sein, wenn unser Erwachsenen-Ich gut funktioniert. Unser Kindheits-Ich ist jedoch immer noch in einer Kammer unseres Herzens lebendig, und je größer die Schlösser sind, die wir davor gehängt haben, desto heftiger wird es sich bemerkbar machen. Die größte Macht hat der Schmerz über uns, wenn wir ihn als »alt und vorbei, am besten nicht mehr daran denken« einstufen.

Wie sieht das bei Ihnen aus?

Ich habe immer wieder Menschen getroffen, die Therapien oder Selbsterfahrungsseminare absolviert hatten und davon überzeugt waren, sie hätten genügend an ihren Themen gearbeitet.

Genügend daran gearbeitet, ob zusammen mit einem Coach, Therapeuten oder für sich ganz allein, haben Sie nur, wenn sich etwas grundsätzlich verändert hat. Solange Sie immer wieder diese Unruhe in sich spüren, solange Ereignisse Ihre Wunde wieder zum Bluten bringen können, vor allem auch nach Phasen, in denen alles gut zu sein schien, gibt es noch Arbeit für Sie zu tun. Unruhe, Angst, Getriebensein, Süchte gleich welcher Art, alle Dinge, die Sie nicht lassen können oder unbedingt haben oder tun müssen, wiederkehrende Probleme oder Störfaktoren sind eine deutliche Botschaft, dass es etwas in Ihnen anzusehen und anzunehmen gibt. Alle körperlichen Symptome, Krankheiten oder Unfälle sind eine Stimme Ihres Unbewussten, die sich nicht anders verständlich machen kann.

Gehen Sie an die inneren Orte, die Sie fürchten, und Ihr Schmerz wird sich verwandeln.

Auf der konkreten Ebene ist die Vergangenheit vorbei, jedoch nicht in Ihnen. Alles Ungelöste ist noch immer da, auch wenn es nur durch eine innere Konstruktion aufrechterhalten wird. Ohne es zu wissen oder gar zu wollen projizieren Sie alte Erfahrungen auf neue Situationen und geben ihnen die gleiche Bedeutung, fühlen Sie die gleichen Gefühle, haben Sie die gleichen Sorgen und Ängste – und sind nicht frei. Es genügt nicht, zu erkennen, dass es so ist, auch wenn das der erste, wichtige Schritt in die richtige Richtung ist. Seien Sie bereit, mit den Anteilen in Ihnen Kontakt aufzunehmen, die nur dann ihre Macht verlieren, wenn Sie sich Ihnen liebevoll zuwenden. Das Erstaunliche ist, dass ein wunderbares Gefühl von Ruhe und Gelöstheit eintritt, wenn Sie Ihre Furcht überwunden und Verbindung zu diesem Anteil in Ihnen aufgenommen haben. Ein lebendiger Mensch tritt Ihnen hier entgegen, der Mensch, der Sie einmal waren. Allein, dass er endlich gesehen und angenommen wird, dass Sie seine Existenz nicht länger leugnen, verändert alles. In solchen Augenblicken sind Sie wirklich in Verbindung mit sich selbst, nicht nur mit bestimmten Persönlichkeitsanteilen. Vielleicht sehen Sie sich dann zum ersten Mal so, wie Sie wirklich sind.

Bringen Sie diesem Menschen liebende Güte entgegen, so, wie sie einem Neugeborenen begegnen würden. Gehen Sie liebevoll mit seinen Ängsten, seiner Wut und Verletztheit um. Geben Sie ihm die Wärme, Geborgenheit und den Respekt, den er vermisste.

Ich möchte Ihnen von einigen Menschen erzählen, deren Geschichte Ihnen helfen wird, die Verbindung von Lebensaufgabe und Schmerz noch besser zu verstehen.

Hannes war fünf Jahre alt, als sein Vater starb. Bis zu diesem Zeitpunkt hatte die Familie in sehr wohlhabenden Verhältnissen gelebt. Die Familie seines Vaters nutzte die speziellen Erbverhältnisse, um seine Mutter vom Erbe auszuschließen. Von heute auf morgen befanden sich Hannes, seine Mutter und seine Schwester in einer Situation, in der es um einen täglichen Überlebenskampf ging. Seine Mutter verkaufte nach und nach all ihren Schmuck und andere Dinge, um sich und die Kinder durchzubringen, während sie gleichzeitig verzweifelt nach Möglichkeiten suchte, um Geld zu verdienen. Sie war wie vom Blitz getroffen, konnte sich innerlich mit der Situation nicht abfinden und betrachtete ihr Leben als beendet.

Hannes erschütterte die heftige Verzweiflung seiner Mutter. Für ihn war sie wie ein Sturz aus der Höhe. Er hätte gern alles getan, um sie aus dieser Lage zu befreien und ihr zu einem Neustart zu verhelfen, auch wenn ihm diese Zusammenhänge damals noch nicht bewusst waren. Eines Tages sah er einen Film, in dem Flugzeuge abgeschossen wurden. Die Piloten versuchten verzweifelt, sie in der Luft zu halten, was aber nicht gelang. Von da an begann Hannes eine Vorliebe für Filme zu entwickeln, in denen es um Flugzeugabstürze ging.

Obwohl er in seinem späteren beruflichen Leben große Erfolge vorzuweisen hatte, kam es immer wieder zu einem Absturz. Die geschäftlichen Projekte, die er begann, florierten, bis eine Situation entstand, in der sich die Lage zuspitzte und er das Projekt selbst aufgab oder aufgeben musste und von Neuem begann. Jede Situation war wie beim Monopoly: Gehen Sie zurück auf Los, ziehen Sie keine 4000 DM ein.

Aufbau und Absturz wiederholten sich in seinem Leben. Hannes war wie magisch angezogen von Projekten, die Gratwanderungen waren. Immer engagierte er sich mit all seinen Kräften, um am Schluss wieder dort zu sein, wo er begonnen hatte. Er war wie ein Surfer, der sich immer die Welle aussuchte, die er nicht schaffen konnte. Eines Tages wurde ihm bewusst, dass er den Absturz seiner Kindheit wiederholte, getrieben von dem

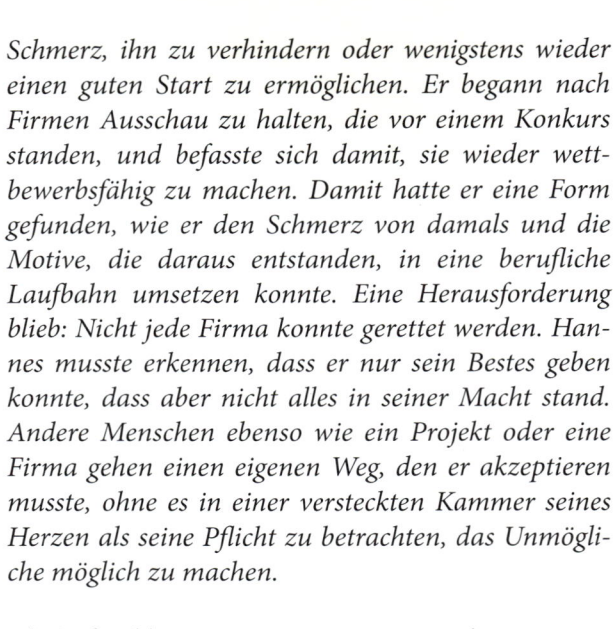

Schmerz, ihn zu verhindern oder wenigstens wieder einen guten Start zu ermöglichen. Er begann nach Firmen Ausschau zu halten, die vor einem Konkurs standen, und befasste sich damit, sie wieder wettbewerbsfähig zu machen. Damit hatte er eine Form gefunden, wie er den Schmerz von damals und die Motive, die daraus entstanden, in eine berufliche Laufbahn umsetzen konnte. Eine Herausforderung blieb: Nicht jede Firma konnte gerettet werden. Hannes musste erkennen, dass er nur sein Bestes geben konnte, dass aber nicht alles in seiner Macht stand. Andere Menschen ebenso wie ein Projekt oder eine Firma gehen einen eigenen Weg, den er akzeptieren musste, ohne es in einer versteckten Kammer seines Herzen als seine Pflicht zu betrachten, das Unmögliche möglich zu machen.

Als Stefan klein war, musste er mit ansehen, wie seine Mutter sich im Leben durchschlagen musste. Sie wurde diskriminiert, Ungerechtigkeiten waren an der Tagesordnung. Bereits sein Vater hatte sie misshandelt. Als sie nach der Trennung eine neue Beziehung einging, begann das Ganze von vorn. In dieser Zeit begann in Stefan das Verlangen zu wachsen, sich für verfolgte, misshandelte Frauen einzusetzen. Er engagierte sich in einer Hilfsorganisation, die sich darum bemühte, die Beschneidung von Frauen in Afrika abzuschaffen, und wandte sich gegen die Diskriminierung von Frauen in verschiedenen Ländern. Auch in seinem persönlichen Leben war er wie magisch angezogen von Menschen, die verfolgt und verleumdet wurden, besonders wenn es sich um Frauen handelte. Stefan bewirkte auf diese Weise viel Gutes, aber er stand innerlich unter extremer Anspannung. Gegen Diskriminierung vorzugehen war nichts, was er sich aussuchen konnte, er war wie von einer inneren Macht getrieben, sodass er sich viel Kritik und Diskriminierung einhandelte, also genau das, was er hasste und bekämpfen wollte.

Wie sieht Ihr inneres Muster aus? Beginnen Sie damit, sich selbst und andere Menschen in Ihrem Umfeld auch unter dieser Perspektive zu betrachten. Was verändert sich dadurch? Vielleicht werden Sie milder in Ihren Beurteilungen und freundlicher gegen sich selbst.

Hören Sie auf zu kratzen

»Tief im Menschen ist eine große Unruhe.«
Dalai Lama

Shenpa ist ein tibetisches Wort, das im Allgemeinen mit »Anhaftung« übersetzt wird. Es bezeichnet eine grundlegende menschliche Eigenschaft: die, sich bei bestimmten Auslösern getroffen zu fühlen und einzurasten wie die Gangschaltung eines Pkw-Getriebes. Von diesem Augenblick an fahren wir immer in demselben Gang eine Einbahnstraße entlang. Für eine bestimmte Zeit finden wir keine Abzweigung. Unser Blickfeld wird enger, wir können die Dinge nur noch aus einem Blickwinkel sehen. Emotionen kochen hoch. Betroffensein, Verletztheit, Ärger und Wut, Angst, Ablehnung und Verwirrung haben uns mehr oder weniger stark im Griff. Oft brauchen wir einen anderen Menschen, der uns aus dieser Situation herausholt.

Sie kennen das. Jemand sagt etwas Unfreundliches zu Ihnen, kritisiert Sie oder greift Sie an, oder Sie lesen etwas, das Ihre Meinung infrage stellt. In diesem Augenblick verkrampft sich etwas in Ihnen. Sie werden innerlich eng. Das ist der Startschuss in eine altbekannte Spirale, in der Sie sich selbst schlecht machen, andere anklagen, wütend sind, einen missionarischen Drang entwickeln. Ihr Selbstbewusstsein schrumpft. Vielleicht haben Sie körperliche Reaktionen. Ihr wunder Punkt ist getroffen und Sie sind nicht mehr der gleiche Mensch wie zuvor. Das ist *shenpa*. Wenn *shenpa* auftritt, sind Sie nicht mehr frei. Es ist der Haken, an dem Sie hängen.

Die buddhistische Lehrerin Pema Chödrön beschreibt in ihrem Buch *Den Sprung wagen* ein hilfreiches Bild, das sie von ihren Lehrern Chögyam Trungpa und Dzigar Kongtrül Rinpoche übernommen hat: Wir Menschen sind wie kleine Kinder, die Giftefeu angefasst und einen schlimmen, juckenden Ausschlag bekommen haben. Um die Beschwerden loszuwerden, fangen wir au-

tomatisch an, uns zu kratzen. Das tun wir bei allem, was uns missfällt. Wir versuchen, dem Unangenehmen zu entkommen und nehmen, was uns als Linderung geeignet erscheint. Zu kratzen, wenn es juckt, ist eine gewohnte Reaktion, die zunächst hilft. Es sieht so aus, als sei Kratzen die Lösung des Problems. Aber wie Sie wissen, wird der Juckreiz dadurch nur schlimmer. Wenn Sie die Krätze haben und es juckt und juckt und juckt …, hilft nur eines: die richtige Salbe auftragen und NICHT kratzen.

Wenn Ihr wunder Punkt getroffen ist, werden die Schichten Ihrer Persönlichkeit aktiv, in denen die Erinnerung an eine Verletzung abgespeichert ist. Die alten Gefühle, Gedanken, Glaubenssätze und Lösungsmuster rollen mit Macht heran. Bitte verstehen Sie mich richtig, Ihr wunder Punkt ist ja auch gleichzeitig das, was Sie am stärksten motiviert und woraus eine konkrete Aufgabe, die Sie als Berufung erleben können, erwächst. Mit *shenpa* ist jedoch nicht dieses tiefe Engagement gemeint, sondern ein Einrasten, bei dem Sie nicht mehr Herr im eigenen Haus sind. Statt frei entscheiden zu können, ob Sie Ihre Meinung ändern, etwas anders betrachten oder einen neuen Lösungsweg einschlagen wollen, tun Sie das, was Sie in ähnlichen Situationen immer getan haben. Sie sind in dem Szenario »Ich will nicht, aber *es* geht« oder »Ich will, aber *es* geht nicht« angelangt.

Wenn Sie fest von etwas überzeugt sind und es ist ohne *shenpa*, müssen Sie sich nicht aufregen, wütend werden, andere unbedingt von Ihrer Meinung überzeugen oder Angst bekommen. Ihre Handlungsmöglichkeiten schrumpfen nicht, sie bleiben die Gleichen. Sie können Ihre Meinung vertreten und die der anderen stehen lassen. Niemand kann Ihnen ein Problem geben, wenn Sie es nicht nehmen wollen. Es ist der wunde Punkt in Ihnen, der die Tür dafür öffnet.

In Pema Chödröns Bild ist der wunde Punkt der Juckreiz, für den Sie unbedingt Abhilfe schaffen wollen. Dann beginnen Sie, zu kratzen. In Ihrem täglichen Leben bedeutet das, Sie essen oder arbeiten zu viel, stürzen sich in Abenteuer oder in Ihre Karriere, beginnen wieder zu rauchen, verbringen Ihre Freizeit am Fernseher. Sie lenken sich ab und benutzen dafür die Mittel, von denen Sie glauben, sie würden funktionieren. Die drei häufigsten Methoden, Linderung am falschen Ort zu suchen, sind Vergnügungssucht, Apathie und das Ausleben von Aggressionen. Sie greifen nach einem Hilfsmittel. Manchmal zollen Ihnen wichtige Menschen oder die Gesellschaft sogar Respekt und Anerkennung für das, was Sie tun, was die Angelegenheit noch trickreicher macht: Beruflicher und gesellschaftlicher Erfolg stellen für viele Menschen hohe Werte dar.

Sie brauchen nicht nach *shenpa* in Ihrem Leben zu suchen, *shenpa* findet Sie. Ihr wunder Punkt begleitet Sie überall hin und das Leben bietet Ihnen zahllose Gelegenheiten, ihn zu erfahren. Die Lösung liegt, wie schon gesagt, nicht darin, zu »kratzen«. Bleiben Sie stehen und nehmen Sie wahr, was mit Ihnen passiert. Es ist unangenehm, sich dem Juckreiz zu stellen und ihn auszuhalten. Wenn Sie jedoch ehrlich sind, macht es Sie nicht zufrieden und schon gar nicht glücklich, immer auf der Flucht zu sein. Überall finden sich »Haken«, an denen Sie plötzlich hängen – und das, obwohl Sie doch so vieles gut gelöst haben.

Üben Sie sich darin, *shenpa* bei Ihnen selbst und anderen Menschen wahrzunehmen. Bei anderen ist es sehr leicht zu erkennen. Mitten in einem Gespräch kann es sein, dass der andere sich plötzlich verspannt. Oft ist es nur eine kleine Veränderung, die nur für den aufmerksamen Beobachter wahrnehmbar ist. Dann wissen Sie, dass Sie einen wunden Punkt getroffen haben. Gehen Sie sorgsam damit um, ebenso wie mit sich selbst, wenn Sie erkennen, dass Sie am Haken hängen.

Shenpa tritt jedoch nicht nur in Situationen auf, in denen ein wunder Punkt getroffen ist. Es ist jede Form von nicht loslassen können, von haben müssen, von glauben, so müsse etwas sein. Wenn Sie etwas unbedingt wollen und nicht davon ablassen können, ist *shenpa* da. Pema Chödrön nimmt das Beispiel der Meditation, um zu zeigen, was hier geschieht. Wenn Sie in einer Meditation ganz zur Ruhe gekommen sind, gelassen waren, sich gut fühlten und Gedanken zwar kamen und gingen, Sie

jedoch nicht davon abgelenkt haben, im gegenwärtigen Augenblick zu sein, wird dieser Erfolg zum Maßstab für weitere Meditationen. »Ich habe es richtig gemacht; es ist mir geglückt. So sollte es immer sein. Das ist das Modell.«.[9]

Das nächste Mal ist es vielleicht anders. Sie fühlen sich nicht wohl und Gedanken bedrängen Sie. Dann kann es sein, dass Sie sich dafür verurteilen, es nicht richtig gemacht zu haben. Dabei war jede Meditation weder richtig noch falsch, sie war einfach, wie sie war. Sie können die Variante anstreben, die Ihnen besser gefallen hat und mit der Sie sich erfolgreich gefühlt haben, aber es ist nur eine Variante, Meditation zu erfahren.

Immer wenn Ihnen etwas gelungen ist, wird der Weg, auf dem Sie das erreicht haben, zu einem Modell für weitere Handlungen. Das ist gut so, denn es ist leichter, schneller und meist auch effektiver, einen Weg zu gehen, den Sie schon erfolgreich getestet haben. Bleiben Sie jedoch offen für andere Varianten und lassen Sie sich nicht von einem ständigen Ist-/Soll-Vergleich verführen. Die Dinge sind so, wie sie gerade sind. Wenn Sie sie annehmen, wird es leichter sein, das nächste Mal unverkrampft zu meditieren oder etwas so zu tun, wie Sie es sich wünschen.

Machen Sie sich einmal Gedanken, wovor Sie den Tag über davonlaufen. Es gibt ständig Umstände und Ereignisse, die Sie nicht als angenehm empfinden. Wie ist es mit dem Wetter? Einem plötzlichen Regenguss? Kopfschmerzen? Müdigkeit? Ihren Stimmungen? Was tun Sie, um sich besser zu fühlen? Können Sie solche Zustände auch akzeptieren oder neigen Sie dazu, sich schnellstens eine Schmerztablette, eine Tasse Kaffee oder eine andere Ablenkung zu suchen?

Versuchen Sie es einmal mit einer Pause, in der Sie einfach tief durchatmen und bei dem bleiben, was gerade ist. Dann können Sie immer noch zu einer Lösung greifen.

Bleiben Sie stehen – eine Übung

Diese Übung kann Ihnen helfen, Gelassenheit zu entwickeln. Sie besteht darin, sich nicht abzulenken und nicht davonzulaufen. Wie in der Alchimie wird das unedle Metall – Ihr wunder Punkt und alle negativen Emotionen – nicht weggeworfen, sondern in Gold umgewandelt. Wie das unedle Metall, so bildet auch Ihr wunder Punkt die Basis dafür, das Gold entstehen kann.

Diese drei Schritte helfen Ihnen, eine innere Alchimie herzustellen:

Erster Schritt:
Nehmen Sie wahr, dass Sie festhängen.

Zweiter Schritt:
Machen Sie eine Pause, atmen Sie dreimal bewusst ein und aus und verbinden Sie sich mit dieser Energie. Machen Sie sich ganz mit ihr vertraut. Nutzen Sie Ihre fünf Sinne dafür: Berühren, riechen, schmecken Sie sie. Was bewirkt sie in Ihrem Körper? Atmen Sie dabei weiter. Heißen Sie diese Energie willkommen als einen natürlichen Teil des Lebens, ohne sich davon mitreißen zu lassen. Seien Sie offen und neugierig zu erfahren, was hier vor sich geht.

Dritter Schritt:
Beenden Sie die Übung und entspannen Sie sich. Nehmen Sie Ihren normalen Tagesrhythmus wieder auf, als wäre nichts Besonderes geschehen.[10]

Der Meister, der Mönch und die Wut

Sie sind mehr als Ihre Stimmungen, Gedanken und mehr als Ihr Körper. Es gibt Augenblicke, in denen ein Gefühl, ein Gedanke oder eine Empfindung so vorherrschend sein können, dass es ist, als gäbe es nur das. Ihr ganzer innerer Raum scheint damit ausgefüllt zu sein. Manchmal ist es über längere Zeit so, zum Beispiel, wenn Sie depressiv sind, oder umgekehrt, wenn sie voller Enthusiasmus sind. Es gibt eine Zen-Geschichte, die lehrt, was es damit auf sich hat.

> *Ein Schüler kam zu seinem Meister und sagte: »Meister, ich bin oft so zornig. Wenn etwas geschieht und ich werde wütend, kann ich mich nicht beherrschen. Was soll ich tun?«*
>
> *Der Meister sagte: »Zeige mir deine Wut.«*
>
> *»Das kann ich nicht«, antwortete der Schüler. »Ich bin gerade nicht wütend!«*
>
> *Da sagte der Meister: »Wie kann etwas deine wahre Natur sein, wenn du es mir nicht in jedem Augenblick zeigen kannst?«*

Sie sind mehr als das – zwei Übungen

Wenn Sie eine starke, beherrschende Emotion spüren wie Ärger, Wut, Enttäuschung, Hass, Angst, Aufregung, Eifersucht, Gier oder Neid, dann erkennen Sie diese Empfindung zuerst an. Sagen Sie sich: »Ich bin ärgerlich, wütend, enttäuscht, ängstlich, aufgeregt, eifersüchtig, gierig, neidisch.« Sagen Sie dann am besten laut: »Und ich bin viel mehr als das«.[11]

Diese Übung können Sie auch mit einem anderen Menschen machen.

Nennen Sie Ihr Gefühl, zum Beispiel:

»Ich bin sehr wütend und ich weiß nicht, was ich tun soll!«

Die andere Person antwortet darauf: »Ich sehe, dass du wütend bist. Ich sehe auch, dass du gerade nicht weißt, was du tun sollst. Und ich sehe, dass du viel,

viel mehr als das bist.« Dann können Sie die nächste Emotion benennen und fortfahren wie zuvor, so lange, bis sich das Gefühl in Ihnen beruhigt hat.

Sie können die Übung auch folgendermaßen ausführen:

Setzen oder legen Sie sich bequem hin und atmen Sie ein paar Mal tief ein und aus. Dann sagen Sie:

»Ich habe einen Körper, aber ich bin nicht mein Körper. Ich bin mehr als das. Mein Körper durchläuft verschiedene Zustände, er kann krank oder gesund, müde oder ausgeruht sein. Ich bemühe mich darum, meinen Körper gesund zu erhalten. Er dient mir als kostbares Werkzeug für alles, was ich in der Welt tun will. Ich habe einen Körper, aber ich bin nicht mein Körper. Ich bin mehr als das. Ich kann das, was ich in meiner Seele bin, durch meinen Körper ausdrücken.«

Lassen Sie die Worte nachklingen, entspannen Sie sich und atmen Sie ein paar Mal tief durch. Dann sagen Sie:

»Ich habe Gefühle, aber ich bin nicht meine Gefühle. Ich bin mehr als das. Meine Stimmungen kommen und gehen, sie wechseln nach ihrem eigenen Rhythmus. Ich kann Liebe oder Hass fühlen, Glück oder Trauer, Ärger oder Wohlwollen. Was ich auch fühle, ich bin es nicht in meiner Essenz. Ich habe Gefühle, aber ich bin nicht meine Gefühle. Ich bin mehr als das.«

Lassen Sie die Worte wieder nachklingen, entspannen Sie sich und atmen Sie ein paar Mal tief durch. Dann sagen Sie:

»Ich habe Gedanken, aber ich nicht meine Gedanken. Ich bin mehr als das. Meine Gedanken kommen und gehen. Ich kann sie nutzen, um Dinge zu durchdenken und zu erdenken. Ich kann sie auf etwas richten und fließen lassen, aber sie sind nicht meine Essenz. Ich habe Gedanken, aber ich bin nicht meine Gedanken. Ich bin mehr als das.«

Diese Übung wird Ihnen helfen, sich von beherrschenden Gedanken, Gefühlen und Empfindungen Ihres Körpers zu lösen und die Gewissheit zu entwickeln, dass Sie etwas Größeres sind, das all dies umfasst. In dem Augenblick, in dem Ihnen das zutiefst bewusst wird, werden Sie zum Lenker Ihres Schicksals statt von Ihren Stimmungen, Gedanken und Empfindungen gelenkt zu werden.

Erkennen Sie Ihren Einfluss auf die äußeren Dinge

Sie haben weitaus mehr Einfluss auf den Verlauf der Dinge, als Sie wissen, vielleicht sogar mehr, als Sie sich eingestehen wollen. Wenn Sie sich bewusst machen, wie viel Sie selbst bewirken, kommen Sie nicht darum herum, die Verantwortung dafür zu übernehmen. Das kann unbequem sein und Ihnen ungerecht vorkommen, vor allem, wenn Ihnen gar nicht klar war, was Sie taten – es sei denn, Sie vertrauen Ihrem Unbewussten als einer Instanz, die Ihr Leben auf ihre Weise lenkt und dabei einer eigenen Weisheit folgt.

Selbst wenn Ihr Unbewusstes Ihnen Situationen »einbrockt«, die Sie bewusst ganz anders haben wollen, sollten Sie nach der positiven Seite in ihnen forschen. Vielleicht streben Sie bewusst etwas an, das Ihr Unbewusstes nicht gutheißen kann oder das nur auf gute Weise eintreten kann, wenn Sie Ihre inneren Widerstände erkannt haben und wissen, was Ihr Unbewusstes damit bezweckt. Es mag sein, dass Sie gern Kontakt zu einem Menschen aufnehmen möchten, vielleicht sogar eine Beziehung im Sinn haben, aber etwas in Ihnen scheut davor zurück. Sie verhalten sich so, dass das Gegenteil von dem herauskommt, was Sie bezwecken. Der Mensch Ihres Interesses bekommt zwiespaltige Informationen darüber von Ihnen, was Sie von ihm wollen: ein »Ja« in Ihren Worten und ein »Nein« in der Mimik und Gestik zum Beispiel. Oder Sie halten sich ganz zurück bzw. verscheuchen den anderen durch zu viel Engagement. Gehen Sie immer davon aus, dass jeder Widerstand und jede paradoxe

Verhaltensweise, die Sie an den Tag legen, eine gute Absicht hat. Der Persön-lichkeitsanteil in Ihnen, der Sie zurückhält, will etwas Gutes für Sie erreichen. Oft müssen Sie nur die Form, in der er dies versucht, verändern, nicht die da-hinterstehende Absicht. Die Form stammt häufig noch aus einer Zeit, in der Ihnen nur kindliche Lösungsmuster zu Verfügung standen. Fragen Sie sich: Was will dieser Widerstand erreichen? Welche gute Absicht könnte dahinter-stehen? Kann diese gute Absicht auch anders erreicht werden?

Sie sind nicht ein Mensch aus einem Guss – Sie bestehen aus vielen Personen. Wir alle sind viele. Wären wir »aus einem Guss«, sähe das menschliche Leben anders aus. Sie sind der Wagenlenker eines Gespanns mit einer Reihe Pferde, von denen einige die Neigung haben, ihre ganz eigenen Wege zu gehen. Um ein erfolgreicher Wagenlenker zu sein, brauchen Sie einen Überblick über möglichst alle Pferde. Sie sollten die Natur der Pferde kennen und einschätzen können, wie sie sich voraussichtlich verhalten werden. Ein einziges Pferd, das Ihnen entgangen ist, kann den Wagen zum Schlingern oder in eine ganz an-dere Richtung bringen. Irgendwann kann sich dann herausstellen, dass dieses Schlingern oder die neue Richtung gut waren, vor allem, wenn Sie Schicksal als das Heil betrachten, das Ihnen geschickt wird. Ihr Ziel ist es jedoch, nehme ich an, ein Wagenlenker zu sein, der seine Pferde geschickt lenken und ihnen trotzdem ihre Eigenart lassen kann.

Ihren Einfluss auf äußere Dinge können Sie an den Wirkungen erkennen, die Sie erzeugen. Wie reagieren andere auf Sie? Erreichen Sie mit der Art, wie Sie auftreten, sprechen und die Dinge angehen, das, was Sie erreichen wollen? Wiederholen sich Situationen, in denen Sie nicht das erreichen, was Sie wollten? Was ist daran ähnlich? Häufig liegt es an der Art, wie Sie auftreten und sprechen, wenn Sie nicht den gewünschten Erfolg haben. Überprüfen Sie Ihre Kommunikationsmuster. Im Kapitel »Vierter Schritt: Erkennen Sie die Prinzipien der Kommunikation« finden Sie mehr dazu.

Wirklichkeit ist das Bewirkte. Sie entsteht durch das, was eine Wirkung hat oder ausüben kann. Jede Ihrer Handlungen erzeugt eine kleinere oder größere Wirkung und jede dieser Wirkungen hat kleinere oder größere Konsequenzen. Sie können das leicht nachvollziehen, wenn Sie sich vor Augen führen, was Sie den ganzen Tag tun und welche Folgen (im Guten wie im Schlechten) das für Sie hatte. Manche Auswirkungen kommen nicht sofort, sozusagen als Instant-Karma zu Ihnen zurück, sondern erst nach einiger Zeit, sodass Sie bereits vergessen haben, was Sie dazu beigetragen haben.

Eine wichtige Frage für das, was Sie in Ihrem Leben bewirken, ist, wofür Sie die Tür öffnen. In *Rückkehr zur Liebe* gibt es eine spontan einleuchtende Antwort, die Marianne Williamson den Frauen gibt, die sie fragen: »Marianne, warum treffe ich immer Männer, die emotionalen Missbrauch treiben?« Und ihre Antwort ist: »Das Problem ist nicht, dass du ihn getroffen hast, das Problem ist, dass du ihm deine Telefonnummer gegeben hast.«[12]

Bewusst oder unbewusst, Sie steuern viele Dinge, die Ihnen im Außen begegnen. Wohl kaum den Blitz am Himmel, wenn ein Gewitter losbricht, oder den Konflikt zwischen Israel und dem Iran oder die Entscheidungen von Angela Merkel. Ihre zwischenmenschlichen Beziehungen hängen jedoch davon ab, wie Sie sich verhalten und wie Sie reagieren.

Das Drama-Dreieck

»Und wenn du den Eindruck hast, dass das Leben Theater ist,
dann such dir eine Rolle aus, die dir so richtig Spaß macht.«
William Shakespeare

Sind Sie Täter, Opfer oder Retter? Ein interessantes Modell, mit dem Sie sich selbst auf die Spur kommen, ist das Drama-Dreieck von Stephen Karpman.

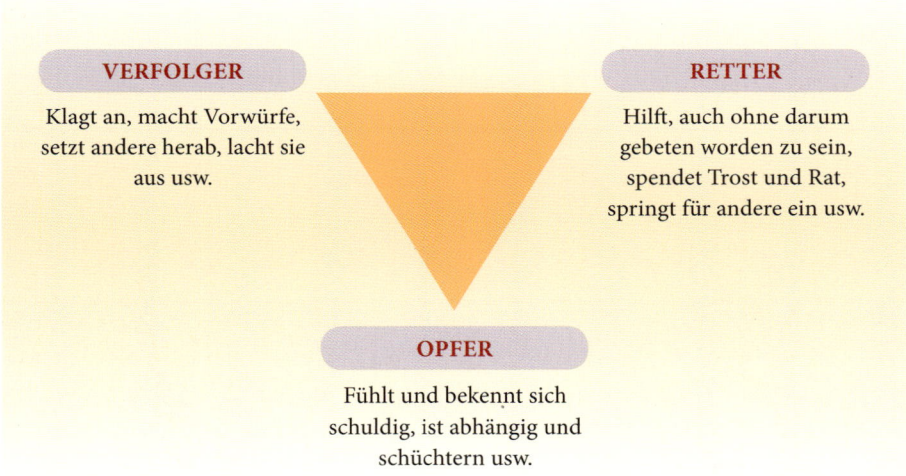

VERFOLGER

Klagt an, macht Vorwürfe, setzt andere herab, lacht sie aus usw.

RETTER

Hilft, auch ohne darum gebeten worden zu sein, spendet Trost und Rat, springt für andere ein usw.

OPFER

Fühlt und bekennt sich schuldig, ist abhängig und schüchtern usw.

In der Opferrolle nehmen Sie die, wie es zunächst scheint, schwache Position ein. Man wirft Ihnen etwas vor, macht sie verantwortlich, setzt Sie unter Druck. Sie erleben sich selbst als machtlos und den Täter und Verfolger als mächtig. Jede Rolle hat jedoch auch ihren Nutzen. Als Opfer sind Sie nicht in der Lage, Ihre Situation zu ändern. Sie brauchen deshalb keine Verantwortung zu übernehmen, sich nicht zu bemühen. Wenn Sie sich beklagen, gibt es jemanden, der Sie bemitleidet: den Retter, auf den Sie eine große Anziehungskraft ausüben. Ihre Macht liegt in der Hilflosigkeit, eine Rolle, die vor allem Frauen früh erlernen. In der Opferrolle verbirgt sich ein Wunsch nach Einfluss und Macht, von denen man glaubt, sie anders nicht ausüben zu können.

Als Retter haben Sie den Vorteil, die Moral auf Ihrer Seite zu haben. Sie sind der gute Mensch, helfen, übernehmen die Verantwortung für das Problem des Opfers, oft auch ohne darum gebeten worden zu sein. Menschen, die Sie retten können, ziehen Sie magisch an. Hinter der Retterrolle steht der Wunsch nach Aufmerksamkeit und Zuwendung und auch danach, gebraucht zu werden. Retter glauben häufig, sich das Leben verdienen zu müssen.

Der Verfolger hat, wie es scheint, die stärkste Position. Er sorgt für Ordnung, Disziplin und bringt die Dinge voran. Er beschuldigt das Opfer und bestraft es. Retter und Verfolger glauben zu wissen, was das Problem des Opfers ist und wollen es beide auf ihre Weise lösen, der Retter mit Verständnis und der Verfolger mit Härte und Disziplin. Ohne Retter und Verfolger kein Opfer und umgekehrt. Die drei Rollen bedingen sich.

Das Drama-Dreieck wurde ursprünglich entwickelt, um Verhaltensweisen in Konfliktsituationen zu beschreiben. Die drei Rollen stellen jedoch grundlegende Lebenspositionen dar. Lassen Sie sich von den Bezeichnungen nicht irritieren. Menschen in Führungspositionen neigen zur Verfolgerrolle, helfende Berufe sind ein Ausdruck der Retterrolle. All diejenigen, die sich vom Leben oder der Gesellschaft benachteiligt fühlen, nehmen die Opferrolle ein. Für jeden, und das ist wichtig, stellt seine Rolle die Möglichkeit dar, das Gefühl von persönlicher Macht zu erleben. Falls das Wort »Macht« für Sie einen negativen Beigeschmack hat, ziehen Sie in Erwägung, was der Umkehrfall, eine echte Machtlosigkeit, bedeutet. Die drei Rollen für sich genommen sind natürliche Lebensantriebe – solange sie nicht überzogen ausgelebt werden.

Ganz gleich, bei welcher Rolle Sie sich einordnen, nehmen Sie einmal Abschied davon und probieren Sie eine der beiden anderen aus. Seien Sie Retter statt Opfer und erleben Sie Ihre Stärke. Seien Sie Opfer statt Verfolger und werden Sie milder. Seien Sie Verfolger statt Opfer und beziehen Sie eine klare Position.

Ihr Ort der Kraft – eine Übung

»Die Mitte, die ich nicht finde, kennt mein Unbewusstes.«
William Auden

In schwierigen Zeiten kann es sein, dass Sie Ihre Mitte verlieren. Etwas ist geschehen, das Ihnen Ihr Selbstbewusstsein und Ihre Stärke nimmt. Sie beginnen zu zweifeln. Es ist, als würde sich alle Kraft nach außen verlagern. Nicht Sie gestalten die Umstände, sondern Sie werden von ihnen mitgerissen. In diesem Fall können Sie davon ausgehen, dass es nicht nur die gegenwärtigen Umstände sind, die Ihren Kraftverlust bewirken. Was Sie erleben, löst alte Erfahrungen in Ihnen aus. Mit ihnen tritt das Kind, das Sie waren, auf den Plan.

Entscheidend ist, dass die Rückkehr in eine alte Zeit Ihre Möglichkeiten reduziert, und zwar umso mehr, je weniger Sie sich bewusst sind, was in Ihnen vor sich geht. Sie erleben heute etwas, das Sie in die Zeit zurück versetzt, in der Sie als Kind versuchten, mit einer ähnlichen Situation umzugehen, doch Sie hatten nicht die gleichen Möglichkeiten wie heute. Sie waren auf Ihre Eltern und Bezugspersonen angewiesen. Ihr körperliches und seelisches Überleben hing von ihnen ab. Je kleiner Sie waren, desto mehr. Sie konnten nicht kündigen, sich andere Eltern oder Geschwister suchen oder Ihren Wohnort verlassen. Wenn man Ihnen damals zum Beispiel den Mund verbot oder Ihre Worte scharf kritisierte, und sei es noch so gut gemeint gewesen, werden Sie Situationen, in denen es um Ihre Meinung geht und wie Sie von anderen aufgenommen wird, nicht kalt lassen. Die Intensität, mit der Sie solche Erfahrungen heute »beuteln«, zeigt Ihnen, wie wichtig ist es, sich mit dem kindlichen Teil zu verbinden und ihm die Unterstützung zu geben, die ihm damals fehlte. Das tun Sie bereits, indem Sie ihn nicht länger einsperren und seine Existenz anerkennen. Auf diese Weise gewinnen Sie Ihre Kraft nach und nach oder auch sehr plötzlich zurück. Die verletzten Anteile zu integrieren, indem Sie sie würdigen, das ist Heilung. Dass Sie den Zugang zu Ihrem Kraftzentrum verloren haben, heißt nicht, dass es nicht mehr existiert. Der Schmerz, den Sie spüren, ist der beste Beweis dafür. Alle Gefühle kommen immer aus Ihrer Mitte. Ihre Gefühle sind Ihre innere Quelle und Ihre innere Quelle ist Ihre Mitte.

Manche Menschen wachsen mit dem Gefühl auf, der Ort der Kraft liege nicht in ihnen, sondern außerhalb. Sie glauben, Sie hätten nicht die Macht, die Welt zu gestalten. Sie werden zu Opfern und hängen sich an andere, die ihnen machtvoller erscheinen.

Vielleicht gibt es Lebensbereiche, in denen auch Sie Ihre Macht mehr innen spüren, und andere, in denen Sie sich abhängig fühlen. Das Wort Macht, das für viele Menschen einen negativen Beigeschmack hat, ist eigentlich neutral oder sogar positiv zu verstehen. Jeder Mensch braucht das Gefühl, mächtig – nicht ohnmächtig – zu sein. Bereits das Baby braucht die Gewissheit, dass es durch sein Schreien die Macht hat, helfende Hände herbeizurufen.

Achten Sie darauf, ob die Kraft, sich zu entscheiden und zu handeln, aus Ihnen heraus kommt – oder ob Sie sich von außen bestimmt fühlen. Wenn es Bereiche gibt, in denen Sie sich von außen bestimmt fühlen, arbeiten Sie daran zu verstehen, wie dieses Empfinden zustande kommt. Auch wenn Sie beruflichen, sozialen oder gesellschaftlichen Druck erleben, dem Sie sich nicht gewachsen fühlen, ist es sinnvoll, zu überprüfen, wie Sie Autoritäten und machtvolle Instanzen früher erlebt haben und auch, wie Ihre Eltern darüber dachten.

Es entspricht dem natürlichen Lebensverlauf, dass Sie den Grunderfahrungen Ihres Lebens wieder begegnen. Indem Sie die Traurigkeit, das Glück, die Hilflosigkeit, Wut, Freude, Enttäuschung, Hoffnung von einst wieder erleben, wachsen Sie und werden, was Sie sind – in einer weniger kindlichen, reineren und schöneren Form.

Üben Sie, die Kraft in Ihrem Inneren zu spüren. Zentrieren Sie sich. Sie können das Gefühl, Dinge herbeiführen zu können, dadurch stärken, dass Sie etwas konsequent tun, von dem Sie sich vorgenommen hatten, es zu tun. Bleiben Sie dabei, ob es Ihnen schwerfällt oder nicht, ob Sie Lust verspüren oder nicht. Geben Sie auch der Trägheit keine Chance – und erleben Sie, wie Ihr Selbstvertrauen wächst. Dabei geht es nicht einfach um Selbstdisziplin, sondern darum, die Kraft immer deutlicher in Ihnen zu lokalisieren und als innere Mitte zu erleben.

Legen Sie die Hände auf Ihren Körper und wandern Sie über den Unterbauch, die Brust …, gibt es eine Stelle, die Sie als Ihre innere Mitte empfinden? Von dort strömt Ihre Kraft. Und zwar auch dann, wenn Sie eine solche Stelle zurzeit nicht in Ihrem Körper lokalisieren können.

Stellen Sie sich barfuß auf eine angenehme Unterlage, die Füße schulterbreit auseinander. Legen Sie beide Hände übereinander auf die Stelle Ihrer Mitte. Wenn Sie zurzeit nicht spüren, wo diese Mitte ist, nehmen Sie Ihren Bauch, am besten so, dass der obere Teil Ihrer Hände den Bauchnabel bedeckt. Heben Sie den rechten Arm zum Himmel und sagen Sie: »Ich dehne mich aus in die Welt, zum Himmel.« Dann senken Sie den linken Arm und sagen: »Ich dehne mich aus in die Welt, zur Erde.« Atmen Sie ruhig ein und aus, während Ihr rechter Arm nach oben und Ihr linker nach unten gestreckt ist. Fühlen Sie den Energiefluss zwischen beiden. Er geht von Ihrer Mitte aus.

Lassen Sie beide Hände wieder auf Ihrer Mitte zusammenkommen. Atmen Sie. Öffnen Sie dann beide Arme gleichzeitig nach links und rechts und heben Sie sie so, dass sie eine waagrechte Linie bilden, sanft und ohne Anstrengung. Sagen Sie: »Ich dehne mich aus in die Welt, auf dem Horizont.« Fühlen Sie den Energiefluss, während Sie weiteratmen. Lassen Sie die Arme wieder zurückgleiten, bis Ihre Hände vor Ihrer Mitte übereinander liegen. Bleiben Sie noch eine Weile so stehen, fühlen Sie die Energie in Ihrem Körper. Dann lösen Sie diese Haltung auf.

Im alten Griechenland sagte man, wir Menschen würden unsere Seele hundertmal, ja tausendmal am Tag im Stich lassen. Es ist eine lebenslange Übung für jeden Menschen, mit seiner inneren Mitte in Verbindung zu sein – zu wissen, was in uns wirklich vorgeht und daraus die Kraft zum Leben und Handeln zu schöpfen.

Arbeiten Sie immer an Ihrer eigenen inneren Kraft und nicht daran, Macht über etwas oder jemanden zu besitzen. Es ist Ihre innere Kraft, die Ihr Leben gestaltet und Wünsche wahr werden lässt. Auch wenn andere etwas für Sie tun, wird es nur gut sein, wenn es Ihre Ausstrahlung und Anziehungskraft waren, die sie dazu veranlasste, und nicht Machtausübung. Hilflosigkeit ist eine subtile Form der Machtausübung, die nicht so leicht zu erkennen ist wie direkte Formen.

Oft scheinen die inneren Hürden, die Sie aufgebaut haben, ein Eigenleben zu führen. Ob es darum geht, sich für eine Beziehung zu öffnen oder darum, sich als Schöpfer und nicht als Opfer Ihres Lebens zu erleben, Ihre inneren Hemmschwellen wollen nicht kampflos aufgeben. Kaum ist es gelungen, den Sitz der Kontrolle im Innern zu empfinden, geschieht etwas, und Sie fallen wieder in die alte Hilflosigkeit. Wenn Sie dazu neigen, sich zu schämen und glauben, Ihre Scham überwunden zu haben, wird sie wieder anklopfen: »Hallo, hier bin ich. Meinst du es wirklich ernst mit der Veränderung? Wollen wir nicht lieber das alte Spiel weiterspielen? Denke daran, da kennst du dich aus. Du weißt, wie das Spiel läuft.«

Irgendwann waren Ihre Hürden zu etwas gut. Wenn Sie Angst davor haben, sich zu verändern, hat die Angst dafür gesorgt, dass Sie es nicht taten, solange Sie noch nicht stark genug dafür waren. Der kritische Punkt ist der des Übergangs, an dem es Zeit ist, zu entdecken, dass sich etwas geändert hat. Sie haben sich geändert. Während Sie vorsichtig waren, sind Sie gewachsen. Nur Ihr altes Selbstbild kann Sie dann noch dort halten, wo Sie bisher waren.

Haben Sie Geduld mit sich. Der Weg der Selbsterkenntnis ist ein Lebensweg. Wenn Sie offen bleiben und Ihre Reaktions- und Verhaltensmuster aufmerksam betrachten, werden Sie ein Leben lang dazulernen. Es ist, als würden Sie das Objektiv einer Kamera langsam scharf stellen. Das Bild, das sich Ihnen beim Hindurchsehen durch den Kamerasucher bietet, wird immer klarer und schöner.

Wenn Sie herausfinden wollen, welche Wünsche wahr und welche falsch sind, um dann das zu verwirklichen, worum es Ihnen wirklich geht, müssen Sie immer auf dem Weg des Lernens und der Übung wandern. Starren Sie nicht sehnsüchtig auf den Punkt, an dem irgendwann alles erledigt ist und Sie sich den Rest Ihres Lebens zurücklehnen können. Das dürfen Sie vermutlich dann tun, wenn Sie das Zeitliche gesegnet haben.

Ihre Seele strebt nach Wachstum. Nur Ihr kleineres Ich, Ihr Intellekt, der von den Schichten der Verletzung und Angst gefüttert wird, kann diesem Wachstum entgegenstehen. Behalten Sie den »Anfängergeist«, wie der Zen-Buddhismus den offenen Geist nennt, Ihr ganzes Leben, auch dann, wenn Sie sich als weit fortgeschritten einstufen. Die erfolgreiche indische Badmintonspielerin Jwala Gamper beschrieb den Anfängergeist mit den Worten:

»Ich bin ein Meister, der übt.«

Der Dämon der Unwissenheit

Der Gott Shiva hat im Hinduismus eine wichtige Bedeutung. Sein Name kommt aus dem Sanskrit und bedeutet »Glückverheißender«. Er steht für Zerstörung, für aus der Schöpfung und dem Neubeginn hervorgehen. In der Erscheinungsform als Shiva Nataraj, was »König des Tanzes« bedeutet, führt Shiva einen kosmischen Tanz auf, der den Prozess der Schöpfung, Zerstörung und Wiedererschaffung des Universums symbolisiert. Bei diesem Tanz tritt er mit seinem rechten Bein auf den am Boden liegenden Zwergdämon Apasmara, dessen Name »Unwissenheit« und »geistige Verblendung« bedeutet. Das Wissen, das Shiva verkörpert, ist keines, das Sie in Schulen und Universitäten erlernen können; es ist ein Wissen, das aus der tiefen Verbindung zum eigenen Herzen und dem Pulsschlag des Lebens entspringt.

Das Bild Shivas, der auf dem Dämon der Unwissenheit tanzt und ihn besiegt, hat eine Völker und Kulturen übergreifende, wesentliche Aussage: Es ist die Unwissenheit, die den Menschen »dämonisiert«. In letzter Konsequenz geht jede Handlung mit negativen Folgen aus der Unwissenheit hervor. Damit sind nicht einfach nur Fakten gemeint, die wir uns aneignen können, auch wenn sie hilfreich für unser Verständnis sein können. Wir sind getrennt von unserer inneren Quelle, in der das tiefe Wissen über die wahre Beschaffenheit des Menschen und der Welt ruht. Auch in der *Bibel* wird die Unwissenheit hervorgehoben. Als Jesus in Golgatha gekreuzigt wurde – und mit ihm alle Übeltäter –, sagte er: »Vater, vergib ihnen, sie wissen nicht, was sie tun!«[13]

Unwissenheit verleitet uns zu Handlungen, die wir später gern ungeschehen machen würden. Sie bringt uns dazu, die Orte in uns selbst zu vermeiden, an denen der Schlüssel zu einem wirklichen Verständnis unseres Lebens zu finden ist, aus dem ein echtes Verständnis für das Leben anderer erwächst. Aus Unwissenheit wählen wir Lösungen, die uns nicht wirklich zufriedenstellen und die nicht wirklich zu unseren Zielen führen. Um die Unwissenheit aufzulösen, genügt es nicht, Wissen anzuhäufen. Apasmara weicht nur echten Einsichten.

Und wie könnte Ihr Dämon der Unwissenheit aussehen?

Siebter Schritt: Tun Sie, was Sie tun

»Wenn Sie dazu berufen sind, Straßen zu kehren, dann kehren Sie sie, wie Michelangelo Bilder malte oder Beethoven Musik komponierte oder Shakespeare dichtete. Kehre die Straße so gut, dass alle im Himmel und auf Erden sagen: ›Hier lebte ein großartiger Straßenkehrer, der seinen Job gut gemacht hat!‹«
Martin Luther King

Es gibt eine einfache Formel für Glück. Sie lautet: *Tun Sie, was Sie tun, mit voller Aufmerksamkeit und aus ganzem Herzen.* Vielleicht sind Sie in Ihrem Leben oder bei Ihrer beruflichen Tätigkeit im Augenblick nicht gerade auf dem Gipfel Ihrer Träume angelangt. Je besser es Ihnen gelingt, sich auch dem, was nicht Ihren Idealvorstellungen entspricht, mit Hingabe zu widmen, desto größer ist Ihre Chance, dass daraus etwas erwächst, was Sie Ihren eigentlichen Zielen näher bringt. Wenn Sie Ihr gegenwärtiges Leben gering schätzen, weil Sie andere Erwartungen hegen, verschenken Sie einen oft nicht unbeträchtlichen Teil Ihrer Lebenszeit. Wenn Sie dagegen hingebungsvoll und offen sind, bietet Ihnen jede Situation und jede Tätigkeit die Chance, etwas zu lernen, das Sie weiterbringt. Um diese einfache Wahrheit sehen zu können, brauchen Sie einen Blick, der nicht vor allem auf die Zukunft gerichtet ist.

Mehr als zehn Jahre hatte Gerd erfolgreich in der Marketingabteilung eines großen Unternehmens gearbeitet. Nun hatte er seine Tätigkeit gründlich satt. Er wünschte sich, sich selbstständig zu machen und eine eigene Firma zu gründen. Aus verschiedenen Gründen musste dieses Projekt jedoch noch etwa ein Jahr warten, was ihm endlos vorkam. Schließlich beschloss er, diese Zeit nicht einfach nutzlos verstreichen zu lassen, sondern sich seiner Aufgabe nochmals aufrichtig zu widmen. Seine Arbeit begann, ihm wieder Freude zu machen. In diesen Monaten erlebte er nochmals intensiv, was ihn einst dazu bewogen hatte. Als das Jahr vorüber war, hatte er nicht einfach seine Zeit abgesessen. Er blickte mit Dankbarkeit auf diese Jahre zurück. Er hatte vieles lernen, erfahren und üben können und war sich dessen bewusst, was er daraus mitnehmen konnte. Mit diesem positiven Lebensrückblick im Rücken begann er, seine Firma mit der gleichen Hingabe aufzubauen, die er seiner vorherigen Aufgabe in den vergangenen Monaten gewidmet hatte. Heute hat Gerd ein blühendes Unternehmen.

Alles, was Sie mit ungeteilter Aufmerksamkeit tun, wird Sie befriedigen und Ihnen sinnvoll erscheinen, selbst wenn es nur das Wischen des Küchenbodens ist. Vielleicht machen Sie sogar die Erfahrung, die Henry Miller mit den Worten beschrieb: »In dem Augenblick, in dem wir irgendetwas unsere volle Aufmerksamkeit schenken, wird es zu etwas Geheimnisvollem, Ehrfurchtgebietendem, eine unbeschreiblich großartige, in sich vollkommene Welt.«

Wenn Sie voll und ganz bei einer Aufgabe sind, widmen Sie ihr all Ihr Fühlen. Jede Form von hingebungsvollem Fühlen ist ein Gebet. Ihre Arbeit, Ihre alltäglichen Verrichtungen, alles kann so zu einem Gebet werden, das sie aussenden. Fühlen Sie Dankbarkeit dafür, dass Sie in der Lage sind, etwas zu tun und dass Sie nützlich sein können. Der nächste Schritt kommt dann wie von selbst.

Der Eremit Theophanos empfahl: »Nimm jede Arbeit wie aus Gottes Hand.« Wenn Sie jede Tätigkeit so verrichten, als habe sie Ihnen Gott aufgetragen, werden Sie erfolgreich sein. Nennen Sie Gott, wie immer Sie ihn nennen wollen: das Universum, das höchste Wesen, das Tao oder aber eben Gott. So zu arbeiten bedeutet, innerlich gesammelt zu sein und sich nicht von dem Vielen um Sie herum ablenken zu lassen. Tun Sie jede Arbeit aufmerksam, beständig und ohne Hast. Bleiben Sie so lange dabei, bis Ihre Aufgabe erfüllt ist. Verlassen Sie auch einen Arbeitsplatz erst dann. Gehen Sie so mit den großen und den kleinen Dingen des Lebens um. Ihr »Arbeitsplatz« kann ebenso der Ort sein, an dem Sie gerade mit einem Menschen sprechen, der Wagen, den Sie auftanken, der Dachboden, auf dem Sie Wäsche aufhängen, wie Ihre berufliche Arbeitsstelle. Lassen Sie Gedanken an die Vergangenheit und Zukunft vorbei ziehen und kommen Sie zu dem zurück, was Sie gerade tun.

In dem Buch *Das immerwährende Herzensgebet* sind Texte zum Weg des Herzensgebetes aus den Schriften der russischen Ostkirche zusammengestellt. Dort wird diese Art des Lebens und Arbeitens »werktätiges Beten« genannt. Ist das nicht ein schöner Begriff? Er besagt, dass wir beten, wenn wir ein Werk aus ganzem Herzen verrichten. Auf diese Weise sind wir Gott nah. Im Zen-Buddhismus heißt es: »Tue, was du tust« – so sind wir der Erleuchtung nah.

Ein magisches Gebet

Unter mir ist die Erde, die Mutter meines physischen Seins.
Über mir ist mein Leitstern, der für immer leuchtet.
Hinter mir sind die Erinnerungen, die ich befreie.
Vor mir ist das Licht, das ich entdecke.
Zu meiner Rechten kommt die Kraft des Verstandes.
Zu meiner Linken fließt das Wissen der Heilung.
Um mich herum ist die Freude aller Jahreszeiten.

Achter Schritt:
Hören Sie Ihren inneren Ruf

»Ich habe sie mein ganzes Leben vernommen,
eine Stimme, die einen Namen rief,
den ich als meinen eigenen erkannte.«
Oriah Mountain Dreamer

Eine Stimme in Ihnen ruft Sie, nach Hause zu kommen. Es mag sein, dass Sie sie in der Geschäftigkeit und dem Lärm des Alltags überhören. Doch sie war schon immer da, denn ihre Botschaft ist die Essenz Ihres Lebens. Für viele Menschen scheint sie nur ein zarter Laut zu sein, der sich da und dort durch ein Sehnen, einen ziehenden, sanften Schmerz offenbart. Für manche ist sie wie ein brennendes Feuer, dass sie verzehrt, wie die Sängerin Josephine Baker, für die Berufung das war, »was man mit Freuden tut, als habe man Feuer im Herzen und den Teufel im Leib«.

Wir wurden von der unendlichen Kraft geschaffen, die wir in der westlichen Tradition »Gott« nennen, um einen bestimmten Weg zu beschreiten, der nur unserer sein kann, und uns auf ihm so vollkommen wie möglich auszudrücken. Wenn Sie das tun, wozu Sie geboren wurden, sind Sie in Verbindung mit Ihrer Quelle. In den Augenblicken, in denen Sie Ihren inneren Ruf vernehmen, sind Sie Gott nahe. Wenn Sie ihm folgen, kehren Sie nach Hause zurück. Auf diesem Weg werden Ihnen Kümmernisse, Enttäuschungen und Herausforderungen nicht erspart bleiben. Die Erde ist kein vollkommener Ort, und sie wird es vermutlich niemals sein. Wäre sie perfekt, bräuchte nichts getan zu werden. Es gäbe keinen individuellen Lebensweg, der zu beschreiten wäre, kein Abenteuer, nichts, was wir gestalten und dem wir unseren Stempel aufdrücken können. Unser Leben wäre »vom Winde verweht«. Auf dem Weg Ihres Herzens gibt es keine Sicherheit darüber, was herauskommen wird. Gäbe es sie, könnten wir einfach dem vorgezeichneten Weg folgen – und wir hätten keine Wahl.

Wenn Sie Ihrem Ruf nicht folgen, verlangsamt sich die Bewegung Ihres Lebens bis zum Stillstand, bei dem Sie sich vor allem darum bemühen, den Istzustand aufrechtzuerhalten. Ihr innerer Ruf fordert Sie auf, zu wachsen, neuen Möglichkeiten und Perspektiven ins Auge zu sehen sowie die Herausforderung anzunehmen. Selbst schwierige Lebensphasen erhalten so einen Sinn. Sie können auch dem, was in solchen Zeiten geschieht, etwas Positives abgewinnen. Ohne die Verbindung zu Ihrem inneren Ruf gibt es keinen solchen Sinn, weshalb Sie Schwieriges nur als negativ erleben können. Wenn das Leben Sie am meisten herausfordert, bietet es Ihnen die Gelegenheit, Ihre größten und schöpferischsten Kräfte zu entdecken, die in der Tiefe Ihrer Seele ruhen.

Auf dem Weg Ihrer Berufung gibt es keine asphaltierten Straßen und auch keine Trampelpfade. Solange Sie auf einem Weg gehen, den es bereits gibt, ist es nicht Ihr eigener. Vielleicht ist es ein Weg, um zu lernen. Andere Menschen und ihre Lebenswege können Ihnen als Vorbild dienen. Doch irgendwann müssen Sie diesen Weg verlassen und Ihr eigenes Potenzial entdecken. Im Zen heißt es: »Folge nicht den Spuren der Meister. Suche, was sie gesucht haben.«

Viele Menschen verbinden mit den Worten »Berufung« und »Bestimmung« großartige Leistungen, die die Welt in großem Rahmen prägen. Glauben auch Sie, dass nur Erfinder, Künstler, Staatsmänner Ihre Berufung leben können oder überhaupt eine haben? Wenn Sie dieses Buch aufmerksam gelesen haben, wissen Sie, dass das menschliche Dasein an sich Berufung ist. Alles, was existiert, wurde gerufen, um auf der Erde einen Zweck zu erfüllen. Das gilt für jeden Stein, jeden Grashalm, für jeden Menschen und jedes Tier. Es gilt für alles, was die Natur hervorgebracht hat. Alles, was der Mensch hervorgebracht hat und hervorbringt, sind Versuche, der ihm innewohnenden Berufung Ausdruck zu verleihen. Berufung ist nicht nur ein spezieller Beruf. Sie umfasst das eigenständige Lösen von Lebensaufgaben, die zum Teil über die Generationen einer Familie hinweg weitergegeben werden. Berufung kann nicht bewertet werden. Sie ist ein Wert an sich. So wie jedes Problem der (noch nicht geeignete) Versuch einer Lösung ist, so sind die Formen, in denen Menschen versuchen, ihre Berufung zu leben, mehr oder weniger geeignet und mehr oder weniger ausgeprägt. Der große griechische Dichter Homer sagte: »Ist auch dein Kreis unscheinbar, eng und klein, erfülle ihn mit deinem ganzen Wesen.«

Mein tiefster Wunsch – eine Übung

Machen Sie diese einfache, aber wirkungsvolle Übung eine Zeit lang jeden Tag, und wiederholen Sie sie von Zeit zu Zeit. Wiederholen Sie den Text jeweils dreimal und setzen Sie für Ihren Wunsch und Ihre Angst ein, was Ihnen spontan in den Sinn kommt, ohne es zu bewerten.

Sie können die Übung auch mit einem Menschen Ihres Vertrauens machen. Sprechen Sie den Text dann abwechselnd. Absolvieren Sie drei Runden.[14]

Mein tiefster Wunsch ist …

Meine größte Angst ist …

Mein Versprechen für den heutigen Tag ist …

Die Lebensaufgabe als Teil eines sinnvollen Universums

»Deinen eigenen Weg zu finden bedeutet, deiner eigenen Seligkeit zu folgen.«
Joseph Campbell

Das tiefe Wissen, dass das Leben nicht zufälliger Natur ist, sondern sich nach einem sinnvollen Plan entwickelt, gehört zur Geschichte der Menschheit, soweit wir sie zurückverfolgen können. Religionen und Philosophien haben unterschiedliche Formen, in denen sie das Walten und Wollen einer Höheren Macht beschreiben, und geben ihr unterschiedliche Namen. Ob Gott oder Allah, das Tao oder das altgriechische Nous – die Glaubensvorstellungen, Regeln und Gesetze, nach denen man sich zu richten hat, unterschei-

den sich zum Teil sehr stark. Es gibt jedoch eine Kernbotschaft, die sich so verstehen lässt: Wir leben nicht in einem mechanistischen Universum, das abläuft wie ein Uhrwerk. Hinter allem steht eine lenkende Kraft, die eine Absicht verfolgt und einem Ziel zustrebt. Das Ziel, um das es in allen Religionen für die Menschheit insgesamt geht, ist die Rückverbindung zum Göttlichen. Darüber hinaus findet sich in den meisten Glaubensvorstellungen ein mehr oder weniger ausgeprägt beschriebenes individuelles Ziel: den uns mitgegebenen Lebensplan zu verwirklichen.

Da wir in einer polaren Welt leben, ruft jede Vorstellung und jedes System den Gegenpol auf den Plan. In der Welt des Glaubens ist dieser Gegenpol der Atheismus, der die Existenz Gottes und jeder anderen Höheren Macht leugnet. Menschen finden in Krisen zum Glauben und sie verlieren ihn. Einige machen eine Lebensanschauung daraus, die zu einer Lehre wird. Im Laufe meines Lebens habe ich immer wieder Menschen in Sinnkrisen getroffen, die eine tiefe Sehnsucht danach hatten, einen Sinn in Ihrem Leben und im Leben überhaupt zu finden, was ihnen jedoch nicht gelungen war. Besonders ist mir ein Mann in Erinnerung, für den die Frage nach dem Sinn des Lebens absolut zentraler Natur war. Über viele Jahre und Enttäuschungen hinweg gelangte er schließlich zu dem Ergebnis, das Leben habe keinen Sinn. Von da an begann er, diese Erkenntnis jedem mitzuteilen, der ihm eine Chance dazu gab. Als er ein Buch entdeckte, das erläuterte, warum das Leben keinen Sinn habe, verschenkte er es an viele Freunde und Bekannte. Er war geradezu besessen von dieser Idee, die ihm, der so viele Hiobsbotschaften erhalten hatte, die Erlösung zu bringen schien. Wenn es keinen Sinn gab, waren auch Ungerechtigkeiten ganz normal. Sie waren einfach Teil des Uhrwerks, das ohne jede Bedeutung und ohne jeden Sinn ablief. Diese Lebenseinstellung schien ihn zu erleichtern, befriedigte jedoch nur die Sehnsucht seiner Seele. Er wurde zum demonstrativ gelassenen Zyniker.

Viktor Frankl, der Begründer der Logotherapie und Existenzanalyse, widmete sein Leben dem tief im Menschen verankerten Bedürfnis nach Sinn. Er zählte es zu den Grundbedürfnissen und wies ihm einen Platz gleich nach den Bedürfnissen zu, die überlebensnotwendig sind wie Essen und Trinken. Frankl wies nach, dass Menschen sterben können, wenn sie das Gefühl von Sinnlosigkeit nicht ertragen. Umgekehrt können Menschen sehr viel auf sich nehmen, wenn sie es als sinnvoll betrachten. Deshalb sah Frankl es als eine wichtige Aufgabe der Psychotherapie an, Menschen in ihrer Sinnfindung zu unterstützen.

Sinn und Aufgabe hängen unmittelbar zusammen. Wir brauchen das Gefühl, eine Aufgabe zu haben und uns nützlich machen zu können. Das Empfinden, eine Aufgabe zu erfüllen, die von einer Höheren Macht mitgegeben wurde, wie auch immer diese Macht für den Einzelnen aussehen mag, gibt uns Halt, Kraft und Zielstrebigkeit. Die Sehnsucht nach Sinn treibt uns an, nach dem zu suchen, wozu wir geboren wurden und was uns mitgegeben wurde.

Am Apollon-Tempel in Delphi stand in der Antike der berühmte Satz »Erkenne dich selbst.« Selbsterkenntnis sollte als tägliche Übung der Anfang sein, um Gott und die Welt sowie den eigenen Platz darin zu erkennen. Der griechische Dichter Pindar führte diese Worte weiter aus:

»Erkenne, wer du im Kern

deines Wesens bist, und dann werde es.«

Bekannter ist heute die Kurzform: »Werde, der du bist.« Wenn wir erkennen, wer wir im Herzen unter all unseren Persönlichkeitsschichten sind, und uns darum bemühen, unser Herzensmotiv in seiner bestmöglichen Form zum Ausdruck zu bringen, »werden wir, was wir sind«.

Das wirkliche Leben berühren – vom inneren Ruf zur Berufung

»Beethoven, Shakespeare oder Picasso haben nicht so sehr etwas erschaffen, sondern gelangten vielmehr zu jenem Ort in ihrem Innern, von dem aus sie dem, was Gott bereits erschaffen hatte, Ausdruck verleihen konnten. Ihr Genie ist also im Grunde Ausdruck und nicht Schöpfung.«
Marianne Williamson

Es gibt etwas, das Ihr Leben »im Innersten zusammenhält«. Wie die Erde um ihre Achse kreist, so kreist Ihr Leben um bestimmte Themen und Aufgaben. Sehen Sie sich den Kreisel auf der Abbildung an: Die Bewegung seiner gesamten Masse wird durch seine Achse bestimmt und dadurch, wie ihre Spitze auf dem Boden aufliegt. Entdecken Sie, um welche Achse sich Ihr Leben dreht, und Sie wissen, wer Sie wirklich sind, was Sie wirklich wollen und wie Sie es bekommen können.

Die folgenden Werkzeuge helfen Ihnen, dieses Ziel zu erreichen:

* Erinnern Sie sich, wovon Sie schon als Kind geträumt haben. In diesen frühen, kindlichen Wünschen zeigte sich bereits Ihr Lebenssinn. Finden Sie für die Form, in der Sie Ihren Traum als Kind leben wollten, eine Form, die Ihrem heutigen Leben als erwachsener Mensch entspricht.
* Suchen Sie den roten Faden in Ihrem Leben, indem Sie darauf achten, welche Erfahrungen sich wiederholt haben. Formulieren Sie Ihre Erkenntnisse als ein Drehbuch und machen Sie sich bewusst, welche Akte Ihres Bühnenstücks Sie besonders häufig inszeniert haben. Geben Sie den Akten einen Namen. Ist es eine Beziehungsgeschichte? Eine Konkurrenzsituation?

Dreht sich ein Akt um die Frage, wer im Mittelpunkt steht? Um Liebe, die nur durch Leistung zu erhalten ist? Um das Verlassenwerden? Um Mangel oder Überfluss? Sind Sie der Ritter ohne Furcht und Tadel? Enthält Ihr Drehbuch eine Gewinner- oder eine Verlierergeschichte? Vielleicht möchten Sie einen neuen Titel finden, der das ausdrückt, was Ihr Drehbuch in Zukunft enthalten soll?

* Nutzen Sie alles, was Ihnen begegnet, um herauszufinden, wer Sie sind und was Sie wirklich wollen. Manchmal geschieht dies, indem Sie feststellen, was Sie nicht wollen.

* Gehen Sie zu den inneren Orten, die Sie fürchten und suchen Sie den Schatz, der dort auf Sie wartet.

* Seien Sie authentisch. Sprechen, antworten, reagieren und handeln Sie in Übereinstimmung mit Ihren Gefühlen. Verleugnen Sie niemals Ihr Herz.

* Folgen Sie der Spur Ihres Herzens. Finden Sie heraus, wofür Sie die größte Begeisterung, den größten Einsatzwillen und die größte Zärtlichkeit und Liebe empfinden.

* Achten Sie darauf, bei welchen Tätigkeiten Sie *flow* erleben, das Gefühl von Versunkenheit und Einssein mit dem, was Sie tun.

* Verrichten Sie jede Arbeit, als sei Sie Ihnen von Gott aufgetragen. Machen Sie Ihr Leben zu einem Gebet.

* Achten Sie darauf, worum Sie häufiger gebeten werden. Finden Sie heraus, was das Leben von Ihnen will und Sie wissen, was Sie dem Leben geben möchten.

* Geben Sie niemals auf. Thomas Alva Edison, der nach vielen Misserfolgen die Glühlampe erfand, sagte: »Die meisten Misserfolge kommen kurz vor dem Ziel.« Und: »Unsere größte Schwäche liegt im Aufgeben. Der sichere Weg zum Erfolg ist immer, es doch noch einmal zu versuchen.«

* Geben Sie dem Leben eine realistische Chance, Ihre Wünsche zu erfüllen. Wenn Sie Hartz-IV-Empfänger sind und sich eine Villa wünschen, müssen Sie die Ärmel hochkrempeln und etwas tun. Natürlich können Sie sich auch auf Ihr Sofa setzen und warten, bis der Postbote klingelt und Ihnen das Testament eines reichen Erbonkels, von dessen Existenz Sie nichts wussten, vorbeibringt. Die Wahrscheinlichkeit, dass das geschieht, ist allerdings nicht besonders hoch.

* Formulieren Sie Ihren wichtigsten Wunsch: Ihre Lebensaufgabe zu finden. Falls Sie sie schon gefunden haben, wünschen Sie sich, die bestmögliche Form zu finden, in der Sie sie umsetzen können.

* Geben Sie sich nicht der Illusion hin, Sie seien für immer glücklich und alle Probleme würden gelöst, wenn Sie Ihr Lebensziel finden. Auch wenn Sie Ihren Beitrag zum Leben leisten und Ihre Lebensaufgabe leben, können Sie unglücklich sein, wie Franz Kafka oder Johann Wolfgang von Goethe es waren. Letzterer sagte einmal: »Man hat mich immer als einen vom Glück besonders Begünstigten gepriesen; auch will ich mich nicht beklagen und den Gang meines Lebens schelten. Aber im Grunde ist es nichts als Mühe und Arbeit gewesen, und ich kann wohl sagen, dass ich keine vier Wochen eigentlichen Behagens gehabt. Es war das ewige Wälzen eines Steines, der immer von neuem gehoben sein wollte.« Auch Glücklichsein ist letztlich eine innere Entscheidung, die Sie selbst treffen müssen und die Ihnen Ihr Lebensziel nicht abnehmen wird.

* Seien Sie sich bewusst: Was Sie im Augenblick Ihrer tiefsten Prüfung tun, kann Ihr größter Triumph sein. Lösen Sie sich von Klischeevorstellungen darüber, was Erfolg, Misserfolg, Glück, Zufriedenheit und vieles mehr bedeuten. Finden Sie die Bedeutungen dafür, die Ihnen entsprechen.

* Bitten Sie darum, dass Sie Ihre verletzten Anteile deutlich erkennen und dass Sie einen Weg finden, Sie zu heilen.

* Machen Sie die Verbindung zu Ihrer inneren Quelle zu einer lebenslangen und liebevollen Übung.

* Bewahren Sie die Worte von drei klugen Menschen im Herzen, die ihre Lebensaufgabe gefunden haben:

  Der Schriftsteller Gorch Fock hinterließ die Worte: »Du kannst dein Leben nicht verlängern und du kannst es nicht verbreitern. Aber du kannst es vertiefen!«

  Der Dichter und Schriftsteller Christian Morgenstern sagte: »Wer Gott aufgibt, der löscht die Sonne aus, um mit einer Laterne weiter zu wandeln.«

  Der Theologe Dietrich Bonhoeffer wurde mit 37 Jahren wegen seines Widerstandes gegen den Nationalsozialismus verhaftet und zwei Jahre später hingerichtet. Von ihm stammen die Worte: »Es gibt ein erfülltes Leben trotz vieler unerfüllter Wünsche.«

* Wünschen Sie sich die alltäglichen Dinge, nach denen Ihnen der Sinn steht. Vieles davon können Sie früher oder später bekommen. Achten Sie jedoch auf den Unterschied zwischen Quantität und Qualität sowie auf den Wert Ihrer Wünsche bei der Suche nach einem sinnerfüllten Leben.

Sich selbst verbessern

Zum Abschluss möchte ich Ihnen noch eine kleine Geschichte vorstellen, die deutlich macht, was jeder Mensch kann, ob er sich nun seiner Lebensaufgabe bewusst ist oder nicht. Denn jeder Mensch hat die Chance, mindestens einen Teil der Welt zu verbessern, nämlich sich selbst (Paul Anton de Lagarde).

Ein kleiner Junge kam zu seinem Vater und wollte mit ihm spielen. Der Vater hatte gerade keine Zeit und auch keine Lust dazu, also überlegte er, wie er den Jungen beschäftigen könnte.

In einer Zeitschrift fand der eine detaillierte Abbildung der Erde. Er riss das Bild heraus und zerschnitt es in kleine Teile. Die gab er dem Jungen und sagte: »Setz das Puzzle der Erde zusammen, das ist eine spannende Aufgabe!«

Der Junge setzte sich in eine Ecke und begann, das Puzzle zusammenzusetzen. Nach wenigen Minuten ging er zu seinem Vater und zeigte ihm das fertige Bild. Der Vater konnte das nicht fassen.

»Wie hast du das so schnell geschafft?«

Der Junge antworte: »Das war ganz einfach. Auf der Rückseite war ein Mensch abgebildet. Den habe ich richtig zusammengesetzt. Und als der Mensch in Ordnung war, war es auch die Welt.« [15]

Endnoten

1| Diese Geschichte ist eine leicht überarbeitete Version von Martin Auers Geschichte »Der Träumer«. Die Originalversion finden Sie in seinem wunderschönen Buch *Der bunte Himmel,* Verlag St. Gabriel, Mödling-Wien 1995.

2| Verfasser unbekannt. Gefunden auf der Seite *www.zeitzuleben.de (http://www.zeitzuleben.de/artikel/geschichten/weisheit.html).*

3| Marinus Knoope: *Die Kreationsspirale.* Stuttgart 2002, S. 36.

4| Die Arbeit mit Engrammen ist ein Spezialbereich in den Sitzungen und Seminaren des in Stuttgart tätigen Arztes und Hypnotherapeuten Dr. Henning Alberts.

5| Marshall Rosenberg: *Gewaltfreie Kommunikation.* Paderborn 2001, S. 139 (Zitat leicht geändert).

6| Klaus-Dieter Gens: *Mit dem Herzen hört man besser.* Paderborn 2009, S. 13 ff.

7| Nassim Nicholas Taleb: *Der Schwarze Schwan. Die Macht höchst unwahrscheinlicher Ereignisse.* München 2007, S. 61.

8| Nacherzählt nach Paul Watzlawick: *Anleitung zum Unglücklichsein.* München 1983, S. 37 ff.

9| Pema Chödrön: *Den Sprung wagen.* München 2010, S. 41.

10| Pema Chödrön: *Den Sprung wagen.* München 2010, S. 52, 53.

11| Diese Übung wurde von dem Hypnotherapeuten Stephan Gilligan entwickelt und hier leicht abgewandelt.

12| Marianne Williamson, in: *Rückkehr zur Liebe.* München 1995, S. 139.

13| *Lutherbibel,* Kapitel 23.

14| Diese Übung wurde von Stephan Gilligan entwickelt.

15| Quelle unbekannt. Gefunden auf der Website *www.zeitzuleben.de,* leicht überarbeitet.

Bibliografie

Allione, Tsültrim: *Den Dämonen Nahrung geben. Buddhistische Techniken zur Konfliktlösung.* München 2008

Assagioli, Roberto: *Die Schulung des Willens. Methoden der Psychotherapie und Selbsttherapie.* Paderborn 2008

Assagioli, Roberto: *Psychosynthese. Handbuch der Methoden und Techniken.* Hamburg 1993

Auer, Martin: *Der bunte Himmel.* Mödling-Wien 1995

Bergmann, Wolfgang: *Halt mich fest, dann werd ich stark: Wie Kinder fühlen und lernen.* München 2008

Bergmann, Wolfgang: *Das Drama des modernen Kindes: Hyperaktivität, Magersucht, Selbstverletzung.* Weinheim 2007

Berne, Eric: *Was sagen Sie, nachdem Sie »Guten Tag« gesagt haben?* Frankfurt 1983

Berne, Eric und Wagmuth, Wolfram: *Spiele der Erwachsenen.* Reinbek 2002

Bieri, Peter: *Das Handwerk der Freiheit: Über die Entdeckung des eigenen Willens.* Frankfurt 2006

Braden, Gregg: *Verlorene Geheimnisse des Betens. Die verborgene Kraft von Schönheit, Segen, Weisheit und Schmerz.* Taufkirchen/Vils 2009

Cameron, Julia: *Der Weg des Künstlers.* München 2009

Chödrön, Pema: *Beginne wo du bist.* Bielefeld 2003

Chödrön, Pema: *Getting Unstuck. The Pema Chödrön Audio Collection.* Sounds True, 2004

Chödrön, Pema: *Geh an die Orte, die du fürchtest.* Freiburg 2007

Chödrön, Pema: *Den Sprung wagen.* München 2010

Dürr, Hans-Peter: *Wir erleben mehr, als wir begreifen: Quantenphysik und Lebensfragen.* Freiburg 2007

Estrade, Patrick: *Wir sind, was wir erinnern. Wie Kindheitserinnerungen unsere Persönlichkeit bestimmen.* München 2007

Fischer, Theo: *Wu wei: Die Lebenskunst des Tao*
Fischer, Theo: *Lass dich vom Tao leben: Wu wei in der Praxis*
Frankl, Viktor: *Der Wille zum Sinn*
Frankl, Viktor: *Und trotzdem Ja zum Leben sagen*
Fromm, Erich; Suzuki, Daitaro Daisetz; de Martino, Richard:
  Zen-Buddhismus und Psychoanalyse. Suhrkamp 1972

Gens, Klaus-Dieter: *Mit dem Herzen hört man besser.* Paderborn 2009
Grochowiak, Klaus und Haag, Susanne: *Die Arbeit mit Glaubenssätzen.*
  München 2009

Hamann, Brigitte: *Reise zum Lebensziel.* München 2006
Hüther, Gerald: *Die Macht der inneren Bilder*
Hüther, Gerald: *Ohne Gefühl geht gar nichts!* DVD, Auditorium Netzwerk
Hüther, Gerald: *Die Entstehung und Überwindung von Blockaden der
  Wahrnehmung, der Erkenntnis und des Verständnisses komplexer
  Phänomene aus neurobiologischer Sicht.* DVD, Auditorium Netzwerk

Jung, C. G.: Taschenbuchausgabe in elf Bänden: *Archetypen.* München 2001

Knoope, Marinus: *Die Kreationsspirale.* Stuttgart 2002
Kundera, Milan: *Die unerträgliche Leichtigkeit des Seins*

Lipton, Bruce: *Intelligente Zellen. Wie Erfahrungen unsere Gene steuern.*
  Burgrain 2006
Lipton, Bruce: *Wie wir werden, was wir sind.* DVD

Mannschatz, Marie: *Lieben und loslassen.* Bielefeld 2002
Maturana, Humberto: *Biologie der Realität.* Frankfurt a. M. 1998
Maturana, Humberto und Varela, Francisco: *Der Baum der Erkenntnis.*
  München 1992
Mountain Dreamer, Oriah: *The Call. Discovering Why You Are Here.*
  San Francisco 2003

Patanjali: Das Yogasutra: *Von der Erkenntnis zur Befreiung.* Bielefeld 2009
Precht, Richard David: *Wer bin ich – und wenn ja, wie viele?* München 2007
Preußler, Otfried: *Der Räuber Hotzenplotz.* Stuttgart 2005
Proust, Marcel: *Auf der Suche nach der verlorenen Zeit.* Berlin 2000

Reiss, Steven: *Wer bin ich und was will ich wirklich?* München 2009

Robbins, Anthony: *Das Power-Prinzip.* Berlin 2004

Rohr, Richard und Ebert, Andreas: *Das Enneagramm. Die neun Gesichter der Seele.* München 2008

Rosenberg, Marshall: *Gewaltfreie Kommunikation.* Paderborn 2001

Rosenberg, Marshall: *Wie ich dich lieben kann, wenn ich mich selbst liebe.* Paderborn 2006

Schäfer, Bodo: *Die Gesetze der Gewinner*

Selawry, Alla: *Das immerwährende Herzensgebet.* Bietigheim 2005

Stein, Murray: *C. G. Jungs Landkarte der Seele: Eine Einführung.* Mannheim 2009

Taleb, Nassim Nicholas: *Der Schwarze Schwan. Die Macht höchst unwahrscheinlicher Ereignisse.* München 2007

Walsch, Neale Donald: *Gespräche mit Gott. Arbeitsbuch zu Band 1.* München 2000

Watzlawick, Paul: *Anleitung zum Unglücklichsein*

Weber, Andreas: *Alles fühlt: Mensch, Natur und die Revolution der Lebenswissenschaften*

Weidner, Christopher A.: *Die Glückskatzen-Philosophie: Wink dem Glück und es winkt dir zurück.* München 2009

Williamson, Marianne: *Rückkehr zur Liebe*

Williamson, Marianne: *Ein Kurs in Wundern*

EOA®

Wenn Sie sich für eine Beratung nach der
Lebensschlüssel-Methode® oder für Veranstaltungen
interessieren, wenden Sie sich bitte an:

Brigitte Hamann
Tel. +49 (0) 74 72 / 28 15 20
E-Mail: info@Brigitte-Hamann.de
Homepage: www.Brigitte-Hamann.de